Klaus Berger

SCHWEIGEN

Klaus Berger

SCHWEIGEN

Eine Theologie der Stille

HERDER

FREIBURG · BASEL · WIEN

Gewidmet den versprengten Brüdern
des letzten deutschen Trappistenklosters Mariawald/Eifel

MIX
Papier aus verantwortungsvollen Quellen
FSC® C083411

2., durchgesehene Auflage

www.herder.de
Umschlaggestaltung: Verlag Herder, Freiburg
Umschlagmotiv: Marienkapelle im Klusfelsen bei Goslar
Satz: Barbara Herrmann, Freiburg
Herstellung: CPI books GmbH, Leck
Printed in Germany
ISBN Print 978-3-451-38740-1
ISBN E-Book (PDF) 978-3-451-82740-2

INHALT

1. EINFÜHRUNG

1.1 Phänomenologie des Schweigens

Methodologische Vorbemerkung. Mit Edith Stein OCD folge ich der abgewandelten Methode der Phänomenologie Edmund Husserls, sich bei der Betrachtung eines Gegenstandes diesem so auszusetzen, als wäre er der einzige auf der Welt, der in jedem Punkt meine mitgebrachten Kategorien und Erfahrungen umstürzt.

Begegnung und »Kommunikation«. Schweigen ist wie eine Begegnung, Betrachtung und Berührung mit der Quelle. Denn wenn man sich ihm lange genug aussetzt, stößt man auf Leben, lebendigstes Leben, das unverwüstlich ist. »Quelle« verstehe ich hier im Sinn von Johannes Tauler als Brennpunkt des Daseins.

Eschatologische Struktur. Unter endlichen Menschen ist jedes Schweigen auf ein Ende hin ausgerichtet, weist daher im kleinen Abbild eine eschatologische Struktur auf. So, wie jedes Schweigen ein Ende hat, wird es auch mit der Weltgeschichte im Ganzen sein. Wenn schon die Vergangenheit ohne Relevanz ist, dann doch umso mehr das, was sich in Richtung Zukunft regt.

Aufhebung des Zählens. In sich und durch sich selbst steht im Schweigen die Zeit still. Das ist kein oberflächliches Übersehen der Zeitmesser, keine Geringschätzung von Einteilung und Strukturierung der Ereignisse, sondern: Man lässt sich nicht mehr ablenken durch die Zahlen, mit denen man Minuten und Stunden zählt. Zahlen sind und bleiben Oberfläche. Vielmehr darf man einsteigen in die Tiefe des Geschehens. Das heißt: Man darf erfassen, wie es wächst und gedeiht, von woher es geboren ist, welche Stürme es schütteln, welche Unwetter ihm drohen.

Gotteserfahrung. Im Schweigen erfasst man Verborgenheit und Gegenwart des unsichtbaren und unfassbaren »Ich bin«. Man nimmt sie (bei vorhandener diesbezüglicher »Musikalität«) wahr durch erahntes oder aufblitzendes Licht im eigenen Dunkel.

Das Gegenüber. Von Anfang an unterlasse ich es festzulegen, ob das, was ich betrachte, Person oder Ding, Freund oder Feind, Engel oder Mensch ist.

Verzicht auf Selbstdarstellung. Im Schweigen bin ich bereit zum Zuhören und Aufnehmen. Ich will dem Gegenüber nicht lästig werden durch Hinweis auf meine vermeintlichen Qualitäten (Demut) oder Demonstration meiner Macht. Denn jegliche Vergangenheit, besonders die »verdienstvolle«, fällt hier aus.

Sinnlichkeit und Vernehmen/Vernunft. Ich bin nur ganz Auge oder ganz Ohr oder ganz fühlende, tastende Hand. Es geht also zunächst um die Sinne und dann um einen behutsamen Versuch der Vernetzung des Wahrgenommenen. Im übertragenen Sinn gilt das, was in dem Hymnus *Veni creator spiritus* formuliert wurde: *Accende lumen sensibus* (Steck meinen Sinnen ein Licht auf). Es gibt also einen Zusammenhang zwischen Schweigen und sensibler Sinnlichkeit.

Gegenteiliges. Stille bezieht sich nach der gegenwärtigen Erfahrung auf die Abwesenheit von jeglichem Lärm gleich welchen Ursprungs, Schweigen hingegen hauptsächlich auf Worte. Also: Stille contra Lärm, Schweigen contra Worte.

1.2 Gottes Wort und menschliches Schweigen

Biographische Vorbemerkung: Es gibt bzw. gab in Deutschland zwei christliche Schweigeklöster für Männer, Mariawald in der Eifel (seit 1486) und das evangelische Gethsemanekloster in Riechenberg/Goslar (gegründet 1117). Mit beiden bin ich seit langer Zeit verbunden. Die romanische Krypta in Riechenberg besuchte ich seit 1956 etwa alle zwei Wochen, Jahrzehnte später wurde sie das Herz des evangelischen Klosters »Gethsemane« (benannt u. a. nach dem berühmten gleichnamigen Trappisten-Kloster in Kentucky/USA). Im Trappistenkloster Mariawald/Eifel habe ich bis zu dessen Auflösung 2018 fast ein Jahrzehnt lang für die Novizen Exegese gelehrt. Mittlerweile war das Zisterzienserstift Heiligenkreuz bei Wien mein »Mutterkloster« geworden. Denn wer heute Bibelauslegung lehren will, lechzt, jedenfalls was mich betrifft, geradezu nach einem kontemplativen Leben.

Ich erinnere mich noch gut daran, welche Revolution es für den angelsächsischen Protestantismus bedeutete, mit Thomas Merton OCSO in dem Kloster in Kentucky (gegründet 1848) auf eine kräftig sprudelnde Quelle trappistischer Spiritualität gestoßen zu sein. Die angelsächsisch-protestantische Uniformität war an wichtiger Stelle durchbrochen.

Ein außerbiblisch überliefertes Jesuswort (Agraphon) heißt: »Wer es mit Gott zu tun hat, braucht zehn Dinge, ein Teil Einsamkeit und neun Teile Schweigen.« Hintergrund ist die Welt der frühen arabischen Christen, in der hauptsächlich Wüstenväter und -mütter, einsame Gestalten in karger Landschaft, Träger des Christentums waren. Demnach ist Schweigen jedenfalls hier neunmal wichtiger als Einsamkeit. Ein sehr erstaunlicher Satz in der jüdisch-christlichen Religion des prophetischen Wortes, in der fortwährend »das Wort Gottes« gepredigt wird (mehr dazu unter 2.5). In dieser Religion meinen viele, das Gott Wohlgefällige sei zunächst ein freundliches Wort an den Nächsten, schon fast die halbe Liebe. Doch das ist offenbar nicht ganz richtig. Noch aus dem Mund von Shakespeares Cordelia wird es heißen: *Be silent and love* (King Lear). Es gilt, die in Gottesdiensten manchmal grassierende Dominanz des Wortes zu brechen. Auch wenn »stille Messen« nicht gerade das Ideal waren – sie »hatten etwas«, das danach oft in fortgesetzter Belehrung »ertränkt« wurde. Doch da ich mich nicht zwischen »Wort« und »stiller Liebe« entscheiden möchte – vielleicht gibt es auf dem langen Sandstrand der Mystik den einen oder anderen Gesichtspunkt, der hier weiterhilft.

Generell kann man sagen: Im westlichen Kulturbereich wird Reden über alles geschätzt, wenn man dem Gegenüber vertrauen können möchte. Im östlichen Bereich dagegen, und das beginnt schon mit einigen islamischen Ländern, wird Schweigen extrem hochgeschätzt, und zwar schon seit Menschengedenken. Im Bereich der Religion bedarf dieser Eindruck freilich der Differenzierung.

Im Rahmen einer Religion des Wortes über Schweigen zu reden bedeutet von Anfang an, sich im Spannungsbogen zwischen Reden und Schweigen zu bewegen. Dabei ist sogleich zu fragen: Spricht

Gott wirklich, wenn er »spricht«? Wie verständlich ist seine Rede? Oder spricht er schweigend? Oder ist eine besondere Hermeneutik notwendig, um im Schweigen Gott reden zu hören? Spricht Gott »im Donner« oder gibt es – ähnlich wie bei der Inkarnation – zwischen göttlicher und menschlicher Natur bei den Propheten, »durch die Gott spricht« (Hebr 1,1), eine letztlich unauflösbare Verbindung zwischen göttlicher und menschlicher Sprache? Deren äußere Gestalt ist wie bei der Inkarnation von Menschen wahrnehmbar. Geschieht Offenbarung also immer wie bei der Inkarnation, und ist Inkarnation eine Art Super-Inspiration (deshalb auch die Rolle des Heiligen Geistes dabei)?

1.3 Theologische Zielsetzungen

Zu den großen Überraschungen gegen Ende der Arbeit an diesem Thema und Buch gehört für mich die Einsicht, dass »Schweigen« im Christentum ein Weg und Modus der Offenbarung Gottes ist. Das gilt besonders dann, wenn Menschen von Gottes Schweigen erreicht werden, es darstellen und nachvollziehen, wenn sie in ihrem eigenen Schweigen Gott ähnlich werden, sich schweigend Gott zuwenden und dadurch seinen Willen zu spüren bekommen. Das gilt auch, wenn sie schweigend lieben.

Die Entdeckung der Rolle des Schweigens beim Reden von Gott betrifft aber besonders die Eckpunkte der Heilsgeschichte, nämlich:

- *Schöpfung*: Finsternis und Schweigen (pagan und teilweise jüdisch) am Anfang werden abgelöst durch Wort (Gottes) und Licht.
- *Kreuz und Tod Jesu*: Die Gestaltung der Aussage über Gottes Schweigen liegt ganz in den Händen der Liturgie.
- *Theodizeefrage*: Wann und wie ändert oder bricht Gott sein Schweigen?
- *Sabbatstruktur des Weltendes*: Am Ende wird das Sabbatschweigen zu einem großen Fest.
- *Himmelreich*: Das Schweigen garantiert Stabilität und Freiheit von Bedrohung und Angst.

Nimmt man zu dem üblichen dogmatischen Wissen über diese Eckpunkte nun alles das hinzu, was wir über Schweigen als Offenbarung erfahren, so müssen diese Traktate teilweise umgeschrieben (um nicht zu sagen: neu geschrieben) werden.

Man darf fragen, welche theologische Substanz die Rede vom Schweigen in den hier besprochenen Dokumenten hat. Dazu ist zu sagen:

(1) Ihre Brisanz entfalten die Aussagen nicht in der Beschreibung dessen, was Schweigen ist (nämlich Stille und Lautlosigkeit), sondern in der »dogmatischen Topographie«: An welcher Stelle des Gesamtaufrisses über das Handeln Gottes steht das Schweigen Gottes und der Menschen? Das Schweigen ist nämlich in seiner Bedeutung abhängig von dem Ort, den es in der Komposition des Ganzen einnimmt. Ähnliches kennen wir aus Exegese und Liturgie: Was eine Stelle bedeutet, erhellt nicht zuerst aus ihrem lexikalischen Wortlaut, sondern richtet sich entscheidend danach, welchen Stellenwert sie im Aufbau des Ganzen hat. Das betrifft z. B. die paganen Vorgaben über die Rolle des Schweigens in der Kosmogonie. Große Bedeutung haben die Momente der Stille auch in Musikstücken (siehe 2.7).

(2) Schweigen am Karfreitag (in der Trauer über den Tod von Gottes Sohn) ist etwas anderes als Schweigen am Pfingstsamstag (in der Erwartung der Selbstoffenbarung Gottes durch Erfülltwerden der Menschen mit seinem Geist).

(3) Schweigen wird zu einem umfassenden Friedensprogramm ausgestaltet, wenn man das Schweigen im Himmel nach Apk 8,1–4 als »Frieden in der Kirche« versteht. So ist es der Fall bei vielen Autoren einer ganzen Traditionskette.

> *(1) Als das Lamm das siebte Siegel öffnete, trat im Himmel eine Stille ein, wohl eine halbe Stunde lang. (2) Und ich sah sieben Engel vor Gott stehen; ihnen wurden sieben Posaunen gegeben. (3) Und ein anderer Engel kam und trat mit einer goldenen Räucherpfanne an den Altar. Ihm wurde viel Räucherwerk gegeben, das er zusammen mit den Gebeten aller Heiligen auf dem goldenen Altar vor dem Thron darbringen sollte. (4) Der Rauch des Räucherwerks stieg zusammen mit den Gebeten der Heiligen aus der Hand des Engels zu Gott empor.* (Apk 8,1–4)

(4) Eindrucksvoll schildert Johannes Tauler das Schweigen nach Apk 8,1–4 als Geburt von Freiheit und Kreativität im Menschen.

(5) Gedeutet als Sabbatschweigen und Sabbatstille erläutert der Ausdruck in der mittelalterlichen Apokalyptik den »mentalen und gesundheitlichen Zustand«, der in Apk 21,8 nur mit Hilfe von Prophetenzitaten beschrieben werden konnte. Auch so wird wieder einmal eine Beziehung zwischen exorzistischem und messianisch-politischem Wirken hergestellt.

(6) In Schweigegeboten an Dämonen und Stürme werden nicht nur diese beiden Größen für einander transparent, Jesus erscheint auch als der »Herr der Geister«. Der Frieden bzw. die Ruhe, die er so herstellt, sind Teil und Abbild des universalen Friedens.

(7) Auch nicht annähernd vollständig kann hier dargestellt werden, was der Charakter des Christentums als Schweige-Religion in der Liturgie im Ganzen bewirkt hat. Das betrifft besonders die Rolle der *theologia negativa* in Aussagen über Gott und in Anreden an ihn.

(8) Richard von St. Viktor (Über die Gewalt der Liebe, Übers. M. Schmidt, München 1969, § 38) bietet eine eigenartige Auslegung von Apk 8,1. Es ist von Menschen die Rede, die das Bewusstsein ihrer selbst verlieren und ganz in Gott eingehen: »Selbst die Ungläubigen wohnen in Gott, dem Herrn.« In diesem Zustand wird die Menge der fleischlichen Begierden nachhaltig eingedämmt und in tiefen Schlaf versetzt. »Und es geschieht im Himmel eine Stille etwa eine halbe Stunde.« Alles Leidige, das vorhanden war, ist in der Herrlichkeit aufgegangen. Der Geist werde in die Schatzkammer *(arcanum)* entrückt *(rapitur)* und mit der Empfindung Gottes bekleidet.

Kommentar: In dieser, soweit ich sehe, singulären Deutung wird das *silentium* als Entrückung gedeutet, das »im Himmel« aber als Erfülltwerden mit göttlicher Herrlichkeit. Vorausgesetzt ist freilich die Deutung des Himmels auf die Herrlichkeit Gottes (Fleisch gegen Heiligen Geist). Das Schweigen wird zum Schweigen des Kontemplativen, das Stichwort *Himmel* deutet seine Entrückung an. So wird aus dem Ganzen eine mystische Erfahrung, von der zuvor in Apk 8,1 nicht die Rede war.

Nachahmung Gottes

Alle radikalen Aktivitäten oder andauernden auffälligen Verhaltensweisen von Christen gelten als Nachahmung Gottes, sie »stören« den Alltag oder die Gewohnheiten und wecken Aufmerksamkeit. Man sieht oft darin besondere Ausprägungen von Freiheit. Weniger durch Anhäufung von Bibelzitaten, sondern durch ihren Lebensstil, den sie als gezielte Nachahmung Gottes betrachten, verkündigen die christlichen Eremiten der ersten Jahrhunderte den Gott der Bibel und den Vater Jesu Christi:

- Das Schweigen als Lebensform erinnert an den fast durchgehend schweigenden Gott.
- Der Zölibat als Lebensform bildet ab, dass Israels Gott keine Partnerin hat.
- Die Existenz der Wüstenväter und -mütter unter robusten und rabiaten Lebensumständen spiegelt die Einsamkeit Gottes. Zu den wüstennahen Formen des Lebens gehört auch das Schweigen.
- Almosengeben als Lebensstil ahmt die Gebefreudigkeit des Schöpfers nach.
- Feindesliebe als radikales Tun eifert dem Gott nach, der seine Sonne über allen aufgehen lässt (Mt 5,48), über Guten und Bösen.
- Geduld ist in besonderer Weise Nachahmung Gottes, weil diese mit der Theodizeefrage eng verbunden ist.
- Martyrium für den Glauben bedeutet Jesus-Nachfolge.
- Veränderungen sanft durchzuführen, ist Nachahmung Gottes, der nicht im Sturm, sondern im säuselnden Wind anzutreffen ist (1 Kön 19,1–8).

Alle diese Formen der Nachahmung Gottes scheinen jeweils im Rahmen der Erziehung plausibel zu sein. Sie zu praktizieren, ist jeweils von der Hoffnung erfüllt, Gott möge die Gesellschaft der Menschen ertragen können (Ermöglichung einer Lebensgemeinschaft). Nachahmung begründet auch, so ist die Hoffnung, die Fähigkeit zu wechselseitiger Empathie. Dabei ist Nachahmung eine sehr spezielle Weise des Kontaktes mit Gott. In vielen anderen Religionen ist gerade dieses Verhalten unbekannt, z. B. wenn der Kontakt mit Gott oder Göttern handelsrechtlich nach der Regel *do ut des* im Sinn eines Deals verläuft. Denn in diesem Kontakt geht es dann nicht um Gleichartiges, sondern um Verschiedenartiges, das »getauscht« wird.

Auch Schweigen als Lebensform durchbricht immer wieder den Alltag, in dem Wort und Widerwort, Leiden und Protest, Kummer und Klage selbstverständlich zusammen zu gehören scheinen. Die Erfahrung lehrt, dass Schweigen sehr häufig Freiheit gegenüber dem Automatismus der Aufeinanderfolge bedeutet. Gegenüber der Selbstverständlichkeit der Abfolge ist radikaler Verzicht hier eine Form großer Freiheit.

Präsenz des Heiligen Geistes

Daran, wie der Heilige Geist gewissermaßen ethisch wirkt, lässt sich erkennen, welchen »Charakter« er hat (vgl. Abschnitt 6.5 im Eintrag »Heiliger Geist« in TRE 12, 1984): Wo die Verhaltensweisen, die ihm entsprechen, Milde, Geduld, Sanftmut und Freude sind, und zwar im Gegensatz zu Zorn, Rachsucht usw., kann man leicht ahnen, warum sich »Heiliger Geist« in etlichen Texten in der Nähe von Ruhen, Schweigen oder Stillsein findet.

Joachim von Fiore (Expositio, ed. 1527, f. 48): *proprietas spiritus sancti silentium magis expectat quam sermonem et nequaquam vociferando ingerat* [Die Eigenart des Heiligen Geistes ist mehr das Schweigen als die Rede, und keineswegs nähert er sich mit Geschrei]; vgl. f. 49a: *strepitus* und *lingua* [Lärm und Stimme]. Begründung Joachims: Das Neue Testament liefert kein Wort des Heiligen Geistes selbst (nur in Apk 22,17 sprechen Braut und Heiliger Geist zusammen); das Credo bekennt: *Qui locutus est per prophetas.* [der gesprochen hat durch die Propheten], hier spricht der Heilige Geist eben durch Mittler. Joachim denkt offenbar an das schweigende Gebet, das er, da die Kirche jedes Gebet auf den Heiligen Geist zurückführt, auf diese Weise als Gottesgeschenk verortet. Im Hymnus *Veni sancte spiritus* (um 1200) wird vom Heiligen Geist gesagt: *In labore requies* [in der Arbeit (bist du) die Ruhe; zur Erläuterung: »Ruhe« und »Schweigen« sind oft synonym, *labor* ist hier die Mühsal einer Minderheit, über die man z. B. schlecht redet].

Anders als es nach Hebr 4,12; Apk 19,13 aussieht, führt nach der überwiegenden Mehrzahl der Belege der Logos keinen Eroberungskrieg, sondern hat teil am sanften Modus des Geistes. Vergleichbar gibt es in frühchristlichen Apokryphen eine Tendenz, das Schweigen als (himmlische) Mutter des Logos für Jesus durch den Heiligen

Geist gewissermaßen zu kommentieren (Ebionäer-Evangelium 2). Denn in einer Reihe von Parallelen ist »das Schweigen« die Mutter des Logos. Auch in den o.g. Texten treffen wir auf diese Verbindung von Heiligem Geist und Schweigen. Statt »Komm, o Geist der Heiligkeit« (*Veni sancte spiritus*) könnte es heißen: »Komm, o Geist der Stille«.

Etwas über die Eigenart und Praxis kirchlicher Autoritäten erfahren wir, wenn ihnen gewissermaßen die Mentalität des Heiligen Geistes als sein Ruhen, als Schweigen zugesprochen wird. In dieser Weise spricht die Kirche vom Ruhen des Heiligen Geistes (in den apostolischen Autoritäten) in ihren Gebeten. Es mag sein, dass hier das Ruhen abgeleitet ist vom Flug- und Ruheverhalten der Tauben, die je nach ihrer Spezies nach relativ kurzem Flug ausgiebig ruhen. Dazu kommt die ephesinisch-(ägyptische) Linie vom Schweigen des Bischofs (s. u. 3.3), der insofern der ruhende Pol jedes Gottesdienstes ist. Hierher gehört auch Corpus Orationum 6544: *qui ante mundi constitutionem apostolos eligis in quibus abs te datus requiescit spiritus sanctus* [Du hast vor der Grundlegung der Welt Apostel erwählt, in denen der Heilige Geist ruht, der von dir gegeben ist]. Weil der Heilige Geist eine ganz und gar himmlische Größe ist, bedeutet seine Anwesenheit an einem Punkt sein »Ruhen«; weil er »Repräsentant der Ruhe des Himmels« ist, kann das auch gar nicht anders sein. Die in diesem Buch besprochene Literatur stellt die Autorität, Amtsvollmacht oder Weihe gern dar als etwas, das in dem betreffenden Träger »ruht«. Das ist einerseits Fortschreibung der Metaphorik, in der der Heilige Geist wie eine Taube heranfliegt und dann sichtbar ruht. Andererseits werden so auch die schon nach Ignatius von Antiochien schweigenden Bischöfe erklärbar. Denn das, was in ihnen ruht (hier: der Heilige Geist), überträgt seine eigene Ruhe auf die ganze Person des Amtsträgers. Ein christlicher Bischof hat es eben nicht nötig zu schreien. Speziell durch sein Schweigen verkündet er den biblischen Gott, der ebenfalls zu schweigen pflegt.

Fazit: Schweigen, Gewaltlosigkeit, leise Töne, Ruhen und Geduld gehören zusammen.

2. MENSCHEN SCHWEIGEN

2.1 Kultisches Schweigen

Sowohl in Israel als auch in den umgebenden Religionen folgt man ausweislich der Archäologie seit unvordenklichen Zeiten (eben seitdem es Tempel gibt) demselben Schema des Grundrisses: Von einem größeren Raum ist das Heilige oder »Allerheiligste« getrennt. Und seitdem es antike Aufzeichnungen religionsübergreifend gibt, ist der abgetrennte, kleinere Raum eben der Ort der Ruhe bzw. des Schweigens. (Nur einmal im Jahr, zum »Hauptfest«, ändert sich dieses. Dann ist auch dieser Raum von heiligem Lärm [Tempelmusik] erfüllt.) Das ist ein heute noch lebendiges Stück Religionsgeschichte: Im heiligen Raum ehrt man den dort »präsenten« Gott durch Schweigen. Dass man ihm so ähnlich wird, gehört zur Logik dieses Verhaltens (Lev 19,1: *Seid heilig, wie ich heilig bin*). Denn wo man sich das heilige Schweigen aneignet, ist es, wie man heilige Gewänder anlegt.

Dass man bis heute in den heiligsten Räumen der Heiligtümer bzw. Kathedralen besonders leise oder gar nicht spricht, folgt daher der alten Regel der Verähnlichung mit Gott am Ort seiner Gegenwart. Denn Gott schweigt und ist das Schweigen. Das »fordert« seine Majestät. Daher gibt es immer wieder in der ältesten Kirche das Gebet bzw. die Anbetung durch Schweigen. Wenn aber Schweigen göttlich ist, werden die wenigen Augenblicke, in denen Gott redet oder ein Zeichen gibt, umso wichtiger.

Der Extremposition des Adyton (Allerheiligsten) im Tempelgrundriss entspricht die Extremposition der Geistausgießung im Kirchenjahr (Pfingstsonntag steht für das Ende der Zeiten; die Neue Schöpfung entsteht, indem der Schöpfergeist die alte Schöpfung verwandelt; zur Pfingstnovene s. u. 2.5).

Stille gibt es z. B. in der Wüste auch ohne Menschen. Schweigen nennen wir ein Tun von Menschen. Man kann auch sagen, dass es sich eher um ein Unterlassen handelt, nämlich nicht zu reden. Doch es geht dabei nicht einfach um ein Verstummen, vielmehr ist dies begleitet durch eine Art gelassener Konzentration.

2.2 Schweigen im Alten Ägypten

Das Schweigen unter Menschen wird in den erhaltenen Zeugnissen des Alten Ägypten positiv gewertet. Ja, das Maß, in dem ein Mensch durch sein Schweigen Selbstbeherrschung demonstriert, begründet wesentlich seinen sozialen Rang.

Aus verschiedenen Epochen des Alten Ägyptens sind weisheitliche Spruchsammlungen erhalten (z. B. Lehre des Amenemope), und hinzu kommt, dass auch das biblische Buch der Sprichwörter passagenweise ägyptischen Charakter hat, und dasselbe gilt auch für einige Psalmen. Da das Schweigen im Alten Ägypten sehr hoch bewertet wird, ist für den biblischen Befund jedenfalls das Alte Ägypten zu konsultieren.

Ich gebe hier die wichtigsten Einsichten aus dem Beitrag von Jan Assmann »Die soziale Konstruktion des Schweigens am Beispiel altägyptischer Texte« (s. Lit.) wieder: Reden und Schweigen stellen den Inbegriff des sozialen Handelns überhaupt dar:

»Gib die gute Rede auf deine Zunge, indem die böse in deinem Leib verborgen ist.« (S. 72, Amenemope)

»Die soziale Konstruktion des Schweigens lässt sich in diesem Zusammenhang als ein Raum kommunikativen Wohlverhaltens verstehen.« (S. 73)

»Im Totengericht spielen Zungensünden eine ungewöhnlich große Rolle.« (S. 74)

»Das Ideal ist der Schweiger, der sein Herz untertaucht. Schweigen verrät demnach Selbstkontrolle und Diskretion, Aufrichtigkeit, Demut, Bescheidenheit, Hingabe und Gottvertrauen.« (S. 74)

»Wer schweigen kann, vermag einzustimmen in die Stimmen der Vorfahren und der Nachkommen. Inschrift des Antef (19./18. Jh. vC.).«

»Ich war einer, der gegenüber dem Zornigen schweigt.« (S. 76)

»Schweigen heißt: den Mitmenschen nahe sein. Gott liebt den Schweigenden mehr als den Lauten. ›Der wahre Schweigende, der sich abseits hält, ist wie ein Baum, der im Feld wächst.‹ Gott Thoth … ist geöffnet für den Schweigenden.« (S. 77)

Über Amum: »Er antwortet dem Schweigenden, gibt seinem Liebling ein Amt. Autobiographische Inschrift: ›Ich war ein wahrer Schweigender, der seinem Gott wohlgefällig ist‹.« (S. 78)

»Stille muss herrschen, wo einer lernen muss, zuzuhören.« (S. 79)

»[Schweigen als] vielleicht höchstes Ideal überhaupt in der ägyptischen Welt.« (S. 80)

Kommentar: Das Buch gibt einen guten Überblick über einige wichtige Schweige-Texte des Alten Ägyptens. Der soziale Aufstieg des einzelnen Beamten steht im Vordergrund. Der anthropologische Gesichtspunkt kommt zu kurz (Verhältnis der Zunge zu anderen Fähigkeiten des Menschen). Eine historische Entwicklung der Einschätzung des Schweigens wird nicht gegeben. Auf das direkt anschließende frühe Mönchtum und seine Hochschätzung des Schweigens wird nicht einmal ein Blick geworfen.

Bei den Forschungen zum Thema ist mir aufgefallen, dass immer nur vom Schweigen des Einzelnen die Rede ist. Die Schweige-Ethik hat daher den Charakter einer Individual-Ethik. Gerade deshalb, weil Schweigen ein Indikator für soziales Aufstreben ist, beziehen sich alle Ratschläge, die Schweigen empfehlen, stets auf den Erfolg des Einzelnen in seinem ethischen Handeln.

Dass Menschen gemeinsam schweigen, zum Beispiel aus Trauer, dass sie sich schweigend unterhaken, dass Menschen sich schweigend umarmen, gehört vielleicht zu den Neuerungen im anthropologischen Potenzial der jüngsten Gegenwart. Die lange dominierende Linie der Individualethik des Schweigens ist damit verlassen.

2.3 Beispiele aus der koptischen Weisheit

Die koptischen Volksbücher und Spruchsammlungen sind die Erben der altägyptischen Weisheit. Das betrifft selbstverständlich und ganz besonders auch die Rolle des Schweigens hinsichtlich seiner positiven Wirkung. So finden wir in H. Junker, Koptische Poesie des 10. Jahrhunderts, 1911, S. 93–97):

»Mein Sohn, wenn du zur Versammlung gehst, hüte dich und (schwatze) nicht. Denn ein versiegelter Schatz ist das Schweigen, spricht Salomo, der König.«

»Wenn du in großer Freude bist und nicht inmitten der Versuchung, dann lass deine Worte wenig sein, spricht der Weise Salomo ... Gut ist Schweigen und Weisheit, Demut ist kostbar und ruhmvoll.«

»Werde geduldig mein Sohn, spricht der weise Salomo. Vertrau doch nicht alles dem Fleische an. Sag dein Geheimnis nicht vielen.«

Und in Johannes Stobaeus, Anthologien I (ed. O. Hense), 1974, Buch III, Kap. XXXIII:

»Über das Schweigen« (S. 678–682);

»Über das rechte Wort zur rechten Zeit« (S.682–687);

»Schweigen oder etwas Besseres sagen [Pythagoras]) (S. 681);

Ps.-Homer: »Schweig über etwas, behalte es im Sinn und sage es nicht. Dies ist der Richterspruch der olympischen Götter.«

2.4 Schweigen und der Empfang von Offenbarung

Wenn das Wort Gottes im Zentrum der Religion steht, ist die Voraussetzung jeglichen Kontakts mit dem Himmel, dass der Mensch zuvor schweigt. Ähnlich wie früher ein Nüchternheitsgebot der eucharistischen Kommunion vorausging, ist es hier das Schweigen vor der Offenbarung. Dieses ist etwa die Funktion des Schweigens an den Tagen der Karwoche im Sinn der Vorbereitung auf Ostern.

Dabei bleibt zunächst offen, wie man das Reden bzw. Wort Gottes versteht. Redet Gott wie Menschen? In dem den Visionen der Apk vorausgehenden Abschnitt 1,9–20 gibt es jedenfalls kein einziges Wort des Sehers Johannes. Er »hört« nur.

In dem gnostischen Traktat »Allogenes« (NHC, Lüdemann/Janßen, 582f.586) heißt es: Das Schweigen ist eine Art Schlüssel zur Selbsterkenntnis. Sie ereignet sich im Rückzug auf sich selbst, das bedeutet aber: auf die Quelle des Lebens.

Allogenes 60, 15: »Es war eine Ruhe des Schweigens in mir, und ich hörte die Gesegnetheit, wodurch ich mein eigentliches Selbst erkannte. Und ich zog mich zurück zu der Lebendigkeit, indem ich mich selbst (oder: sie) suchte ...«. Vgl. dazu auch Allogenes 68, 32: Zunächst aber empfing ich sie (sc. diese Dinge, Botschaft) in großem Schweigen, und ich stand bei mir selbst, indem ich mich vorbereitete ... Dies sind die Dinge, die mir enthüllt worden sind ... – *Kommentar:* Das Schweigen hat hier eine therapeutische Wirkung, indem es den Menschen zu einem besonderen Rückzug befähigt, nämlich zu dem auf sich selbst und zu dem, was hier Lebendigkeit heißt und was man auch Quelle nennen könnte.

Es kommt jedenfalls darauf an, das Empfangene treu zu bewahren. Nach der Auffassung vieler geschieht dies am sichersten durch *Verschweigen*, denn so wird es vor dem Zerreden geschützt. Dieser Typus von Religion wird von Lukas für Maria in Lk 2,19 berichtet. Nach Joh und anderen, an Einzelne gerichteten Offenbarungen bewirkt der Heilige Geist (Paraklet), dass Menschen die an sie ergangene Offenbarung bewahren können.

Um das Bewahren geht es in Allogenes 51, 21 (Lüdemann/Janßen S. 578): »Da deine Belehrung vollkommen geworden ist, und du das Gute, das in dir ist, erkannt hast, höre über den Dreifachkräftigen die Dinge, die du bewahren sollst in großem Schweigen und großem Geheimnis, denn sie werden zu niemandem gesprochen außer zu denen, die würdig sind, (zu) denen, die in der Lage sind zu hören. Es ist auch nicht angemessen, zu einem nicht eingewiesenen Geschlecht über den Allumfassenden zu sprechen, der höher als vollkommen ist. – *Kommentar:* Das gewünschte Bewahren besteht darin, das Erkannte nur den Würdigen und nicht den Unwissenden weiterzugeben. Bewahren heißt auch: Vor Verfälschung hermetisch schützen und »abriegeln«. Dieser Schutzwall heißt »Schweigen«.

2.5 Eine Schweige-Religion

Wo Menschen nicht nur einmalig, sondern auf Dauer durch wiederholtes Schweigen ihren Lebensstil prägen, wird dies oft zu einem Zeitenteiler. Zumindest dadurch entsteht eine Art Grenzlinie. Das ist nicht die Grenze zwischen Heiligen und Sündern, denn Sünder sind alle. Immer wieder wird in den Dokumenten dem Schweigen ein »Raum« zugeordnet, innerhalb dessen diese Lebensform gilt. Man spricht daher auch in diesem Sinn vom Lebensraum des Schweigens. Er beruht auf Trennung/Abtrennung, und zwar durchaus in dem Sinn, in dem die Völker der Alten Welt zwischen Heilig und Profan unterschieden haben. Der Schritt in den Raum des Schweigens steht besonders in den ersten Jahrhunderten des Christentums an der Stelle der Umkehr zum Evangelium.

»Hier sagten und sagen die Begnadeten, dass sie Gnade … in heiliger Nacht oder in seligem Licht, in schweigend von Gott erfüllter Leere erleben und … nicht daran zweifeln können, dass sie die unmittelbare Nähe des sich selbst mitteilenden Gottes erfahren … in der Tiefe ihrer Existenz …« (K. Rahner nach C. Schütz, Praktisches Lexikon der Spiritualität, S. 607). Gott also erfüllt schweigend die Leere der Kreatur. Er erfüllt sie mit seinem Schweigen, also: mit seiner bloßen Präsenz. Leere steht gegen Schweigen. Leere ist das, was die Kreatur anzubieten hat. Gott dagegen ist die reine, pralle, vitale Fülle. Schweigend geschieht das: Der Umweg über das Wort und auch alle Probleme der Missdeutung des Wortes (»Missverstehen«) gibt es nicht. So müsste das mit dem Nu sein, nur konzentrierter oder eben wie beim *Zimzum* (s. u. 7.3).

Angesichts der Fülle der Zeugnisse drängt es sich geradezu auf, für die christliche Hermetik von einer regelrechten christlichen Schweige-Religion zu sprechen. Sie orientiert sich an Jesus (noch nicht an der Bibel, den Sakramenten oder an einer verfassten Kirche) und besteht in einer »Wüsten-Existenz« in Schweigen und Einsamkeit. Wie das älteste Christentum rückt diese Ausprägung des Christentums die Umkehr oder Bekehrung oder Abwendung von der »Welt« ins Zentrum des Glaubens.

Um zu illustrieren, wie praktiziertes Christentum in »gefülltem Schweigen« bestehen kann, wähle ich zwei Beispiele, die rund eintausend Jahre zeitlich auseinanderliegen, (1) ein arabisches Agraphon des 4. Jh. und (2) ein Wort des Philosophen und Kardinals Nikolaus von Kues (15. Jh.). In der Mitte liegt der hier ebenfalls wichtige Meister Eckhart. Angesichts dieser beeindruckenden Kontinuität in der christlichen Schweigereligion mutet der plötzliche Abbruch im 16. und dann noch einmal im 21. Jh. seltsam und verheerend an (den Berg Athos immer ausgenommen). Beispiele für das Christentum als Schweige-Religion sind die Agrapha. Denn deren Biotop ist die Wüsten-Existenz.

In dem oben bereits zitierten Agraphon 187 besteht das geforderte Verhalten Gott gegenüber nicht etwa in Gottes- und/oder Nächstenliebe, Nachfolge Christi oder Bewahren der Gebote, sondern allein in Einsamkeit und vor allem in Schweigen. So entstehen die Umrisse eines Christentums, das wir vor allem aus dem Zeugnis früher arabischer Christen kennen. Sie zeigen dieses Christentum als eine Schweige-Religion.

Agraphon Nr. 187 (nach Berger/Nord, Das Neue Testament, S. 1146): »Jesus sagte: Fromm sein gegenüber Gott besteht aus zehn Teilen: neun Teilen Schweigen und einem Teil Alleinsein.« (vgl. M. Asin et Palacios, Nr. 26). – *Kommentar:* Statt »Alleinsein« kann auch übersetzt werden: Einsamkeit. Frömmigkeit besteht daher in der Abwendung von der »Welt« bzw. der Gesellschaft der Menschen. Doch innerhalb der Frömmigkeit wird nochmals unterschieden zwischen Alleinsein (Einsamkeit) und Schweigen. Davon erscheint Schweigen als das Wichtigere und Wertvollere. Es ist »die Hauptsache«. Denn dem Schweigen entspricht ja auf der »positiven« Seite auch das »Wort«. – Aus diesem Agraphon wird erkennbar, warum das Christentum eine Religion des Schweigens ist, nicht so sehr der Einsamkeit. Denn in diesem Wort, das eine durchaus kritische Richtung verfolgt, ist das Schweigen neunmal wichtiger.

Über den Zusammenhang von Schweigen und Einsamkeit erfahren wir Wichtiges bei Meister Eckhart (Predigt 1, Übers. J. Quint, 1955): »Seht, nun war da niemand mehr als Jesus allein, und er begann, in dem Tempel zu sprechen. Seht, dies sollt ihr fürwahr wissen: Will jemand anders in dem Tempel, das ist in der Seele, reden als Jesus allein, so schweigt Jesus, als sei er nicht daheim, und er ist auch nicht daheim in der Seele, denn sie hat fremde Gäste, mit denen sie redet. Soll aber Jesus in der Seele reden, so muss sie allein sein und muss selbst schweigen, wenn sie Jesus reden hören soll …«

Die folgenden Überlegungen sind aus der jüdischen und christlichen Mystik gespeist. Da die Quellen dafür z.T. erst im 4. Jh. nC. zu sprudeln beginnen, ist die Gefahr der anachronistischen Fehldatierung gegeben. Der Historiker mag zu der nun vorgenommenen Einordnung des Agraphon von den zehn Teilen des Weges zu Gott wohl sagen: »Durchaus möglich«.

Die Summe ist die Zehn, das pythagoreische Symbol für innerweltliche Vollkommenheit. Aber darin inkorporiert und in unserem Agraphon ausdrücklich genannt ist die Neunzahl. Sie ist neben der Sieben die heiligste Zahl: neunmal wird das Kyrie in der Messe gerufen, neun Himmel der Engel gibt es (Anzahl der Kapellen in St. Michael in Hildesheim; vgl. Hofkapelle in Wien), und neun Monate ist die heilige Zahl der Entstehung des Lebens. Die Pfingstnovene betrifft die neun Tage vor Pfingsten, das den Beginn der Neuen Schöpfung realsymbolisch darstellt.

Bei der Einsamkeit geht es wohl nur um die irdische Einsamkeit, den physischen Raum der *stabilitas loci.* Beim Schweigen aber geht es, wie reich belegt ist, um die vorzüglichste Eigenschaft des himmlischen Heiligtums. Wie die Einsamkeit eine lokale Beschreibung ist, so sind die neun Engelhierarchien (Throne, Cherubim, Seraphim, *potestates, principatus, dominationes, angeli, archangeli, virtutes*) Stationen in den himmlischen Hallen (hebr.: hekhalot), die auf dem Weg durch den Himmel zu passieren sind (Quellen: Dionysius Areopagita, Gregor der Große, Isidor von Sevilla). So kann man sagen: Mit dem irdischen Raum im Kloster hat man einen ersten Teil gewonnen. Dann beginnt aber der eigentlich wichtige Weg durch die himmlischen Stationen. So geht es in dem Agraphon von den neun Teilen und dem einen Teil um das Verhältnis von irdischem zum geistlich-himmlischen Raum. Der irdische Raum der Einsamkeit war sozusagen nur ein kleiner, unbedeutender Anfang. Das Schweigen dagegen als himmlische Kommunikation erschließt weitaus mehr Räume, bildlich gesagt: neunmal mehr.

An der Gewichtung des Schweigens in diesem Agraphon kann man auch erkennen, welche Bedeutung das Schweigen mithin in der Religion des Wortes hat.

Nikolaus von Kues, De visione Dei, Kap. VII: Wie wirst Du Dich mir geben, wenn Du mich nicht mir selbst gibst? Und wenn ich so im Schweigen der Betrachtung verstumme, antwortest Du mir, Herr, tief in meinem Herzen und sagst: Sei du dein, und ich werde dein sein. – *Kommentar:* Dieser Ablauf lässt sich hier rekonstruieren: Gebet – *in silentio contemplationis* – Gottes Antwort: Sei du dein, und ich werde dein sein. Auf der Seite des Menschen stehen hier Gebet, Schweigen und

Kontemplation. Darin liegt indes nicht die Besonderheit dieser Stelle. Sie liegt vielmehr in der Reziprozität der Besitzverheißung (»Ich bin dein, Du bist mein« in mittelalterlicher Liebeslyrik).

Schweigereligion ist Klosterreligion. Dass das Christentum Schweigereligion ist, hat seine soziologische Konsequenz darin, dass es Klosterreligion ist. Ermutigende Versuche aus den Niederlanden zeigten schon in den 1980er Jahren, dass gerade Klöster strenger Observanz zum Mittelpunkt neuer Gemeinden »rund um das Kloster« taugen, denn gefragt ist nicht in erster Linie Perfektion und Ordnung der Finanzen, sondern geistliche Orientierung auf Dauer und ein regelhafter Tagesablauf. Dagegen entwirft Thomas Merton OCSO ein solches Bild von der Zukunft der Kirche: »Der Mönch ist sich bewusst, dass der Mensch irgendwie von einem tiefen Geheimnis des Schweigens und der Unbegreiflichkeit umfangen ist – von Gottes Willen und Gottes Liebe, und er fühlt, dass er persönlich gerufen ist, in engerer Verbindung mit diesem Geheimnis zu leben.« (Der Mönch zwischen gestern und morgen, Frankfurt a.M. ^{2}1958, 18f.)

2.6 Schweigen als die Mitte asketischen Mönchtums

»Mönche ziehen sich ins Schweigen zurück. In ihrer Abgeschiedenheit widmen sie sich der Aszese, um die innere Unruhe zum Schweigen zu bringen. Sie suchen die Stille, um auf Gott hören zu können und ihm Antwort zu geben. Männer und Frauen ziehen sich zurück, werden Mönche und Nonnen, weil sie die Freiheit finden möchten – dazu auch den Halt, ohne den sie nicht zu einer vollkommenen Vereinigung mit Gott gelangen können. Sie haben gespürt, dass dies ihr Lebensweg ist.« (B. Pennington, Die Zisterzienser, Geschichte der christlichen Spiritualität I, Würzburg 1993, S. 221f.)

Schweigen mag zwar Ruhe bedeuten. Doch der folgende Text ist voll von Verben der Bewegung (nahebringen, sich zurückziehen, hinführen). Auch das Ziel ist überraschend eindeutig: eine Frucht, etwas wird geboren.

Dazu Isaak der Syrer (um 700): »Mehr als alles andere liebe das Schweigen, denn es bringt dich einer Frucht nahe, die auszusprechen die Zunge nicht vermag. Zuerst aber zwingen wir uns zu schweigen. Und dann wird in uns durch das Leben in der Zurückgezogenheit etwas geboren, das uns zu diesem Schweigen hinführt.«

Das folgende Stück schildert das Ende des Redens, als würde es zu Grabe getragen (vgl. das Sterben in der Bekehrung nach Röm 6,3f.). Der neue Kult, die neue Religion äußert sich darin, dass der Bekehrte, ähnlich wie es in alttestamentlichen Psalmen heißt, ein Opfer der Lippen bringt. Auffällig ist, dass der Text selbst als Gebet formuliert ist, die eigentliche Anrufung aber »in Schweigen« vollzogen wird. Erklärung: Die Anrufung müsste den Namen nennen. Das ist jedoch weder beim biblischen noch beim philosophischen Gott dieser Zeit möglich. Der Text schildert die Bekehrung in bekannter Terminologie (aus Schlaf zu Nüchternheit; bei Schließen der Augen wahres Sehen):

Corpus Hermeticum (3. Jh. nC.) I 30f.: »Und ich war glücklich, ... denn der Schlaf des Körpers war zur Nüchternheit der Seele geworden und das Schließen der Augen zum wahren Sehen und mein Schweigen trug das Gute in sich und das Zu-Grabe-Tragen des Redens wurde ein Ans-Licht-Bringen des Guten. Nimm in heiligen Worten dargebrachte Opfer an von meiner Seele und meinem Herzen, das sich dir zuwendet, Du Unaussprechlicher, Unsagbarer, in Schweigen Angerufener.«

Kommentar: Im Menschen erstirbt das Reden, er ruft Gott in Schweigen an und bringt ihm auch auf diese Weise Opfer. Auch hier findet sich die aus dem Neuen Testament geläufige Auffassung der Bekehrung als Wiedergeburt (neben dem Sterbevorgang, der das übliche Reden betrifft).

Der folgende Text gibt dazu konkrete liturgische Anweisungen:

Corpus Hermeticum XIII 2: »(Der Mutterschoß), mein Sohn, ist die geistige Weisheit, die im Schweigen liegt, und der Samen ist das wahrhaft Gute.« – 8: »Doch nun schweige, mein Sohn, und versündige dich nicht mit unheiligen Worten, so wird die Barmherzigkeit, die Gott an uns übt, nicht aufhören.« – 16: »Gib Ruhe, mein Sohn, und höre jetzt ... die Hymne der Wiedergeburt ... sie nur dir am Ende des Ganzen so bereitwillig vorzutragen, dazu habe ich mich entschieden.

Denn das (alles) ist keine Sache lehrhafter Unterweisung, sondern wird in Schweigen verborgen. So stelle dich denn, mein Sohn, an einen Ort unter dem freien Himmel, blicke in südliche Richtung beim Untergang der sinkenden Sonne und bete kniefällig. Verhalte dich so in gleicher Weise, wenn die Sonne aufgeht, gen Osten. Wahre Schweigen, mein Sohn.« – 22: »Nachdem du dies alles von mir erfahren hast, versprich Schweigen über das göttliche Wunder, mein Sohn, und tue niemandem die Überlieferung der Wiedergeburt kund, damit wir nicht für Verräter gehalten werden. Denn jeder von uns hat sich hinreichend bemüht, ich als Sprechender, du als Hörender. Im Geist hast du dich und unseren Vater erkannt.«

Kommentar: Wer die Wiedergeburtslehre nicht geheimhält, verleumdet und schmäht sie, weil er ihren Wert missachtet. Wie in anderen Texten, so besteht auch hier eine Identität von Weisheit, Schweigen und »Mutterschoß« (sc. aller Dinge). Das bedingt auch hier das Arkangeheimnis. Der Mutterschoß, der hier genannt wird, vermittelt Wiedergeburt (durch Belehrung). Das Arkangeheimnis ist als direkte Folge dessen dargestellt, dass die Religion selbst aus Schweigen besteht. So ist die Hinwendung zum Schweigen das zentrale Sakrament dieser Religion und zugleich ihre wichtigste Konsequenz als Abgrenzung nach außen im Schweigen über eben diese Religion (Arkangeheimnis).

2.7 Stille und Schweigen in der Musik

Eng verwandt mit dem Schweigen ist die Stille in der Musik. Denn dem Schweigen in der Welt des Wortes entspricht die Stille in der Musik. Der Unterschied zur Konzertpause besteht darin, dass die Stille in der Musik nicht auf einen harmonischen Abschluss folgt wie die Pause, sondern dass sie unvermittelt und sozusagen per Abbruch »einbricht«. Sie ist nicht harmonischer Abschluss, sondern Verletzung der Harmonie. Das wird besonders auch dann plausibel, wenn man für die Zeugnisse des 19. Jh. nach möglichen liturgischen Ahnen fragt, die mutmaßlich in der Liturgie der Karwoche ihre Heimat haben könnten.

Lit: [Ungedr. Diss.] Carvalho Bielschowsky, Pedro Henrique: O silêncio na música: uma investigação formal e de performance em obras para violoncelo e piano dos periodos Clássico e Romântico

(Diss. Universidade Federal da Paraíba in João Pessoa 2019) (Untersuchung vor allem von Beethoven, Liszt, Dvořák, Brahms).

Es gibt Musikstücke, die in der Abfolge von Strophen und Refrain aufgebaut sind. Nach jeder Strophe wird der Refrain wiederholt. Die Eigenart des Refrains ist es, dass er nach jeder Strophe gleich bleibt. Ein eindrückliches Kunstmittel besteht nun darin, dass der Refrain, z. B. nach der dritten oder vierten Strophe, plötzlich ausfällt. An die Stelle der fast schon vertrauten Wiederholung tritt plötzlich das »nackte« Schweigen. Das schreckt die Zuhörer auf und bringt sie dazu, über den Refrain und dessen Fehlen an dieser Stelle nachzudenken oder gar den Refrain still für sich zu wiederholen und damit sich aktiv anzueignen. Die Stille in der Musik ist demnach eine Unterbrechung, in der der Fortgang der Aktion unerwartet auf andere Schultern gelegt wird. So wird das Ganze mit einem Male aus neuer, anderer Perspektive angeschaut.

Grundsätzlich verwandt sind plötzliche »Ausfälle« in dem sonstigen gewohnten Ablauf – etwa am Karfreitag, wo der gesamte gewohnte Einleitungsteil (»Vormesse«) des üblichen Gottesdienstes durch Schweigen und *Prostratio* ersetzt ist. Das betrifft auch Orgel und oftmals Gesang. Des Weiteren eignet sich als Vergleich jede Abänderung des Gewohnten in der Liturgie, auch wenn sie nicht das Musikalische betrifft (wie etwa die »Verwüstung der Altäre« am Gründonnerstag nach der Liturgie). Zum Musikalischen im weiteren Sinn gehört auch die sog. Rumpelmette, ein minutenlanges Getöse, das dadurch entsteht, dass ab der Mitte der Karwoche Kleriker im Chorgestühl mit den zumeist großen und gewichtigen liturgischen Büchern, die die Texte des Offiziums enthalten, auf die hölzernen Schrägflächen des Chorgestühls klopfen. Den ohrenbetäubenden Lärm (nebst Staub) konnte ich noch im Fuldaer Dom 1960/61 erleben. Die Rumpelmetten sind deshalb hier zu nennen, weil sie Abbruch der Musik des gewöhnlichen Gesangs sind, wenn auch nicht eben als Schweigen.

Gerade auch im Verzicht auf Musikinstrumente hat die Kirche schon im Mittelalter eine subtile Zeichensprache entwickelt. Der partielle oder auf das Ganze bezogene Verzicht ist eine eigene Zeichensprache, um Trauer, Protest oder Enttäuschung zu formulieren. Das äußert sich auf je verschiedene Weise im Gebrauch oder im Verstummen von Glocken, Orgel, Blechmusik. In der Passionszeit werden die Metallschellen an den Stufen zum Altar und in der Prozession durch

Holzklappern ersetzt; deren Geräusch ist das Archaischere. Auch das ist eine sehr alte liturgische Regel: In Zeiten der Trauer erwachen ältere, archaische Formen wieder. Der Abbruch des »normalen« Lebens spiegelt sich direkt wider im Rückgriff auf eigentlich längst Vergessenes.

Der Satz »Musik ist Schweigen« gilt von geistlicher einstimmiger Musik. Denn Schweigen ist die *lingua franca* im Himmel. So lobt man Gott. Deshalb spricht Johannes vom Kreuz von der *música callada* (die Musik der Mystiker ist eine Musik ohne Töne, s. u. 6.6). Wenn man die Welt der Töne in Wort und Schweigen einteilt, gehört Musik, reine Musik aus Tönen, Rhythmen etc., auf die Seite des Schweigens. Dieses aber kann die Engel oder die Dämonen betreffen. Unter diesem Aspekt wird hier keine weltliche Musik diskutiert, sondern Musik der Engel (liturgisch oder therapeutisch) versus Besessenheit durch Dämonen, die eben durch Engelsmusik zu therapieren ist. Eine derartige strenge Einteilung ist die Voraussetzung für die byzantinische Vereinbarung, dass die unsichtbare (göttliche oder dämonische) Welt des Schweigens sich in der Musik der himmlischen Mächte und in geistlicher Musik wie den Psalmen (Davids) äußert.

So wird die Kirchenmusik der Einstimmigkeit oft als Imitat oder Fortsetzung der Musik der Engel begriffen (wie in den Präfationen: *cum angelis et archangelis ... hymnum gloriae tuae canimus*). Daher gelten dann in der Anwendung auch programmatische Worte wie »Wer singt, wird auferstehen« (zisterziensisch). Oft wird zitiert: *In conspectu angelorum psallam tibi domine* [vor dem Angesicht der Engel will ich dir lobsingen] (z. B. Bernhard V 115; Ps 138 [137], 1)

Querverbindungen ergeben sich zu der unten (7.3) ausführlich kommentierten Auffassung, wonach als das Echo des anfänglichen finsteren Schweigens die Dämonen entstehen, die dann durch Davids Psalm vertrieben werden. Fromme Musik vertreibt demnach die Produkte des finsteren (bösen) Schweigens, so wie Engel den Dämonen entgegengesetzt sind. So wie David Psalmen komponiert und singt, sind die irdischen Produzenten geistlicher Musik in den Kampf gegen die Dämonen verwickelt. Dabei ist Schweigen bzw. dessen Wirkung dualistisch gesehen: Denn das anfängliche Schweigen hat eine Schattenseite. Sein Echo (also seine Nachahmung, so wie auch sonst Nachahmungen spätbiblisch gesehen immer böse sind) ist Mutterboden der Dämonen. Das Ganze ist Rest der Vorstellung vom Schweigen als Urmutter aller Welt. Das Besondere ist, dass sich dieser »Rest« einer archaischen orientalischen Mythologie bzw. Kosmogonie plötzlich im hellenistischen Judentum findet. Und wenn Musik (himmlisches) Schweigen ist, dann sind hier nicht Dämonen, sondern Engel am Wirken. Voraussetzung: Vom Schweigen wird dualistisch geredet.

So gilt eben auch umgekehrt: Schweigen ist Musik, und zwar die bessere Musik gegenüber der irdischen, weltlichen.

Praktische Konsequenzen: Schweigende Anbetung oder Psalmengesang (inklusive spätere Fortsetzung wie die Psalmen aus Qumran; vgl. K. Berger, Psalmen aus Qumran, Stuttgart 1997) mit gottesdienstlichem Charakter und/oder therapeutischer Wirkung.

2.8 Die seelsorgerliche Bedeutung des Schweigens

Was die deutschen Mystiker als »Abgeschiedenheit« bezeichnen, steht dem nahe, was man mit dem unglücklichen Ausdruck »Transzendenz« meinte sagen zu können. Wer die Nähe zu Gott ersehnt, nach ihr strebt, muss zunächst den Weg in die äußerste Abgeschiedenheit zu gehen wagen. Das heißt: Zurücklassen, Trennung wagen. Das bedeutet Wüste, Armut und Schweigen.

In dem Buch »Aufbruch vor Tag« (Köln 1964) des Schriftstellers Julien Green (1900–1998) sind die Traditionen des sakralen Schweigens besonders lebendig. So schildert er zum Stichwort »Wandlung« in der Heiligen Messe »jenes seltsame Schweigen in dem Augenblick, wenn das Glöckchen atemlos klingelte«. Er bezieht sich dabei auf das Schweigen der mitfeiernden Gemeinde im Augenblick der Elevatio von Hostie und Kelch (S. 102), und zu Christus in der Hostie bemerkt er (S. 249): »Rings um ihn aber herrschte ein ungeheures Schweigen, das für mich nicht länger ein vernehmbares Schweigen war.« Religiöse Erfahrung kann er so beschreiben: »Das ungeheure, furchtbare Schweigen trat an mich heran, und es umgab mich ringsum dieses Schweigen Gottes. Ich fragte mich dann, ob ich nicht sterben würde.« (S. 249f.)

Gott bleibt ungreifbar, unplanbar und ist durch kein festes Image zu vereinnahmen. Insofern bleibt das Recht der *theologia negativa* gerade dank des wiederholten Schweigegebotes bestehen. Das ist von der Theologie zu verstehen als Warnung vor dem allzu leichtfertigen Umgang mit der Vokabel »Gott«.

Der Blick auf das Schweigen vor allem Wort kann zu einer »Theologie der Frühe« (vgl. den Buchtitel von Julien Green) führen, in der die »unschuldigen Anfänge« in den Blick kommen, eine Betrachtungsweise, die den oft gegebenen apokalyptischen Pessimismus vermeiden kann und vor allem nicht dualistisch fixiert ist und so die Aporien des Manichäismus verhindert.

3. SCHWEIGENDE KRONZEUGEN

Wir kehren zurück zum biblischen Ausgangspunkt. Das Schweigen etwa gerade der »Kronzeugen« ist dort wiederholt das Widerlager zur Offenbarung durch das Wort. Deshalb bleibt das Schweigen ungewöhnlich, unangepasst und unerwartet. Doch sind alle Menschen, von deren Schweigen berichtet wird, ehrwürdig und hochverehrt.

Gerade die lukanischen Kindheitsberichte nennen zwei wichtige Personen als lebendige Zeugen der Bedeutung des Schweigens rund um die Kindheitsberichte. Auch spätere Texte (vor allem Ignatius von Antiochien, An die Magnesier 8; Protoevangelium des Jacobus) bestätigen die Vorliebe dieses Milieus für Geschichten über das Schweigen. Bei Lukas sind diese Zeugen Zacharias, der Vater Johannes des Täufers, und Maria.

3.1 Das Verstummen des Zacharias (Lk 1,22)

Die Bibelkommentare vieler Jahrhunderte gehen mit der Notiz über Zacharias nicht besonders liebevoll um und können darin in aller Regel keinen Sinn erkennen.

H. Schürmann, Kmtr. zum Lukasevangelium, S. 38 »Das Volk, das mit derartigen Offenbarungsgeschehnissen bei der Opferhandlung rechnet, schließt aus der Verzögerung und der Stummheit des Zacharias auf eine Erscheinung.« Weiter sieht Schürmann hier eine der Gottesoffenbarungen im Tempel wie in 1 Sam 3,4ff. und Jes 6,1ff. (S. 32). Mit dem Versagen der Sprache nach Visionen rechnet hier auch F. Toletus, Kmtr., Venedig 1600, S. 42f. Als Johannes dann geboren ist und seinen Namen erhalten hat, wird die Stummheit des Zacharias gelöst und er kann laut Lk 1,64 wieder reden und Gott loben. Über diese Feststellungen hinaus kann die Exegese in der Stummheit des Zacharias offensichtlich keinen besonderen Sinn erkennen. Nach J. Ernst, Lk-Kmtr., S. 64, soll gelten: »Wenn Gott handelt, gebührt es dem Menschen, zu schweigen«.

Doch warum handelt Gott dann besonders während der Schwangerschaft, und bevor das Handeln im Auftreten des Täufers beginnt, kann Zacharias schon längst wieder reden? Der Sinn ist möglicherweise aus folgenden Anzeichen zu erkennen: Das Verstummen des Zacharias ist die Voraussetzung dafür, dass später das wunderbare Zeichen der Übereinstimmung von Vater und Mutter bei der Namensgebung berichtet wird, die noch dazu in der Familie ganz ungewöhnlich ist. Beides, sowohl das Verstummen bei Ankündigung der Geburt als auch die wunderbare Übereinstimmung beim Namen sind religionsgeschichtlich bisher einzigartig. Schon das legt nahe, dass sie einen besonderen Sinn haben. Alle Teile der Erzählung betreffen das besondere Wort aus dem Mund von Menschen, das, sei es Tempel, sei es Prophetie bei dem Sohn Johannes, sakralen Charakter besitzt. In hervorragender Weise hat auch der Name eines Menschen (das betrifft etwa auch den Namen Jesus) mit Gott zu tun, denn der Name, unter dem er bei Gott geführt wird, ist der Inbegriff seines persönlichen Wesens, sein »Personalausweis« mit den unveränderlichen Merkmalen der Person. Da Johannes der Täufer selbst »Stimme« genannt wird, also Stimme Gottes, hat es einen besonderen Sinn, wenn vor der Geburt dieser Stimme die »nahegelegene« Stimme des menschlichen Vaters verstummt, so wie Menschen aufhören sollten oder eben müssen, zu reden, wenn Gottes eigene Rede ertönt. Das ist ähnlich dem Vorgang, wenn nach Apk 8,1 alle nur weltlichen Dinge oder Geschehnisse eine halbe Stunde lang schweigen, bevor die Erfüllung von Gottes höchster Prophezeiung im siebten Siegel beginnt.

In dem unter dem Namen des Albertus Magnus überlieferten Kmtr. zu Lk (Druck Löwen 1651, S. 18) findet sich diese heute verschollene Deutung wie selbstverständlich: *quia ille qui nasciturus erat, vox clamantis vocatur, quae discerni non potuit nisi per silentium antecedens, ut ex silentio vox clamantis in gratia generaretur* [(die Stummheit des Zacharias) kann man erklären, weil derjenige, der geboren werden sollte, Stimme des Rufers genannt wird, und diese konnte man nur unterscheidend feststellen durch vorangehendes Schweigen. So wurde aus dem Schweigen die Stimme des Rufers aus Gnade in die Welt gesetzt (erzeugt)].

Die Abfolge von Verstummen des Zacharias – Enthüllung des Täufernamens – Auftreten des Täufers macht auch deutlich, dass die wundersame Enthüllung des Täufernamens so etwas ist wie der Beginn der Offenbarung nach der Phase des verordneten Schweigens. Das ist bei Jesus ähnlich: Die erste Phase der Offenbarung ist die Enthüllung des Namens. Ähnlich wie wenn zwei Bücher publiziert werden, das erste unter dem Namen »Johannes« (es folgt Leben und Botschaft), das zweite unter dem Namen »Jesus« (es folgt wiederum Leben und Botschaft). Das Ganze gehört hier in die frühchristliche Namenstheologie; deshalb bedarf es zur Offenbarung des Namens einer besonderen Inszenierung (Lk 1,63: Schreibtafel-Episode).

Ein vielleicht gewagter Vergleich: Das Schweigen des Zacharias bereitet die Göttlichkeit des Wortes des Johannes vor. Das Fehlen der männlichen Zeugungsaktivität bei Josef bereitet der Sache nach die Gottessohnschaft Jesu vor, die sich der Zeugung durch den Heiligen Geist verdankt. Zugrunde liegt daher der theologische Ansatz: Bevor Gott anfängt, muss der Mensch aufgehört haben, und zwar auf demselben Aktionsfeld.

Einen besonderen Beitrag zum Thema liefert anlässlich der Person des Zacharias Ambrosius von Mailand. Schweigen wird als Stummheit gedeutet. Doch in der Bibel gibt es nach Ambrosius die Abfolge von Stummheit und der Fähigkeit zu reden, was dasselbe ist wie glauben können. Auch bei Ambrosius ist mithin Schweigen eine Vorstufe von Offenbarung. Letztere wird mit prophetischer Redegabe gleichgesetzt, das erkennt Ambrosius an Mose, aber es gilt auch im Ganzen für die Christen, deren Typus Zacharias ist (denn die Verkündigungstätigkeit des Zacharias ist weniger deutlich).

Ambrosius sagt zum Schweigen des Zacharias in seinem Lk-Kmtr. 39–42 (CCSL 14, Turnholt 1957, S. 25–27): Das Schweigen des Zacharias steht für den Unglauben des ganzen Volkes (nach Lk 1,21f.) und ist daher als Strafe des Verstummens zu deuten. Als Typus Israels steht Zacharias daher Mose gegenüber. Denn Mose hatte zuvor gesagt, dass er nicht reden könne; doch danach empfing er das Wort und vollbrachte herrliche Werke.

Vergleichbar für die Zeit der Stummheit des Propheten sind bei Mose: *lex in silentio* [das Gesetz ist noch in der Phase des Verschwiegenseins], bei Zacharias: *verbum in utero* [das Wort ist noch verborgen, weil es noch im Leib der Elisabeth ist].
Und es gilt auch: *Non loquatur Deo, qui non credidit Christo* [Wer nicht an Christus glaubt, der kann noch nicht mit Gott reden]. – *Mutus est qui non intelligit legem, mutus est qui non intelligit divinarum seriem scripturarum, vox enim nostra fides est* [Stumm ist, wer das Gesetz nicht versteht, stumm bleibt, wer die göttliche Abfolge der Schriften nicht versteht, denn unsere Stimme ist unser Glaube].

3.2 Das Schweigen Marias (Lk 2,19)

Text: Vg. *Maria conservabat omnia verba haec, conferens in corde suo.*

M. Luther: Maria aber behielt alle diese Worte und bewegte sie in ihrem Herzen.

M. Wolter: Maria aber bewahrte alle diese Dinge – deren Bedeutung sie verstand – in ihrem Herzen.

EÜ: Maria aber bewahrte alle diese Worte und erwog sie in ihrem Herzen.

Berger/Nord: Maria aber merkte sich jedes Wort, und tief in ihrem Herzen erinnerte sie sich an das, was sie selbst gehört hatte.

Das griech. Verb συμβάλλειν (z. B. bei Flavius Josephus: den Traum) »überlegen/erwägen«, aber auch »vergleichen« (sc. mit früher Gehörtem, von anderen Gehörtem, in beiden Fällen zur Unterscheidung). Dazu F. Bovon, Lk-Kmtr. I, S. 131: [Das Verb] »bezeichnet die klare und richtige Interpretation der göttlichen Intervention«; »Maria versteht, was sie gesehen und gehört hat«. Das aber sei hier keine logische und intellektuelle Deutung des Geschehens, sondern vollziehe sich im Organ des Willens und des Gefühls, d. h. in ihrem Herzen.

M. Wolter (Lk-Kmtr., S. 132): Von Maria wird eine Reaktion berichtet, die sich von der der anderen unterscheidet. Im Gegensatz zu den meisten Übersetzungen ist »in ihrem Herzen« mit »bewahrte« zu verbinden. Die betreffenden Personen behalten das, was sie gehört oder gesehen haben, ganz bewusst im Gedächtnis und vergessen es nicht (vgl. außer Lk 1,66 auch das durative »bewahrte«, »das zeitlich über die erzählte Episode hinausreicht«), nach Willem C. van Unnik: den Sinn erfassen, verstehen, auch »die Ursache begreifen«. – Nach Lk 1,66 antworten die Zeugen, die etwas »in ihr Herz setzen«, es aber nicht auch verstehen, mit einer laut geäußerten staunenden Frage. Das tut Maria hier nicht.

Fazit 1:
(1) Maria bewahrt das Gehörte/Gesehene für sich und »denkt sich ihren Teil«.
(2) Das, was sie mit dem Wahrgenommenen macht, vollzieht sie mit dem Herzen, d. h. vollständig in ihrem Inneren.
(3) Sie spricht mit niemandem darüber und gibt es nicht weiter. So wird sie zur »stummen Zeugin«.
(4) Im Mittelalter versteht man das, was sie mit dem Herzen tut, als ihre schweigende Meditation, so wie man sich seit den Kirchenvätern Meditation dachte. Berger/Nord geben diesen Aspekt wieder mit »tief in ihrem Herzen«. Bonaventura nennt Maria (Lk-Kmtr. X, S. 276) wegen Lk 2,19 *Arca foederis* [Bundeslade], wohl weil sie, wie andere andeuten, Prophezeiung und Erfüllung vergleicht. Maria ist demnach eine schweigende Augenzeugin der Offenbarungsereignisse des Neuen Testaments.

Hugo von St. Cher (gest. 1263) bezieht Marias Verhalten auf die verschwiegene Geheimhaltung. Während er von den Geheimnissen spricht, die Maria kannte *(secreta quae noverat)*, spricht der bekannte Hymnus *A solis ortus cardine* zur Laudes (*tempus Nativitatis*/Weihnachtszeit) von den *secreta quae non noverat:* Str. 3: *venter puellae baiulat secreta quae non noverat* [der Leib des Mädchens [sc. Marias] trägt die Geheimnisse, die er zuvor nicht kannte], d. h. die neu waren.

Fazit 2:
Maria hat, johanneisch gesprochen, der Welt das Wort Gottes geboren. Das war schon genug. Doch viele Kommentatoren haben sich gewundert, warum Maria darüber hinaus sehr wenig sagt. Vielmehr gehört sie nach Lk 2,19 zu den großen Schweigenden des Urchristentums. Nach Ignatius, An die Magnesier 8 ist sie durch die geheime Empfängnis und die versteckte Geburt im doppelten Sinn Geheimnisträgerin.

Eine wortgetreue Übersetzung dessen, was Maria in ihrem Herzen tut, während sie nach außen hin schweigt, muss heißen: Sie verglich. An dieser Stelle hat nun jeder Ausleger das angenommen, was für ihn die wichtigste Wahrheit der Schrift war. Nach den einen hat Maria nach der Art typologischer oder an der Erfüllung der Verheißungen orientierter Exegese Altes und Neues Testament miteinander verglichen. Dies ist übrigens der Grund dafür, dass Maria *foederis arca* [Arche des Bundes/Bundeslade] heißt (so auch in der Lauretanischen Litanei), denn eine »Arche des Bundes« ist ein (Holz-)Gefäß, in dem die beiden Tafeln, die des Alten und Neuen Bundes also, nebeneinander liegen und zum Vergleichen einladen. Dann gilt die Frage: Wo und inwieweit ist eine alttestamentliche Prophetie in Erfüllung gegangen? In diesem Sinn konnte man den Satz vom Vergleichen in Lk 2,19 als Vergleichen von Verheißung und Erfüllung verstehen.

Andere verstanden das Vergleichen als Übereinstimmung zwischen Wort Jesu und Tat Jesu. Hat er selbst Wort gehalten mit dem, was er getan hat?

In jedem Falle aber ist Maria durch ihr Schweigen das, was man »Abgrund der Weisheit« nennt. Oder anders gesagt: Wer schweigt, kann gar nicht genug hören und empfangen. Doch zeigt der Satz Lk 2,19 sehr klar, dass Maria bei allem Schweigen keineswegs die passive ist. Das Verstehen, das sie leistet, ist ein höchst aktiver kontemplativer Prozess (vgl. 1 Kor 14,34).

Als Vergleichen verstehe auch ich die Mühen des Exegeten (nicht nur des heutigen) um den Text: Er vergleicht Markus mit Matthäus, Jesus mit Paulus, das Neue Testament mit dem Denken seiner Umwelt, das Neue Testament mit dem Alten, moderne Theologie mit den Kirchenvätern, heutige kirchliche Rede mit der Alltagssprache und deren Ideen usw. Auch dieses ist ein im Wesentlichen kontemplativer Prozess.

Schließlich stehen Maria Magdalena und Maria, die Mutter Jesu, nach den verschiedenen Quellen schweigend unter dem Kreuz (Hinweis Sr. Mirjam von der gekreuzigten Liebe OCD).

Wahrscheinlich hat sich aus dieser Bemerkung über das Schweigen Marias in Verbindung mit dem Motiv der Jungfräulichkeit das liturgische, literarische und kunsthistorische Motiv des *hortus conclusus* (verschlossener Garten) als marianische Metapher entwickelt. In der Kunstgeschichte gibt es den Paradiesgarten (z. B. bei Jan van Eyck als das Himmlische Jerusalem), in dem seltene oder besonders hochgeschätzte Pflanzen vorkommen, die oft eigens genannt werden.

Maria ist in ihrer Unberührtheit der Paradiesgarten des Neuen Bundes. *Hortus conclusus* ist auch ein marianischer Name in der Lauretanischen Litanei. Die architektonische Grundlage für diese Metapherntradition bildet der abgetrennte »private« Garten hinter dem Haus in den orientalischen Flächenstädten (noch heute als *jardin séparé méditerranéen* in direkter Nähe des Wohnhauses). Ganz ähnlich steht es um die Institution *le jardin secret*. Beides rührt daher, dass der Garten oft der einzige »private« Raum im Bereich des Hauses war, während die Wohnräume für Besuch hergerichtet sein mussten. Zäune, Mauern und hohe Hecken sorgten für die Unzugänglichkeit der Gärten außer für die oft adeligen Besitzer. – Der geheime und öffentlich nicht zugängliche Garten lebte fort in den Klostergärten und Burggärtlein des Mittelalters.

3.3 Der Bischof

Während bei Lk das Schweigen des Zacharias und der Mutter Gottes einmalig berichtet wird, gehört nach Ignatius von Antiochien und verwandten Texten das Schweigen des Bischofs in der Liturgie grundsätzlich und dauerhaft zu seinen »Merkmalen«. Denn durch sein Schweigen markiert er die Grenzlinie zwischen dem Bereich des Menschen und Gottes Bereich, zwischen Erde und Himmel. Mit und in seinem Schweigen beginnt mit und in seiner Person die himmlische Sphäre.

Parallel zu den drei schweigenden Geheimnissen, die zentral sind für den christlichen Glauben, ist der schweigende Bischof die liturgische Inszenierung des schweigenden Gottes. Diese Rolle spielt er als der »schweigende Mittelpunkt« des christlichen Gottesdienstes. Zu nennen ist außer Ignatius von Antiochien (um 120 nC.) auch Agraphon Nr. 399:

Ignatius, An die Epheser 6, 1: Je mehr man einen Bischof schweigen sieht, umso größere Ehrfurcht soll man vor ihm haben. Und jeden, den der Hausherr zu seinen Hausgenossen schickt, müssen diese aufnehmen wie den Hausherrn selbst. Den Bischof müssen wir daher für den Herrn selbst nehmen.

Kommentar: Hier geht es noch um eine der Auswirkungen des neutestamentlichen Begriffs vom göttlichen Gesandten nach dem

Schema: Wer euch aufnimmt, nimmt mich auf, und wer mich aufnimmt, der nimmt den auf, der mich gesandt hat (Mt 10,40 parr.). Nur ist bei Ignatius an die Stelle der Tatsache und wohl auch der durch Jesus persönlich verliehenen Stellvertreterschaft (Vollmacht) das Schweigen getreten. Das Schweigen ist die Weise, in der der aussendende und bevollmächtigende Herr in seinem Boten »wohnt«. Damit ist das Schweigen regelrechte (Teil-)Präsenz Gottes.

J. Assmann (s. o. 2.2) hat gezeigt, dass diese Auffassung ihren Ursprung im Alten Ägypten hat. Denn je höher der Rang ist, den ein Beamter innehat, umso kräftiger bewahrt dieser durch ein entsprechend tiefes Schweigen seine göttliche Autorität. Er verausgabt sie nicht durch häufiges und inhaltsleeres Reden. So heißt es schon in alttestamentlichen Texten, dass die Propheten ihre Wunderkraft nicht mindern sollen, indem sie unterwegs zahlreiche Menschen grüßen (vgl. Lk 10,4). Denn wenn Reden Verlust der Wunderkraft und sonstigen Kraft bedeutet, kann das Schweigen nur die Funktion haben, diese Kraft zu bewahren und gesammelt konzentriert zu behalten.

Das Schweigen des Bischofs ist also Voraussetzung und Zeichen dafür, dass Gottes Vollmacht auf ihm ruht. Denn im Schweigen hat sich der Bischof in jene äußerste Seelenspitze zurückgezogen, die an den Himmel grenzt, bzw. das Einfallstor für die Vollmacht bietet, weil sie die äußerste Zurückgezogenheit nicht nur von der Welt, sondern auch von sich selbst ist.

Agraphon Nr. 399: Achtet euren Bischof wie Christus, wie es die seligen Apostel euch befohlen haben. Wer innerhalb des Altarraums steht, ist rein. Deswegen gehorcht er dem Bischof und den Ältesten.

P. Meinhold, Studien zu Ignatius von Antiochien, Wiesbaden 1979, 19ff., steht ganz im Bann älterer Thesen über die Einheit von Gnostikern und charismatischen Enthusiasten und sieht in der Rede von den »schweigenden Bischöfen« einen Vorwurf der Gegner, die sich darüber beschwerten, dass der Bischof nicht an charismatischen Redephänomenen teilhabe und deshalb eben »schweige«. Mir ist allerdings kein Beleg dafür bekannt, der Schweigen in diesem Sinn deutet. Vielmehr verstehe ich das Attribut »schweigend« durchaus positiv, ähnlich wie es aus zeitgenössischen und älteren ägyptischen Zeugnissen bekannt ist. Schweigen ist, wie Assmann für die ägyptischen Auffassungen gezeigt hat, der Gipfel der Tugendpyramide und gerade bei Ämtern die höchste Qualifikation.

Der Einfluss ägyptischer Anschauungen auf die kleinasiatischen Christen ist (vgl. Apk) gerade für das 1. Jh. nC. gut belegt.

H. Chadwick, The Silence of Bishops in Ignatius, in: HThR13 (1950) S. 169–172, weigert sich, von W. Bauer und älteren Auslegern die These zu übernehmen, das Schweigen des Bischofs sei auf dessen mangelnde Eloquenz zurückzuführen und werde dann apologetisch mit dem Argument der Gottähnlichkeit verteidigt. Vielmehr meint Chadwick, der Bischof schweige als der Repräsentant Gottes, die Szene des in der Kirche auftretenden Bischofs spiegele die himmlische Szenerie, in der um Gott die Apostel versammelt seien. Denn so sind auf Erden die Presbyter um den Bischof versammelt. Chadwick leitet daraus völlig zutreffend die These ab, wenn der Bischof predige, sei das, wie wenn der Logos aus dem Schweigen hervorgehe (was in und außerhalb der Kirche oft belegt ist). Für Chadwick ist entscheidend, dass der Bischof direkt Gott repräsentiert und seine Worte oder Lehre nicht auf innerweltlicher apostolischer Tradition oder dergleichen gründet. Da aber Gott im Himmel vom »Chor der Apostel« *(apostolorum chorus)* umgeben ist, geht es eben doch nicht ohne Apostel.

3.4 Schweigen und Wunderkraft

Schweigen hilft, die Wunderkraft zu bewahren und schützt das Geheimnis. Denn das Geheimnis ist auf eine bestimmte Weise heilig. Dieses Heilige wird geschützt, indem man eine Mauer des Schweigens darum baut. Denn das Heilige könnte profaniert und damit wirkungslos werden, wenn es, wie man sagt, zerredet wird. Es ist offenbar sensibel und schutzbedürftig. Wunderkraft (delegierte Vollmacht) ist so ein Geheimnis, weil sie Menschen nicht von Natur aus zukommt, sondern (mehr oder weniger feierlich) verliehen wird.

Lk 10,4 nennt zwei merkwürdige sprachliche Phänomene: Die ausgesandten Jünger sollen niemanden unterwegs grüßen, und es gibt den Friedensgruß, der im Falle der Unwürdigkeit des Gegrüßten wie ein Bumerang zum Absender zurückkehrt. In beiden Fällen liegt eine archaische, »magische« Auffassung von qualifizierten Sprachhandlungen (Grüßen des Weggefährten und Friedensgruß, wohl im Haus[eingang]) vor. Wer nicht grüßt, schweigt. Aber welchen Sinn hat das hier angeordnete Schweigen?

Der »magische« Eindruck, der den hier besprochenen Situationen anhaftet, rührt offensichtlich von einer dinglich orientierten Auffassung von Sprache her. Wer segnet oder grüßt, gibt etwas von seiner charismatischen Kraft ab. Auch der Wunder wirkende Jesus kann spüren, dass »eine Kraft von ihm ausgeht« (vgl. Mk 5,30). Diese Kraft scheint bei »normalen« Ausgesandten begrenzt zu sein, jedenfalls ist sie auf geheimnisvolle Weise quantifizierbar. Schweigen ist wie ein Damm, der davor bewahrt, diese Kraft zu verausgaben. Die oben genannte Stelle bei Ignatius über das Schweigen des Bischofs könnte zur selben Kategorie gehören. Denn der Bischof benötigt seine charismatische Kraft (etwa für sein Gebet und seine Sündenvergebung) und sollte sie »bei sich« behalten und nicht verausgaben. Dies ist die Funktion seines Schweigens.

Der Ursprung dieser Auffassung liegt in der alttestamentlichen Elischa-Tradition: In 2 Kön 4,29 befiehlt Elischa Gehasi:

> *Gürte dich, nimm meinen Stab in die Hand und mach dich auf den Weg! Wenn du jemand begegnest, so grüß ihn nicht, und wenn dich jemand grüßt, so antworte ihm nicht! Leg meinen Stab auf das Gesicht des Kindes!*

Es soll eine charismatischen Krafttat gewirkt werden. Auch hier ist die menschliche Segenskraft begrenzt (im Unterschied zu der Gottes), und die Sparsamkeit der Worte erhält sie. Auch schon nach den ältesten Vätergeschichten des Altes Testaments kann der väterliche Segen nur einmal gespendet werden (Jakob und Esau). So gilt: Der Erhalt der Segenskraft ist an das je zwischenzeitliche Schweigen gebunden. Dieses ist sozusagen die charismatische Seite der gemein-orientalischen Weisheitsregel, dass der Weise schweigt (vgl. Ijob 13,5).

Zum Arkangeheimnis und zum auch pagan belegten Verbot der Weitergabe von Rezepten zur (Wunder-)Heilung könnten nahe oder entferntere Analogien bestehen. Wenn Sprache, insbesondere aber weitergegebene magische Formeln eine quasi-materielle Kraft bedeuten, dann muss man sie durch Schweigen behüten.

3.5 Das Schweigen von Zeugen

3.5.1 Schriftlichkeit als Modus der Verschwiegenheit

Eingrenzung des Leserkreises. Solange keine allgemeine Schulpflicht bestand, war Lesenkönnen von Schriftlichem eine verschlüsselte Veröffentlichung für die Elite der Gebildeten, die Geld für den Bücherkauf übrig hatten und auch Zeit dafür, das Gekaufte zu lesen. Das heißt: Gegenüber freier Mündlichkeit hat – je nach gesellschaftlicher Einbettung – Schriftlichkeit die Konsequenz, dass der Inhalt für viele nicht mehr zugänglich ist.

Absicherung gegen Verfälschung. Organisierte Geschichte (Wirtschaft, Außenpolitik usw.) lebt zu einem nicht unbeträchtlichen Teil von Prognosen. Schriftlichkeit war ein erstes Mittel, menschliche Willkür in der Veränderung der »Prophetien« einzuschränken. Daher ist prophetische Geschichtsbetrachtung schon früh abhängig geworden von der durch Schriftlichkeit garantierten Stabilität. Insbesondere die frühjüdische Apokalyptik ist durch wiederholte Schreibbefehle in den Texten selbst in Verbindlichkeit und Stabilität abgesichert.

So eröffnet sich zum Thema Geheimnis und Schriftlichkeit eine Fülle neuer Möglichkeiten: Es gibt die Übersetzung in eine Sakralsprache (z. B. von Porphyrius für das Altägyptische auf neueren Papyri bezeugt; im Westen ist das Latein nebst Kürzeln ein guter Weg, Texte vor dem Zugriff durch Veränderer zu bewahren).

Fazit: Geheimhaltung, insbesondere Schriftlichkeit, ist eine technische Form der Verschwiegenheit. Sie dient der Rechtssicherheit und im Fall der Prophetie deren Glaubwürdigkeit. Denn sie begründet die Stabilität des Wortlauts. Damit geht es hier bereits um die Grundzüge (inklusive der Absicherung gegen Missbrauch durch Stützmaßnahmen) einer Religion des »Wortes«, in der das Wort des Propheten, der göttliche Logos und das Wort Gottes allgemein das vorrangig Wichtigste sind.

3.5.2 Geheimnis in den Evangelien

Insbesondere die drei ersten Evangelien kennen mehrere Formen von Schweigegeboten. Könnte es nicht sein, dass der innere Zirkel des Christentums durch Schweigegebote und Geheimhaltungspflicht besonders abgesichert war, durch Vorläufer der sogenannten Arkandisziplin?

Bereits im Markusevangelium lassen sich verschiedene Ausprägungen des Geheimnisses unterscheiden:

- Messiasgeheimnis: In Mk 9,9 erlaubt Jesus ein Weitersagen erst nach der Auferstehung.
- Wundergeheimnis: Z. B. Mk 1,44; 5,43 verbietet Jesus, ein Wunder weiterzuerzählen.
- Leidensgeheimnis: Z. B. Mk 9,3: Jesus Rede über die Stationen des Leidens und der Auferstehung wird von den Jüngern nicht verstanden.
- Gleichnisgeheimnis: Mk 4,33 das Reden »in Parabeln« ist im Unterschied zu Mk 8,32 verschlüsselt und nur Insidern zugänglich.
- Auferstehung Jesu als Geheimnis: Aktiv sind bei den Berichten vom leeren Grab nur die drei Frauen am Ostermorgen. Weil der Vorgang der Auferstehung nicht geschildert wird, ist das zentrale Ereignis ohnehin ins Unsichtbare und Vergangene gerückt. Da die Frauen dem Befehl zur Weitergabe der Botschaft ausdrücklich nicht folgen, bleibt die Auferweckung Jesu bis zur Niederschrift des Mk geheim. Auch der öffentlichkeitsferne Charakter von Mk 16 gehört mitten in die geheimnisvolle Welt von Menschensohn und Äonenwende. Der wenig prunkvolle Charakter von Ostern bestätigt das Selbstverständnis der markinischen Christen. Sie sind eine verschworene Gemeinschaft von Geheimnisträgern.
- Abstieg Jesu zur Unterwelt: Bei Ignatius von Antiochien wird aus dem Kapitel »Osterereignisse« nur dieses Ereignis als Geheimnis bezeichnet (ansonsten auch Menschwerdung und Geburt). »Geheimnis«, weil es für diese drei Vorgänge keine Augenzeugen gab.
- »Menschensohn« als Geheimname: Auch der Menschensohn der Menschensohnworte Jesu bleibt als apokalyptisches Rätselwesen geheim; schon der »obskure« Name schützt seine Identität. Denn geheim bleibt, auch wenn Jesus spricht, wer das ist, der Menschensohn, über den Jesus nur in der 3. Person spricht.
- Ein Weg: Mk unterscheidet nicht nur verschiedene Grade von Verborgenheit und Öffentlichkeit, Unverhülltheit und Verhülltheit, sondern zeichnet auch

den Weg nach, auf dem geheim Gehaltenes einmal zum offen Verkündeten wird. Das Letztere ist besonders in Mk 9,9 (nach der Auferstehung) thematisiert. Um Unverhülltheit geht es in Mk 8,32, um Verhülltheit dagegen in 4,33. Verborgen ist oft die christologische Identität Jesu, öffentlich ist stets die eindeutige moralische Forderung (Bergpredigt, Mk 12ff.). Am Ende dieses Weges steht die Befähigung zum öffentlichen Bekenntnis Mk 8,38.

Fazit: Alle Verbote des Weitersagens von Zeugnissen (Sehen und Hören) sind als Schweigegebote zu werten, auch wenn sie zeitlich begrenzt sind. Was war der Sinn dieser Gebote/Verbote?

- Für einige Vorgänge gab es keinerlei menschliche Zeugen.
- Der Ausdruck »Menschensohn« kennzeichnet ein Geschehen als von Natur aus verborgen. Erst die Schrifterkenntnis wird offenlegen, dass es sich um Ereignisse nach dem Schema Leiden – Herrlichkeit handelt (Lk 24,26f.).
- Die Forschung war lange der Meinung, Schweigegebote sollten die Tatsache vertuschen, dass es sich erst um nachösterliche Erkenntnisse handelte. Dann wären alle Schweigegebote Mogelpackungen aus Verlegenheit. Doch welchen Sinn sollten derart durchsichtige Entschuldigungen für eine Missionsgemeinde um 50 nC. und später haben? Entscheidend war doch nicht, wann die Gemeinde dieses erkannte, sondern ob es wahr und wichtig ist.

In Wahrheit sind derartige Gebote (z. B. Schweigen) und Verbote (z. B. Weitersagen) theologische Identitätsmarker der betreffenden Ereignisse. Wo sie auftauchen, sagen sie: Dieses Ereignis ist weder privat noch profan, noch ersponnen oder erlogen, sondern ein Stück auf dem Weg Gottes mit den Menschen. Die so markierten Ereignisse sind vielmehr Golddukaten im Schatz unseres Glaubens.

Warum ist der Identitätsmarker verknüpft mit Verborgenheit, Geheimhaltung und Geheimnis? Weil Gottes Handeln in der Welt immer verborgen ist, immer zu den Bedingungen weltlicher Verhülltheit geschieht. Weder sieht man Gott dabei, noch ist sein Handeln über jeden Zweifel erhaben, sondern eindeutig nur als göttliches erklärbar.

Für unser Thema ist besonders hervorzuheben Mk 16,8b: Trotz des Auftrags des Engels in 16,7 sagen die Frauen niemandem etwas, denn sie fürchteten sich. Vor wem fürchteten sie sich? Gibt es sonst Schweigen aus Furcht? Die Frauen wagen hier sogar Ungehorsam gegenüber dem Engel. Vergleichbare Fälle menschlichen Ungehorsams gegenüber der göttlichen Weisung gibt es auch in Mk 14,38.40 (aus menschlicher Schwäche wie in Mk 16,8b; in diese Texte reiht sich auch die Petrus-Verleugnung ein). Fürchten konnten sich die Frauen wegen des naheliegenden Vorwurfs des Leichendiebstahls (Joh 20,15, wegen des Werts der Leichentücher). Ein Bekenntnis der Auferstehung hätte man wohl kaum verfolgt, um ein christologisches Bekenntnis geht es hier gar nicht. Die Furcht vor dem Ausgelachtwerden (sozialer Ostrakismus) war da wohl größer (in Lk 24,11 geschieht das dann ja so). Denn wer an die Auferstehung Toter glaubt, dem ist auch sonst nicht zu trauen.

Wie steht es also mit dem theologischen Charakter des Geheimnisses an dieser Stelle? Mk 16,1–8 soll m.E. nicht erklären, warum es erst so spät, erst mit der Abfassung des Mk einen Bericht über das leere Grab gibt (das wäre wieder der Mogeltrick einer künstlichen Lösung bei bestehender Verlegenheit). So soll nicht erklärt werden, warum erst der Evangelist Markus einen solchen Bericht kennt bzw. verfasst; sondern er gibt Zeugnis über einen Engel und seine Botschaft, und ein Engel ist Gottes Bote. Die Furcht der Frauen ist sowohl das menschliche Verstummen gegenüber einer Angelophanie als auch Angst vor dem Spott der Menschen. Beides gehört hier und auch sonst eng zusammen. Denn die Furcht vor Menschen ist auf die erwartbare Reaktion von Menschen bezogen, wenn jemand von einem Engel erzählt, der ihm Unglaubliches mitgeteilt habe.

Die Anzahl der Zeugen bei einem besonderen Ereignis wird beschränkt bei Totenerweckungen (Mk 5,40 oder besonderen Heilungen, ebenso bei der Taufe und Verklärung Jesu und in Getsemani). Diese Zeugen sind entweder namentlich genannt oder direkt erschließbar (z. B. Vater und Mutter der Tabita). In Mk 5,43c erteilt Jesus zusätzlich das Verbot des Weitersagens. Auffällig ist die Häufung von Beschränkungen der Zeugenzahl und zusätzlich Verboten des Weitersagens in Mk 5,37.40.43; sie lässt darauf schließen, dass die Auferweckung der Tabita für die Gemeinde besonders wichtig war.

Dieser Erzähltechnik liegt wohl folgende Strategie zugrunde: Vergleichbar sind die Listen von Frauen bei Kreuzigung und Begräbnis Jesu sowie am leeren Grab. Die Sorgfalt entspricht direkt der fundamentalen Bedeutung der berichteten Ereignisse. Denn durch die namentliche Anführung von Zeugen wird die Glaubwürdigkeit der Berichte sichergestellt. Dass die recht zahlreichen Frauen die Berichte unglaubwürdiger machen sollen, ist eine irrige Forschermeinung; ist doch Flavius Josephus der einzige Mensch der Antike, der Frauen als Zeugen für unglaubwürdig hält. In der Regel der zwei oder drei Zeugen (vgl. Dtn 19,15) ist davon ebenso wenig die Rede wie im rabbinischen Judentum.

Fazit: Eine unbestimmte Anzahl namenloser Zeugen wird vermieden. Beides hätte den jeweiligen Bericht nur unglaubwürdiger werden lassen. Indem manche Zeugen (Petrus, Johannes, Jakobus) mehrfach genannt werden, bestätigen sich diese Berichte im Sinn der Zeugenregel auch gegenseitig.

4. STILLE UND SCHWEIGEN IN DER LITURGIE

Die älteren Arbeiten zu den liturgischen Aspekten sind anderthalb Jahrtausende alt (Dionysius Areopagita), die jüngeren fast alle im Schnitt einhundert Jahre, und zwar aus den Anfängen der liturgischen Bewegung (Odo Casel, Gustav Mensching). Odo Casel beschreibt für die verschiedensten philosophischen Schulen und Richtungen die Funktion der Geheimhaltung. Sie ist eine Abgrenzung der wahren Lehre gegenüber den anderen, nicht eingeweihten Menschen. Mir dagegen geht es um etwas anderes, nämlich um den Vorgang des Schweigens selbst als eigenständiger Aktivität. Es ist also nicht das Verschweigen oder Abgrenzen durch Nicht-Weitersagen, sondern es geht um die Frage: Welche Struktur hat das Schweigen? Ein paar Überschneidungen nennt Odo Casel bei den Texten, die vom schweigenden Beten berichten. So rückt das Verhältnis von Wort und Schweigen in den Blickpunkt unserer Untersuchung. Hier ist das Schweigen nicht nur das, was etwa die Zonengrenze zwischen DDR und BRD sein sollte, sondern das Interesse liegt auf dem Biotop Grenzstreifen, der zwar mehr lang als breit ist, aber doch so etwas wie ein eigenes Land mit eigener Flora und Fauna.

Zur aktuellen Diskussion: Robert Kardinal Sarahs auch auf Deutsch erschienenes Interviewbuch (mit dem französischen Journalisten Nicolas Diat) »Kraft der Stille« (2017) wurde, wenn ich richtig mitgezählt habe, in 15 Sprachen publiziert, was die Aktualität des Themas belegt. Es fehlt jedoch ein exegetisches Pendant, auch ein Produkt der mitteleuropäischen Theologie, und Sarah ist kein Historiker, was zu sein bei dem Thema nicht bitter nötig, aber auch kein Schaden ist.

4.1 Schweigen als Teil des Gottesdienstes

In der äthiopischen Liturgie

A. Grohmann, Äthiopische Marienhymnen, 36, 1–2: »Die Stille vor dir, Maria, wich ob der Bewunderung. Bis wir, dein Volk, das Wirken deiner Wunder sahen«; dazu ebd. S. 212: »Der Dichter denkt wohl an das tiefe Schweigen, das in der (sc. äthiopischen) Kirche herrschen muss, wenn die Wunder Mariens vorgelesen werden.« Vgl. E. A. W. Budge, Miracles, The Introduction to Lady Meux Manuscript No. 3 (B), S. 3b. Ist die Verlesung der *Ta'amra Maryam* [Wunder Marias] vorüber, so bricht dann erst der Jubel der Zuhörer über die vernommenen Wundertaten los.

In den lateinischen Liturgien des Mittelalters

Lit.: H. Buchinger, Die Johannes-Apokalypse im christlichen Gottesdienst: Sondierungen in Liturgie und Ikonographie, in: Ancient Christian Interpretations of »Violent Texts« in the Apocalypse, hg. von J. Verheyden u. a. (Novum Testamentum et Orbis Antiquus 92), 2011, S. 216–266, hier S. 251, Anm. 141.

In den lateinischen Evangelien-Antiphonen des Mittelalters findet sich oft der Satz aus Apk 8,1 *factum est silentium* [Schweigen entstand], so z. B. Buchinger, 251 [vom St. Michaelsfest]: *Factum est silentium in coelo et accepit angelus thuribulum et implevit illud de igne altaris* [Schweigen entstand im Himmel, und ein Engel empfing das Rauchfass und füllte es mit Feuer vom Altarfeuer]. Dieser liturgische Text ist eine Zitatenkombination aus Apk 8,1 und 8,5. Doch in Apk 8,1–5 wird so die Erfüllung der Gebete der Gläubigen einerseits (nach oben steigender Weihrauch) und die Bestrafung eines Teils der Erde (nach unten hin ausgekippter Weihrauchkessel) andererseits dargestellt. In den bei Buchinger zitierten Liturgien ist weder das eine noch das andere das Ziel der Aktion, sondern es kann sich um die liturgische Inszenierung der Verkündigung des Evangeliums handeln. Jedenfalls folgt diese dem Muster des hier zitierten Textes.

Nach A. de Escobar et Mendoza, Kmtr. (1669), S. 306, bedeutet das Schweigen: *miratio et stupor sanctorum meditantium impiorum poenas septimo sigillo figuratas ... agni eucharistici sacrificium hic figuram meditatur ... dum enim missa celebratur oportet ut in templo nulli nii celebrantis vox audiatur* [Staunen und Schweigen der Heiligen, die nachdenken über die Strafen an den Frevlern, die in dem siebten Siegel Gestalt gewonnen haben ... das Opfer des eucharistischen Lammes meditiert Johannes hier als Vorabbildung ... (Schweigen). Denn wenn die Messe gefeiert wird, darf in der Kirche nur die Stimme des Zelebranten gehört werden].

Testament des Adam (syr.), ed. M. Kmosko (Patrologia orientalis), S. 1337: 12. Stunde: *expectatio et silentium magnum super omnes ordines ignitorum et spiritualium incensum ponentur sacerdote* [Erwartung und großes Schweigen über allen Rängen der feurigen Engel und geistlichen Mächte, Weihrauch wird durch den Priester dargebracht]. Auch hier wird Apk 8,1–4 nachgeahmt.

Das Thema »Schweigen« gehört in die liturgische Kategorie von Verhüllen/Enthüllen. Das Stichwort ist *mysterium fidei* [Geheimnis des Glaubens]. Dem Schweigen entspricht das liturgische Verhüllen. Beides gehört oft zu demselben Ritual.

Dazu auch dieses: Als Resultat von Untersuchungen zur Rolle der Abbildungen des Antlitzes Christi im Messritus ergab sich: Dieses Thema spielt immer dann eine Rolle, wenn die Eucharistiefeier als Nachbildung der Passion Christi aufgefasst wurde. Dem entspricht das Verhüllen der eucharistischen Gaben vor Beginn der Messfeier. Ihre Verhüllung wird als Bedeckung mit dem Leichentuch verstanden (so bis heute das Begräbnis von Moslems). Die Enthüllung ist dann direkt nach der Wandlung. Denn dann werden Hostie und Kelch jeweils in der *elevatio* dem Volk gezeigt. Ebenso wird das im *Ecce agnus Dei* [Seht das Lamm Gottes] angedeutet.

Diese Abfolge von Verhüllung und Enthüllung hat einen tiefen theologischen Sinn: Das eigentliche Geheimnis besteht nämlich nicht darin, dass unter den Tüchern etwas verborgen ist, sondern dass unter der Oberfläche der Opfergaben der Herr verborgen gegenwärtig ist. Um dies einzuschärfen, ruft der Diakon nach den Wandlungsworten und zeitgleich mit der Entfernung der verhüllenden Tücher und der Elevation: *Mysterium fidei.* Das heißt: Hier könnt ihr das eigentliche Geheimnis des Glaubens sehen: den unter den eucharistischen Gestalten verborgenen Herrn (vgl. K. Berger: Grabtücher im Ritus der Heiligen Messe, in: Vatican-Magazin 89 [2019] S. 47–50).

Auf diese Weise ist der – oft nicht verstandene – Ruf *mysterium fidei* zu begreifen. Er ist der letzte Rest den »Spiels« von Enthüllung und Verhüllung im Zusammenhang der Inszenierung des Begräbnisses Christi (weswegen dann später, als man in Sarkophagen zu beerdigen anfing, auch die Altäre die Form eines Sarkophags und nicht die eines Tisches hatten).

Im Ganzen ist erstaunlich, in wie hohem Maß es den Liturgiereformen des 20. Jh. gelungen ist, auch den letzten Rest von Passionsdramatik aus dem Messritus zu entfernen. Dadurch wird der Glaube an die Realpräsenz des Leidens und Sterbens Jesu nicht gerade erleichtert.

Zu Julien Green s. o. 2.8. Aktualität besitzt jedenfalls, dass Green auf den Augenblick der *elevatio* der konsekrierten Gaben in der Messliturgie aufmerksam macht. Denn noch immer sind an dieser Stelle (Elevation) Anbetung, Schweigen und oft sogar Weihrauch (vgl. Apk 8,1–4) miteinander verbunden.

Predigt im Schweigen

Eine eigenartig gebrochene, in sich paradoxe Aussage über Predigt im Schweigen kennt die armenische Liturgie *preached in silence of thy coming* (S. 345). Wenn Schweigen geradezu gattungstypisch ist für »himmlische« Dinge, dann ist eine »Predigt im Schweigen« so aufzufassen wie es oft in spätmittelalterlicher Kunst dargestellt ist: Der Prediger (Heilige, Märtyrer) ist umgeben von einer Art Gloriole. Biblisch formuliert: »Der Herr ist mit ihm« (wie Joh 3,2b).

4.2 Theologische Voraussetzungen des schweigenden Gebets

Kein Thema dieses Buches ist der sogenannte Hesychasmus. Darunter versteht man das vor allem in der Orthodoxie gepflegte Erreichen von Seelenfrieden und die Wahrnehmung göttlicher Gnade. Es handelt sich um eine Richtung der (monastischen) Mystik bzw. Spiritualität. Gregorios Palamas (gest. 1359) ist bis heute die für diese Richtung die maßgebliche Autorität. Der Name Hesychasmus bezieht sich nicht auf das Schweigen der Menschen (das unaufhörlich gesprochene Jesus-Gebet ist kein Schweigen), sondern auf den Zustand der Seele.

Auch bei der Rede vom Taborlicht geht es ja nicht um Schweigen, sondern um menschliche Wahrnehmung des Ungeschaffenen, das gilt auch von Nüchternheit, Wachsamkeit und Ruhe. Die Frage, ob etwa das Ungeschaffene wahrnehmbar sei, ob Gott selbst also im Taborlicht geschaut wird, ob Gott also nicht vielmehr transzendent ist und auch bleibt, kann ich weder bejahen noch verneinen. Das gilt auch für die Frage, ob und wie das Reich Gottes »inwendig« in den Christen sein kann. – Aus Raum- und Zeitgründen kann ich daher das, was man als Hesychasmus zusammenfasst, nur neben dem Thema Schweigen als verwandten, aber in kaum einer Hinsicht deckungsgleichen Bereich stehen lassen. Die Absicht dieses Buches ist jedoch begrenzt: Ich möchte die Grundlagen der theologischen Rede vom Schweigen darstellen, daraus dann die frühjüdischen und frühchristlichen Anhaltspunkte diskutieren. Dazu gehören auch gnostische Texte. Materialbasis ist u. a. das Corpus Orationum (vol. I-X, die ca. 10.000 Gebete der mittelalterlichen lateinischen Kirche).
In 11.4 werden wir überlegen, wie weit Anbetung immer mit bestimmten, womöglich verbal greifbaren Inhalten verbunden sein muss, ganz gleich, ob diese nun festgelegt oder frei formuliert sind. Es wird sich zeigen, dass gleichbleibend wohl immer der adressierende Name des Angeredeten am Anfang steht. Dann aber ist es möglich, in der Präsenz des Angebeteten zur Ruhe zu kommen. Hymnen wie das *Adoro te devote, latens deitas* [Demütig bete ich dich, verborgene Gottheit, an] (Thomas von Aquin) bieten ja mitten im Text eine Reflexion über die Situation des Beters *quia te contemplans totum deficit* [weil das Herz dich betrachtend ganz versagt], und das soll heißen: In, mit und unter dem Wortlaut des Textes der gesprochenen Worte holt der Beter/Sänger diese Worte mit seinem Herzen ein. Ein gutes Gebet ist daher immer ein Gebet des Herzens.

Gottes Namen ist unaussagbar. Er wohnt dort, wo keine menschliche Sprache etwas gilt. Vor allem kann er in menschlicher Sprache nicht beim Namen genannt, d. h. angerufen werden. Daher wird er angemessen nur schweigend angerufen und im Schweigen geehrt. So ist das Gebet der Ort der *theologia negativa*, die von Gott nur sagen kann, was er nicht ist, und dass er vor allem unfassbar ist. In der Tat hat man in der westlichen Theologie zu oft drauflos und »über« Gott geredet, ohne zu bedenken, dass man, wenn man Gott direkt gegenübersteht, geziemenderweise nur verstummen kann. Deshalb heißt es auch in der Einleitung zum Vaterunser der römischen Messe, dass wir zu sprechen wagen *(audemus dicere)*. Es wagen können wir nur, weil wir Jesu Worte nachsprechen.

So ist noch nach dem alten und ehrwürdigen judenchristlichen Gebet in den Apostolischen Konstitutionen (4. Jh.) Gott aus diesen Gründen »zuständig« für den Bereich des Unsichtbaren und Unhörbaren: CA VII, 33,2 »der du verschwiegene/unausgesprochene Gebete verstehst, denn deine Menschenkenntnis reicht bis ins Innerste, und durch das Gewissen erforschst du die Meinung aller und in jeder Zone der Erde wird durch Gebet und Worte dir ein Opfer hinaufgesandt«.

Besonders der Kirchenlehrer Clemens von Alexandrien bringt in seiner Auffassung von Gebet und Gottesdienst Züge zur Geltung, die der platonischen und hermetischen Philosophie entsprechen; Odo Casel OSB (vgl. dazu unten unter 12.) hat das verdienstvoll dargestellt:

Clemens von Alexandrien, stromateis VII, 39: »Wenn wir daher auch nur flüsternd und, selbst ohne die Lippen zu öffnen (1 Kön 1,13), schweigend zu ihm sprechen, so rufen wir laut zu ihm in unserem Herzen; denn Gott hört ununterbrochen die innere Stimme unseres Herzens.« Ebd. 3: Durch ihn [sc. den Sohn] kann man das noch weiter zurückliegende Prinzip kennenlernen, den Vater der Welt, das älteste und allerwohltätigste Wesen, dessen Kenntnis nicht mehr mit gesprochenen Worten überliefert wird, das vielmehr mit Ehrfurcht und Schweigen und mit heiligem Staunen zu verehren ist und auch verehrt wird.

Wie in den (paganen) Genealogien gibt es hier eine Abfolge von Urprinzip (Vater) und Schweigen, dann folgt (?) der Sohn. – Doch außer der Größe Gottes spielt auch die Kleinheit und Unordnung der Menschen eine Rolle. Das Schweigen betrifft hier die Zurückhaltung in der Verkündigung. Clemens, strom. VI, 15: Schweigen denen gegenüber, die es nicht verdienen, dass man ihnen verkündigt. – *Kommentar:* Dieses ist eine Variante der Arkandisziplin. Hier gehört es in das alte biblische Thema Prädestination, Erwählung, Verstockung (vgl. Günter Röhser).

Theologie und Praxis der schweigenden Anbetung sind maßgeblich durch die dargestellte Schweige-Theologie beeinflusst. Man kann das gut an einer beiläufigen Erklärung eines Menschen zum eigenen Gebet erkennen: Actus Petri cum Simone 10: »Ich danke dir nicht mit diesen Lippen, sondern durch das Schweigen der Stimme, das im Schweigen gedacht wird«.

Wie schon angedeutet, entspricht eine schweigende Anbetung Gottes der *theologia negativa*. Eine *theologia negativa* kann nur sagen, was oder wer Gott nicht ist. Im Deutschen ist das auch erkennbar an Nomina mit der Vorsilbe »un-« (unendlich, unbegrenzt usw.). Ein schweigendes Beten ist eine Konsequenz und die praktische Seite des Bilderverbots. Denn wer schweigend betet, stellt Gott keine menschengemachten Bilder vor Augen. Diese Bilder stellen ja doch nur dar, wie wir uns Gott denken. Daher reden die Mystiker Meister Eckhart und Johannes Tauler immer wieder einer Theologie und Praxis »ohne Bilder« das Wort. Wenn man so betet, fehlen die Anrede-Prädikate (also nicht: »Allmächtiger, ewiger Gott ...«). Denn weil Gott (außer an manchen Stellen der Bibel) selbst schweigt, muss ein Mensch dieses Schweigen Gottes nicht mit Worten zudecken und so auch nicht mit Gott in einen Wettstreit geraten.

Wer schweigt, kann umso besser zuhören. Wenn Stille ein Hinhören und Zuhören ermöglicht, kann der Beter auf die Worte oder Formulierungen achten, die sein eigenes Herz ihm nahelegt. Wenn er auch das hinter sich lässt, bleibt die Wahrnehmung der reinen Präsenz Gottes. An diesem Punkt kann sich Tabernakel-Frömmigkeit mit hoher Mystik verbinden: Sich einstellen auf die Anwesenheit Gottes.

Wie sähe ein solches Gebet aus? – Der Beter lässt sich auf die Gegenwart Gottes (seine Präsenz) ein und findet sich »vor« Gott, ohne ihn zum Objekt seiner Überlegungen zu machen. – Es geht nicht um »Mutmaßungen über Gott«, sondern in einem ersten Stadium um Mutmaßungen über sich selbst, also darum, Klarheit über sich selbst zu finden und sich dabei der ganzen Wahrheit und Wirklichkeit zu öffnen. Dazu gehört auch ein Ablegen der Bilder und Vorstellungen über Gott. Meister Eckhart spricht davon, Gott wahrzunehmen im Puren seiner Gegenwart, wo er ohne sein Kleidhaus (Trinität nur als Übergangsstadium) und »nackt« dem Menschen begegnet, wie dieser sich selbst auch.

Nikolaus von Kues (gest. 1464) sagt es ähnlich (in *De non aliud*): Gott ist der Nicht-Andere, also kein Gegenstand, der sich dadurch, dass er ein anderer wäre als etwa sein Nachbar, von den anderen unterschiede: Gott ist kein Objekt neben anderen, auch ist er beim Beten kein Forschungsobjekt, er ist auch nicht auf einen Punkt festzulegen, sondern als der Präsente bleibt er »in meinem Rücken« und unter meinen Füßen als der Boden, auf dem ich stehe, der mich trägt. In beiden Fällen bin ich umschlossen und geborgen und eben nicht bedroht.

Aus den oben zitierten Texten im Corpus Hermeticum (s. o. 2.6) haben wir bereits gelernt:

- Gottes Namen kann man nicht nennen, denn er kann nicht übersetzt werden.
- Er wird schweigend gelobt, auch Bittgebete können nur schweigend gesprochen werden.
- Man redet über ihn, indem man seinen Namen verschweigt, d. h. nicht nennt.
- Man kann zu Gott nicht sprechen.

Fazit: Dieses ist also *theologia negativa* in perfekter Konsequenz und Ausgestaltung.

Corpus Hermeticum (J. Holzhausen, Stuttgart 1992): NHC VI a 56, 1 »unsichtbarer Gott, über den man im Schweigen spricht, sein Abbild wird bewegt, indem es durchwaltet wird und indem es durchwaltet« – NHC VI,6 58, 1 »mein Sohn, und die Seelen und Engel in ihr (sc. in der Achtheit) singen den Lobgesang in Schweigen ...« – Tat (Toth): »In welcher Weise muss man lobsingen? Du bist einer geworden, zu dem man nicht sprechen kann. Ich schweige, Vater. Ich will dich lobpreisen, wobei ich schweige.« – NHC VI,6 58, 10 »Ich sehe eine Quelle, die sprudelt im Leben« – 58, 20 Tat (Toth) redet den Vater an: » ... du, dessen Name nicht übersetzt werden kann [alternativ: Du bist einer geworden, zu dem man nicht sprechen kann] ...« – NHC VI,6 59, 15.20 »Hermes: Es ist recht vor Gott, dass wir schweigen über das, was verborgen ist. Wende dich zum Lobpreis, mein Sohn, in Schweigen. Erbitte, was du wünschst, in Schweigen.« – NHC VI,6 60, 1 »Hermes: Es ist nützlich, dass wir von (jetzt an) schweigen.«

Der »Vater« ist einer, zu dem und über den man nur im Schweigen reden kann. Im Schweigen zu reden ist der Logik nach paradox und der Sache nach unmöglich. Was ist es also? Am ehesten hilft es wohl weiter, wenn wir an die Verbindung Heiliger Geist und Schweigen denken: Es war die leise Rede und das gewaltfreie Handeln. Das alles entspricht möglicherweise dem Schweigen der Hermetik. Denn das »Schweigen« bleibt in den Traktaten der Hermetik eine zentrale Größe, die zugunsten der Menschen wirkt.

Das gilt nicht pauschal für alle Dinge, sondern speziell für Güter und Gutes.

Entsprechend wird dagegen die Anbetung der Götzen als etwas Lautes empfunden (Cantabr., Kmtr. in Apk zu 13,4): Poimandres 31: »(der Vater) unaussprechlicher, unsagbarer, der du allein das Schweigen beim Namen nennst.« – *Kommentar:* Die intensive Abwesenheit menschlicher Sprache lässt sich kaum steigern. Das bedeutet: Hier geht es um Geheimnis, das sich auf Geheimnis türmt, also das innerste Geheimnis aller Geheimnisse. Wir fragen: Was ist das für eine Welt, was ist das für ein Trägerkreis, in der das Geheimnis so »vergöttlicht« wird? Um Lehre und Lehrer geht es offenbar nicht (vgl. den folgenden Text), eher um eine Anti-Weisheit, also um nicht-öffentliche Anti-Weisheit. (Eine Weisheit von Frauen für Frauen?) Hermes, Traktat XIII 2: (Hymnus der Wiedergeburt) »O Kind, rationale Weisheit im Schweigen (durch das Schweigen) und Saat des wahren Guten. Sie wird nicht gelehrt, sondern im Schweigen verborgen.« Corpus Hermeticum 10,5: (Seine Erkenntnis und sein heiliges Schweigen); 10,21 er redet bei Nacht und bei Tage, denn nichts wird verschwiegen, es besteht, was nicht besteht.

Ergebnis: Das Bild von der Schwangerschaft des Schweigens ist seiner Rolle nach hellenistischem Verständnis am ehesten angemessen. Eine Reihe von Texten betont angesichts des Schweigens die Begrenztheit und geringe Leistungsfähigkeit menschlicher Worte.

Texte aus Qumran

Der Befund in den Texten von Qumran ist sehr eigenartig und den hermetischen Texten ganz ähnlich. Fast alle überhaupt vergleichbaren Texte stammen aus Höhle IV und beziehen sich auf die Qualität des himmlischen Kultes, der in Gottes Stille (Schweigen) vollzogen wird. Man vernimmt diesen Kult »in Stille« (4Q 401, Frgm 16, 2 »lassen vernehmen in Stille«), es entsteht beim Heben der Engelsflügel »ein Schall von Gottes Stille« (4Q 405 XX 7f.12), Gottes (Größe?) wird von den heiligen Engeln gepriesen »mit der Stimme der Stille der Ruhe Gottes« (4Q 405 Frgm. 19,7). So auch 11Q 17 4, 7: »mit einer Stimme der Stille der Ruhe Gottes preisen sie ..., lobsingen regelmäßig.« Dieser Sprachgebrauch ist alttestamentlich nicht vorbereitet, hält sich dann aber in der östlichen Christenheit fast ein Jahrtausend lang. Außer in Höhle IV zeigt also auch 11Q 17 4, 7 dieselbe Ausdrucksform. Man muss fragen, was das eigentlich heißt: »ein Schall von Gottes Stille«? Vorschlag: Für menschliche irdische Ohren nicht hörbare, aber doch geordnete Töne (wie z. B. in der Sphärenharmonie), auf die man später für viele Jahrhunderte die Töne der *Musica Sacra* zurückführt. Oder meint Stille vor allem die Wohlgeordnetheit des einstimmigen Gesangs? In Corpus Benedictionum Pontificalium 1178b heißt es von dem Neuen Lied, das das unbefleckte Heer im Himmel der Märtyrer singen wird: *quo ipsi pervenerunt tacita sui sanguinis harmonia* [durch die unhörbare Harmonie ihres Blutes].

Fazit: Dass der himmlische Kult sich »in Schweigen« vollzieht und »in Schweigen« vernommen wird, entstammt der jüdischen Kultmystik, wie sie in Qumrantexten belegt ist und mutmaßlich aus dem Jerusalemer Tempel stammt (?). – Die beiden restlichen Belege aus Qumrantexten sagen, dass Gott den Sturmwind in Stille verwandelt (wie es Mk 4,39 durch Jesus geschieht).

Die erwähnte hellenistische Tradition und Praxis der schweigenden Anbetung Gottes hat eine Entsprechung in der im Judentum vielfältig belegten Ansicht, dass Schweigen vollgültige und angemessene Anbetung Gottes sei. Allerdings bildet hier nicht eine *theologia negativa* den gedanklichen Hintergrund (das wäre viel zu »akademisch«), sondern: Alle Kreatur lobt Gott, auch schweigende. Und wenn der Mensch im Tempel schweigt, reiht er sich demütig in die Reihe der Kreaturen ein, deren Schweigen eher Verstummen angesichts der Majestät Gottes ist.

4.3 Für Gott ist Schweigen Lobgesang (Ps 65,2)

Dir ist Schweigen Lobgesang, Gott, auf dem Zion ... du erhörst das Bittgebet.

Strack-Billerbeck III, 753: yBer 9, 12d, 40 Jakob von Kefar Niburaja 350 hat in Tyrus ausgelegt: »Dir ist Schweigen ein Lobgesang, o Gott auf Zion (so der Midr Ps 65,2): die Hauptsache von allem ist Schweigen gleich einer Perle, die unschätzbar ist; wer sie lobt, tut ihr Abbruch.«

Die »Logik« dieser Aussage könnte sein: Wenn Gott selbst der Schweigende ist, dann soll man sich bei der Begegnung mit ihm auf seinen »Lebensstil« einlassen und ihm möglichst ähnlich sein. Ähnlich wie bei den Sätzen »Seid heilig, wie ich heilig bin« oder

»Seid barmherzig, wie (weil) ich barmherzig bin.« Denn wer einen anderen lobt, ist von seinen Eigenschaften angetan und ahmt sie nach, um ihm zu gefallen. Er zeigt sich in dieser Weise solidarisch und kann dann vielleicht eher auf Solidarität hoffen.

Alternativ: Wer vor Gott schweigt, ehrt ihn, denn er will ihm nicht ins Wort fallen; er will vielmehr Gottes mögliches Wort nicht überhören, er harrt der Worte und Weisungen seines Herrn. Das gilt auch für das zum Sabbat Beobachtete. Denn wenn man an diesem Tag vor Gott erscheint, sein Wort hören will oder zu ihm betet, sollte man ihm möglichst ähnlich sein und auf jede eigenwillige Aktion verzichten. Darauf könnte auch das Satzende *du erhörst das Bittgebet* hinweisen.

Oder so: Angesichts der Majestät Gottes ist jedes Lob reine Anmaßung, vor der Hoheit Gottes ist jedes Wort zu viel. Wer es nicht Gott überlässt, wie er gelobt werden will, hat schon zu viel gewollt. So sollte ein Mensch sich damit begnügen, vor Gott »dazusein«, so wie auch Gott der ist, der »da« ist. Und damit sind wir wieder bei der Ähnlichkeit mit Gott.

Das Ideal der schweigenden Brüder und Schwestern, heute bedacht, könnte sein: Weniger Worte, aber mehr Konzentration, größere Dichte, intensivere Nachbarschaft zum wirklich gelebten Leben. Und andererseits: Auch Gemeindechristen besuchen gerne Gottesdienste in der Frühe, die »Laudes« heißen. Sie sehnen sich geradezu nach Gesang, der nicht sofort in Moral umgesetzt werden muss, reines Gebet, reinen Gesang. Und es ist schon eigenartig: Gerade dann, gerade bei dieser Art Gottesdienst kommt die Seele zur Ruhe.

Der Gesang der Laudes ist, monastisch gesehen, eine Art Schweigen, ein Übertritt der Seele und Stimme (beides ist für den Hebräer fast identisch) in eine andere Lebensform oder Dimension. Mit dem Schweigen ist dieser Gesang verwandt, weil er auf einem einzigen Thema steht, nur das Gegenüber Gott im Blick hat, dem der Sänger, wie man so sagt, in Ruhe in die Augen schauen kann. Denn so ist das Schweigen der Laudes.

Manchmal werde ich gefragt, an was man denn beim gottesdienstlichen Schweigen denkt. Auf diese Frage habe ich geantwortet: Es ist, wie wenn man der Geliebten in die Augen schaut. Wenn man mutig ist und eine Weile schweigt, dann wird es wie ein Dialog. Ich erzähle, wo ich gerade herkomme, und dann: Was unerlöst und ungelöst ist. Ich weiß, dass der geliebte Mensch mir gegenüber das versteht, jedenfalls das meiste davon; und was mich drückt und was mir wehtut. Geradeso ist es im schweigenden Dialog mit Gott: Ich weiß, dass ihm nichts fremd ist von dem, was mir wehtut, er ist schließlich gekreuzigt. Und so ist es auch bei der Geliebten im Gegenüber. Sie kennt das alles. Aber es wird ganz leicht, wenn wir einander schweigend anschauen, auch wenn wir nur denken, es wäre gerade so.

Ähnlich wie in der Liturgie, so geht es auch bei den folgenden Themen darum, dass Menschen ihr übliches Tun unterbrechen, um zu schweigen.

4.4 Stille und Schweigen in Meditation und Kontemplation

Das halbstündige Schweigen von Apk 8,1 wird in der mittelalterlichen Exegese durchweg auf die Meditation der Mitbrüder oder Mitschwestern im Orden ausgelegt und in den Statuten oder Regeln auch so festgelegt. Allerdings bedeutet es ursprünglich etwas sehr viel anderes (s. u. 8.). Ähnlich wie das oft bedeutungsärmere, aber genauso platzierte und ebenso wortlose Schweigen ist die Meditation stets Vorbereitung auf etwas Neues und dient dem »Sammeln der Wege«, und zwar nicht als Gedächtnisübung, sondern als Kreisen um die Mitte.

Insbesondere die »halbe Stunde Schweigen« am Himmel aus Apk 8,1 wird gerne dazu verwendet, um Zeiten des Schweigens im Tageslauf oder Friedenszeiten in der Weltgeschichte biblisch oder mit apokalyptischer Zahlensymbolik zu begründen. Denn die Angabe des Zeitmaßes verlangt geradezu nach symbolisch-allegorischer Auslegung.

Gregorius Magnus, Moralia in Hiob. 30, 53: *Celum quippe ecclesia vocatur electorum, quae ad aeterna et sublimia dum per sublevationem contemplationis intendit, surgentes ab infimis cogitationum tumultus permit, atque intra se Deo quoddam si-*

lentium facit. Quod quidem silentium contemplationis, quia in hac vita non potest esse perfectum, factum dimidia hora dicitur [Himmel wird die Kirche der Auserwählten genannt, die zu den ewigen und erhabenen Dingen strebt, die Kontemplation in die Höhe richtet ... und innerhalb ihrer selbst für Gott schweigt. Weil das Schweigen der Kontemplation in diesem Leben nicht vollkommen sein kann, sagt man, dass es eine halbe Stunde gedauert habe].

Gregorius Magnus, Homiliae in Ezechielem 2, 2, 14: Himmel ist die Seele des Gerechten; Stille ist das kontemplative Leben; weil auf Erden nicht vollkommen: nur eine halbe Stunde.

In der Ordensregel der Dominikaner (Constitutiones Nr. 66 § 1) gibt es die Bestimmung, dass jeden Tag mindestens eine halbe Stunde (!) Meditation zu halten sei (Hinweis P. Wolfgang Spindler).

Kunst: Escorial (um 950), f. 91v: Darstellung des Schweigens im Himmel durch zwölf Rosen in drei Reihen übereinander.

Zu den geistlichen Aktivitäten, die wir genannt haben (Liturgie, Gebet, Meditation) zählt auch der liturgische Tanz, wie er vor allem in dem berühmten Tanzlied (Ende 2. Jh. nC.) erhalten ist, das nach der Reformation dann plötzlich bei schottischen Protestanten wieder auftaucht.

Das Tanzlied (Acta Ioannis 94–97): 6,2 »Wenn du zuschaust und meine Mysterien nachtanzt, dann schweig über sie ... des Menschen Leiden, das ich jetzt erleide, ist dein Leiden.« 6,6 »Doch du hast ein Ruhelager. Ruh aus bei mir. Wer ich bin, das wirst du verstehen, wenn ich fort bin.« – *Kommentar:* Vgl. zum Ganzen D. Zeller, Art. Mysterien, in: RAC.

Das griechisch-lateinische Wort *mysterium* verdankt wesentliche Aspekte seiner Bedeutung der Tatsache, dass zentrale Kultgeheimnisse (offenbar recht erfolgreich) geheimzuhalten waren, d. h. einem Schweigegebot unterlagen. Im Tanzlied der Acta Ioannis wird sicher die Terminologie, vielleicht aber auch die rituelle Eigenart einer Mysterienfeier übernommen: Die im Kreis um eine Zentralfigur versammelten Mysten ahmen deren symbolische Gesten nach. Nach dem Tanzlied sind es diese Gesten, die geheimzuhalten sind, nicht irgendwelche theoretischen Lehren oder »Dogmen«. Acta Ioh. 6,2 ist eine Art Überschrift zu dieser Pantomime (?): Durch die Nachahmung der Bewegung eignet sich jeder Mitfeiernde bzw. Mittanzende das Leiden Christi an, so dass es symbolisch sein eigenes wird (ähnlich im Kelchwort des Herrenmahles: Wer aus dem Kelch trinkt, ahmt symbolisch-antizipativ Jesus nach, der den Kelch seines Leidens trinken muss). – Doch es gibt auch einen inhaltlichen Aspekt: Das Leiden und seine Nachahmung entsprechen der Dimension der »Bewegung«. Der Bewegung von 6,2 steht das Ruhen von 6,6 gegenüber. Das Ruhen steht hier nicht nur für den Zielpunkt des Leidens, sondern ist ein Bild für das eigentliche Heil, das angestrebt wird. Das geforderte Schweigen aber ist und vermittelt Teilhabe an der Ruhe. Insofern bildet die liturgische Pantomime in den Gegensätzen von Bewegung und Ruhe die beiden Stadien von Erdenleben und künftigem Heil ab. Wer schweigen kann und schweigt, bildet darin ab, dass und wie er schon »mit einem Bein« im künftigen Heil steht. Weil er schweigen kann, ist er insofern schon in der künftigen Ruhe/Stille angekommen.

4.5 Prostratio

Unter die liturgischen Aktionen fällt auch die *Prostratio*. Der Beginn der Liturgie am Karfreitag weicht vollständig von jeder anderen liturgischen Inszenierung der Kirche ab. Damit signalisiert sie die Besonderheit dieses Tages. Die Kleriker ziehen ein und verharren schweigend auf dem Boden liegend. Musik fehlt, jedenfalls schweigt die Orgel. Ebenso verharren die übrigen Teilnehmer am Gottesdienst im Schweigen (zumeist kniend). Die einzigen erlaubten Musikinstrumente sind archaische Holzklappern (etwa auch bei den danach vollzogenen »Umzügen« *[processiones]* durch das Kirchengebäude, z. B. mit dem Kreuz). Der Sinn dieser wohl eindrücklichsten Zeremonie des Kirchenjahres beschäftigt mich seit vielen Jahrzehnten. Er könnte in Folgendem liegen:

Das schweigende Ausgestrecktsein auf dem blanken Fußboden entspricht als Ritus dem, was die Kleriker bei den höheren Weihen (während der Allerheiligenlitanei) und der Bischofsweihe und auch Kardinalsernennung praktizieren.

Sie ist Verzicht auf den letzten Rest von Hoheitsgebärde und damit Unterwerfung im wörtlichen Sinn (ähnlich wie das Bild in Apk 4, wo die 24 Ältesten ihre Kronen ablegen; dieser Ritus wird in der Kunstgeschichte besonders ausgefertigt). Der Herkunft nach sind alle *Prostratio*-Riten der römischen Liturgie wohl ostkirchlich, da bei freien Römern zunächst Aversionen gegen dieses Stück des persischen Hofzeremoniells bestanden haben dürften.

Dieser Ritus ist der Bedeutung nach Verzicht auf jede Art von Selbstschutz und Wehrbereitschaft. Denn der auf dem Boden Liegende gibt sich ganz in die Hand dessen, vor dem er auf dem Boden liegt.

Athanasius-Anaphora S. 199, V. 8: Jesus auf dem Thron seiner Herrlichkeit, vor dem die Mächte in Reinheit sich niederwerfen (alles Niederwerfen geschieht schweigend).

Jedes Mal ist die *Prostratio* Bild für die reine und restlose (»radikale«) Anbetung. Von dieser gibt es nach byzantinischer Art und in griechischer Sprache gehalten noch ein weiteres Zeugnis in der alten Karliturgie: »Heiliger Gott, heiliger, starker Gott, heiliger starker ewiger Gott«, jeweils mit »Erbarme dich unser« als Antwort. Der Gebrauch des Griechischen an dieser Stelle entspricht der ältesten römischen Stadtliturgie, die in den ersten Jahrhunderten griechisch, nicht lateinisch formuliert war.

Wie bei der *Prostratio* ist diese Gestalt des Kyrie als Gestus und Ritus radikaler Anbetung unüberbietbar. Die einzige hier relevante Frage: Warum diese aussagekräftigen Teilriten gerade angesichts der Kreuzigung des Herrn? Denn jede römische Kreuzigung ist gedacht und wird praktiziert als Entehrung eines Menschen. Wenn aber Gott als Mensch so entehrt wird, dann sind *Prostratio* und Kyrie der höchstmögliche Kontrast wiederum zu dieser Entehrung und eindrücklicher Protest gegenüber diesem Umgang mit Gott. *Prostratio* und Kyrie demonstrieren damit eine kontrafaktische Wahrheit. Das weist auch auf die Zeit, in der sie entstanden sind: Auch die romanischen Kreuzesdarstellungen nebst einschlägigen Texten betonen immer wieder das Königtum Jesu Christi (z. B. in dem Karfreitagshymnus *Vexilla regis* [Des Königs Fahnen ziehen einher]).

Theologisch gesprochen geht es bei *Prostratio* und Kyrie um die »Wahrheit«. Denn die *Prostratio* schildert zeichenhaft die Wirklichkeit des Menschen vor Gott. Und ebenso macht das Kyrie die einzig angemessene Reaktion des Menschen auf seine Lage augenfällig. Die *Prostratio* ist daher eine liturgische Inszenierung dieser Wahrheit über die Situation des Menschen vor Gott. Aber welche Bedeutung hat dabei das Neben- und Ineinander von Schweigen und *Prostratio*? In beidem kommt etwas von dem ans Licht, was sonst verborgen bliebe: die wahre Situation des Menschen angesichts der Heiligkeit Gottes und die wahre, erschütternde Dimension der Kreuzigung Jesu.

Liturgie wird hier zur Übermittlerin der wahren Bedeutung des Karfreitags. Schärfer und direkter kann diese Verkündigung wohl kaum geschehen. Denn das minutenlange brüllende Schweigen (noch dazu am unerwarteten Ort) ist sowohl Schockschweigen als auch Schweigen angesichts der Majestät Gottes. Angesichts der Absurdität der Gleichzeitigkeit von Kreuzesschmach und Majestät Gottes ist das Schweigen die erste und notwendigste Reaktion. Denn dieses Schweigen besteht darin, dass der Zuschauer-Mensch einsieht: So etwas kann doch nicht möglich sein.

Das Schweigen im Ritus der *Prostratio* ist so wirklichkeitsnah wie sonst kein liturgischer Akt der Kirche. Denn was ist sicherer als die Tatsache, dass Menschen, die am Boden liegen, dem Wurm gleichen? Radikal vergänglich und am Ende wie eine Handvoll Staub? Sehr nahe der Erde und in der Regel Objekt, Geschobenwerden, Verkauftwerden. Und was ist realistischer als dieses: Der Rest ist Schweigen?

Wie die Kleriker so da liegen am Beginn der Karfreitagsliturgie, sind sie wahres Abbild der Wirklichkeit der Gemeinde, der Kirche und der Welt. Diesen Kontrast zwischen eingebildeter Herrlichkeit und wirklicher Armseligkeit bildet sonst häufiger auch barocke Poesie und barocke Bildkunst ab. Hier in der Liturgie ist es ein Spiel mit lebenden Figuren (wie sonst auch in Passionsspielen).

Das *Prostratio*-Schweigen ist Rebellion, weil es Schockstarre aufgrund des Entsetzens über den schier unbegreiflichen Umgang mit Gott ist: Dass Menschen nicht fassen können, wie Gott hat Mensch werden können, aber dann erst recht nicht fassen können, wie man mit ihm »verfahren« ist. So sind die am Boden Liegenden wie eine stumme Mahnwache, aber doch mehr: Denn ihr Darniederliegen entspricht der Wirklichkeit des Menschen.

Die *Prostratio* führt ganz realistisch vor Augen, was man mit Jesus gemacht hat. Und dieser hautnahe Realismus führt vor Augen, führt nach vielen Jahrhunderten nochmals vor, was man Jesus angetan hat: den König der Herrlichkeit wie einen Fußabtreter behandelt.

Andererseits ist das *Prostratio*-Schweigen auch Einverständnis (oder Eingeständnis), und zwar mit der wahren Lage des Menschen in der Welt, die hier unmissverständlich vorgeführt wird. Denn wer das nicht begreift, hat nichts verstanden. Schweigen ist bitter: Wir müssen zugeben, dass es in Wahrheit so ist, so bestellt ist um den Menschen. Jeder Kommentar erübrigt sich. Warum ist es auf Friedhöfen so still, so gewollt still? Weil die Besucher und Betrachter zur Kenntnis nehmen sollen und wollen, dass die *conditio humana*, die wahre Lage und Situation des sterblichen Menschen zuzugeben ist. Das ist die sanfte Erschütterung, die nach jedem Friedhofsbesuch unvermeidlich ist und kommentarloses Schweigen abnötigt.

Fazit: Liturgisches Schweigen ist – ähnlich wie das Schweigen in der Musik (s. o.) – besonders eindrücklich, weil Menschen hier eigentlich Zeichen erwarten. Und in einer Folge von Zeichen ist das unvermittelte Fehlen oder Auslassen von Zeichen ein Alarmzeichen und Weckruf. Das Schweigen mitten drin hat auch einen, wenn man so will, besonderen »Effekt«, nämlich die Dankbarkeit für alle Zeichen, die die Lücke umsäumen.

5. GOTT SCHWEIGT

5.1 Gottes Schweigen im Horizont der Theodizee-Frage

Was die alten Quellen zu Gottes Schweigen sagen, zeigt nur, dass es sich bei diesem Thema um eine zerklüftete Materie handelt. Oft steht Gottes Schweigen ganz in der Nähe seines Handelns und hat an dessen Problematik Anteil. Das gilt besonders für die Theodizee, wenn nämlich Gott *nicht* handelt. Wo dagegen alles, was vom Himmel herkommt, »in Schweigen« geschieht, wirkt ostkirchliche und auch noch hermetische Tradition nach.

Corpus Hermeticum X § 5f. (S. 103): »Hermes: Ja, mein Sohn, jetzt sind wir aber noch zu schwach für diese Vision und haben noch nicht die Kraft, die Augen unseres Geistes zu öffnen und die unvergängliche, unfassbare Schönheit jenes Guten zu schauen. Denn du wirst sie dann schauen, wenn du darüber nichts sagen kannst. Denn ihre Erkenntnis ist göttliches Schweigen und die Untätigkeit aller Sinnesorgane. Denn wer diese Schönheit erkennt, kann nichts anderes erkennen und wer dies schaut, kann nichts anderes sehen und nichts anderes hören ...« – *Kommentar:* Vor Gott versagt nicht nur menschliche Sprache, sondern es versagen überhaupt alle Sinne.

Ignatius von Antiochien, An die Epheser 19, 1f.: Geheim gehalten wurde vor dem Teufel, dem Herrscher dieser Welt, dass Maria Jungfrau blieb, dass sie Jesus gebar, dass unser Herr starb. Diese drei Geheimnisse schreien umso lauter, als sie in der Stille von Gott selbst gewirkt wurden. Wie wurden sie nun vor der Weltöffentlichkeit enthüllt? *Ein Stern strahlte auf am Himmel* ... (Hymnus)

Der zitierte Text lässt sich im Sinne des orientalischen Topos des »Geheimnisses des Königs« lesen, das unabhängig von seinem Inhalt regelmäßig einem Nicht-König anvertraut wird, aber dafür umso strikter zu bewahren ist. »Breaking news« dieser Art verkündet hier nun der König selbst – sie waren zuvor »top secret«. Geheimnisse dieser Art werden dann, wenn sie publiziert werden, umso größere Aufmerksamkeit verlangen und erhalten. Hinter den verschwiegenen und dann enthüllten und somit schreienden Geheimnissen des Ignatius stehen bestimmte Voraussetzungen im Gottesbild, aber auch im Bild des Teufels: Der Teufel will die Erlösung verhindern. Er tritt hier nicht als Versucher/Verführer der Menschen auf, er ist vielmehr auf dem Weg, zum Gegenspieler Gottes zu werden. Doch er scheitert daran, dass er Gottes Wege nicht wahrnimmt und sie daher nicht verhindern kann.

Konsequenzen: Der Mythos vom betrogenen Teufel; indem Gott geheimnisvoll handelt, »hintergeht« er den Teufel, er handelt gerade so, dass – oder damit? – der Teufel »nichts merkt«. Denn Gott durchschaut den Teufel, aber der Teufel durchschaut Gott nicht.

Die bei weitem üblichste Erfahrung, die Menschen mit dem Gott der Bibel machen, ist sein Schweigen. Dieses korrespondiert mit der Unsichtbarkeit. Die Trennwand ist also sozusagen doppelt. Von modernen Theologen wird das, was so abgegrenzt wird, oft »Transzendenz« genannt. Doch Menschen geben sich mit dieser doppelten Verborgenheit Gottes nicht zufrieden. Im Gegenteil, sie führen das Unglück, das sie oft ereilt, auf diese Entfernung Gottes zurück. So beten die Menschen, Gott möge diesen Zustand ändern (so etwa in einer kurzen Inschrift auf einer Glocke aus Deutschland (14. Jh.): »Mein Gott, zeige dich«).

Viele Jahrhunderte rufen die Beter der Psalmen immer wieder: »(Gott) Schweige nicht!« (vgl. z. B. Isaak von Stella [gest. 1178], ed. W. Buchmüller, sermo 23.2, S. 437). Dem Rufen der Beter steht damit Gottes Schweigen gegenüber. Durch sein Rufen und Appellieren möchte der Beter Gott eher zu Aufnahme von Kommunikation überhaupt bewegen, sei es durch Reden, sei es durch antwortendes Handeln. Alles Nicht-Schweigen Gottes kommt daher nach dieser Auffassung dem Menschen zugute. Selbst wenn Gott seinen Zorn in Wort oder Tat auf die Menschen richtet, so ist dies immer noch besser als sein Schweigen. Denn wenn überhaupt Kommunikation möglich ist, kann man wenigstens an Gott appellieren.

Isaak von Stella, sermo 14, 14 (ed. W. Buchmüller, S. 329): »Darum, Brüder, Gefährten meiner Gefangenschaft und meiner Flucht, ist das Wort des Propheten an uns gerichtet: Ihr, die ihr des Herrn gedenkt, schweigt nicht und gebt ihm keine Ruhe! (Jes 62,6) Seid wachsam für ihn, damit er nicht schläft. Ich aber »werde immer zu dir rufen, Herr«. Du aber, mein Gott, »schweige nicht vor mir« (Ps 27,1 LXX), damit ich nicht, wenn du schweigst, denen gleiche, die in Gefahr sind auf dem Meer. Wenn ich in der Meditation anklopfe, öffne mir. Wenn ich dich frage, antworte; wenn ich dich bitte, erhöre mich! Das wirst du sicher in deiner großen Güte und in überfließendem Maße tun, vorausgesetzt, dass wir deine Worte hören und uns nicht von dir abwenden. Wenn man dich hört, hörst du. Du erhörst den, der dich erhört. Wer aber sein Ohr abwendet, um nicht dein Gesetz zu hören, dessen Gebet wird ein Greuel sein (vgl. Spr 28,9).«

Kommentar: Beachtlich finde ich hier die Gegenseitigkeit des Nicht-Schweigens, positiv gesagt: die Wechselseitigkeit des Einander-Hörens. Denn so versteht die Bibel den Bund zwischen Gott und Mensch in seiner Aktualität: Es ist ein Bund der Einander-Anhörenden.

Eine eindrückliche Verbindung von Theodizeefrage und Schweigen Gottes findet sich bei Johannes Chrysostomus (gest. 407), Psalmen-Kommentar (zu Ps 49 § 11, Opera omnia, vol. 5, 288 E): »Siehst du unaussprechliche Menschlichkeit, siehst du höchste Güte? Siehst du die grenzenlosen Reichtümer der Geduld? Denn sein [Gottes] Schweigen nennt der Psalmist seine Geduld.«

In der Auslegung des Johannes Chrysostomus wird die neutestamentliche »Lösung« der Theodizeefrage, nämlich in apokalyptisch gefärbten Endzeiten alles auf die Geduld des Menschen als nötige Tugend zu schieben, auf Gott angewendet. Anders als in vielen anderen Psalmen heißt es nicht mehr: »Schweige nicht länger!« (an Gott gerichtet), sondern »Schaut auf Gottes Geduld!« Gottes Schweigen ist seine Geduld. Das wird besonders im Matthäusevangelium und bei Paulus vom Menschen ebenso erwartet. Das ist auch die Brücke zum Schweigen des Märtyrers.

Johannes Chrysostomus, in: De silentio et secretis ecloga (Opera omnia, vol. 12, 954): Silentium Dei est eius patientia [Was Gottes Schweigen zu sein scheint, ist in Wirklichkeit seine Geduld].

Dass bei der Theodizee der Kampf um die Frage geführt wird, warum Gott schweige, wie lange er noch schweige, und die Menschen flehen, er möge doch bitte nicht länger schweigen, verändert auch die Semantik des Wortes »schweigen« nicht unerheblich, das heißt: Es hinterlässt seine Spuren am Inhalt des Wortes.

- Schweigen bezieht sich nicht nur auf das Reden, sondern auch auf das Handeln, und damit ist Schweigen Reaktion auf die Situation, in der sich der Bittende befindet; Schweigen heißt daher: »Keine Reaktion auf den anderen«.
- Das eingeforderte Beenden des Schweigens muss demnach nicht in erster Linie die Rede des Schweigenden nach sich ziehen.
- Daher hat die Kommunikation, in der hier vom Schweigen die Rede ist, die Eigenschaft eines Appells. Von einer Reaktion Gottes ist dann nicht die Rede, d. h. es wird nicht berichtet, ob oder wann Gott sei Schweigen gebrochen und den Appellierenden geholfen hat. Eine direkte verbale Reaktion Gottes liegt gar nicht im Bereich des Vorstellbaren.
- Dass Gott bitte nicht mehr schweigen möge, ist ein Anwendungsfall negativer Theologie. Denn selten wird Gott als Adressat einer Bitte so wenig inhaltlich festgelegt wie hier; nur etwas nicht tun, nur nicht mehr schweigen.

Das Thema »Schweigen« verweist so auch auf den wohl brennendsten Aspekt des Themas Theodizee. Denn das religiöse Problem liegt nicht darin, dass Leiden physischen Schmerz verursacht, es liegt darin, dass es sinnlos erscheint, dass das Warum und das Wozu nicht geklärt sind und dass beides zur Rede vom guten und gnädigen Gott im Gegensatz steht.

Vielleicht führt die Beschäftigung mit dem Thema Schweigen im Zusammenhang mit der Theodizeefrage über die übliche theologische Verlegenheit hinaus:

(1) Die theologische Frage stellt Jesus am Kreuz: *Mein Gott, mein Gott, wozu hast du mich verlassen?* (Mk 15,34)

(2) Diese Frage wird, wie alle anderen Theodizeefragen, nicht beantwortet. Gott schweigt.

(3) Die Antwort gibt Gott durch sein Handeln, die Auferweckung am dritten Tage. Deshalb ist der Schrei Jesu genau zu übersetzen: *Wozu hast du mich verlassen?* Es heißt nicht »Warum?«, denn das wäre eine in die Vergangenheit gerichtete Frage. Bei »Wozu?« aber kann ein künftiges Ziel in den Blick kommen, und bei Markus ist dies Gottes österliches Handeln, durch das er die Antwort gibt.

(4) Auch an anderen Stellen (und für andere Kontrahenten, nämlich für Menschen untereinander) wird das theoretisch nicht aufgelöste und nicht auflösbare Schweigen auf einer anderen Ebene »gelöst«, nämlich auf dem der praktisch vollzogenen Liebe (s. dazu u. 12.). In Röm 5,8–10 spielt die Verbindung von Liebe und Geschick Jesu auf diesen Zusammenhang an.

Fazit: Gott unterbricht sein Schweigen durch die Sendung Jesu, durch die Sendung des Heiligen Geistes, durch die Heilige Schrift, durch Heilige und andere Menschen, die sein Werkzeug werden, durch Sakramente und Wunder, durch überwältigende Erfahrungen und Treue.

Dass gerade das Schweigen Gottes den Menschen oftmals mit der Frage nach Gott überhaupt konfrontiert, liegt auf der Hand. Denn die unerhörten Leiden Unschuldiger, all die unausgelebte, ungelebte Liebe derer, die nichts anderes tun wollten, als ihre Liebe Menschen zu schenken, alles dieses führt gleichwohl auf die Spur Gottes, nicht nur seine Abwesenheit. Denn er wäre nicht Gott, führte nicht auch sein Schweigen auf seine Spur. Ebenso wie wenn man im Schnee hin und wieder im Wald die Spur eines Tieres verfolgt, und es kaum je gelingt, es zu sehen, so trägt die Spur des Schweigens immer das Signum kompletten Widersinns, in sich geschlossener Rätselhaftigkeit, vollendeter Absurdität in sich. Wenn wir daher eine solche Spur entdecken, ergibt sich daraus die Ahnung von einem, der sich gerade durch sein unergründliches Schweigen von außen oder aus der Ferne zeigt als das Geheimnis aller Geheimnisse. Das kann nur er sein. Es ist Gottes Schweigen.

Das wäre, so meine ich, der Unterschied zwischen Kommunismus als Ideologie und der Wirklichkeit eines mitleidenden Gottes.

Die Tränen eines leidenden Kindes oder des einsamen alten Menschen, der eigentlich zum Schenken von Liebe berufen wäre – der Protest von Menschen richtet sich immer auf die Frage, ob das notwendig so sein muss oder ob es dabei um »Gottes Willen« geht.

So würde nun allerdings die Theodizeefrage vermischt mit der viel umfassenderen Frage nach der Zugänglichkeit Gottes. Die

Spur des Tieres im Schnee des Winterwaldes – kann sie je dazu führen, das Tier zu finden?

Die Situation der Menschen angesichts des schweigenden Gottes in den Psalmen entspricht recht genau der Bedeutung der Theodizee in der Religiosität des modernen Menschen, der oft ohne eine halbwegs befriedigende Antwort bleibt. Denn wenn man als Antwort nahelegt: *Der Herr hat's gegeben, der Herr hat's genommen. Der Name des Herrn sei gelobt* (Ijob 1,21), dann ist dabei doch der Schluss des Ijob-Spruches *der Name des Herrn sei gelobt* das am meisten Irritierende. Denn sind hier nicht die Aktivitäten vertauscht? Gott schweigt, und der Mensch lobt? Aber ist diese Vertauschung nicht auch die eigentliche Rolle des christlichen Gottesdienstes? Wie kann ein Mensch aushalten, was er aushalten muss, wenn nicht wie in den Laudes sein Blick abgelenkt wird auf die Spur des Tieres im Wald? (Zur Rolle der Laudes s. o. 4.3)

5.2 Karsamstags-Existenz

Zum Beginn der Karfreitagsliturgie 2020 zeigten die Bilder einen einsam in der leeren Peterskirche vor dem Altar schweigend auf dem Boden liegenden Papst. Von diesem Schweigen her definiert sich der Karsamstag: Die Menschen schweigen (keine Liturgie, keine Predigt), Glocken und Orgeln schweigen. Aber nicht nur das: Die Menschen schweigen, weil Gott schweigt.

Das ist das übliche Drama der Theodizee. Gott schweigt, nachdem er in der Bibel gesprochen hat, für den Rest der Geschichte fast immer. Schon in den Psalmen beten deshalb die Menschen: Gott, schweige nicht länger. Und viele Glockeninschriften fordern Gott ebenfalls dazu auf.

Von daher und vor allem weil die Frage nach Leid und Katastrophen fast immer ungelöst bleibt, kann man die Existenz des Christen als Karsamstags-Existenz deuten. Und das hat Schule gemacht. In einem »normalen« Christenleben schweigt der Christ als Christ (er betet und singt nicht) und Gott kommt nicht zu Wort. Der fehlende Kirchenbesuch verurteilt ihn zum Schweigen. Nicht nur in den Kar-Tagen schweigen Gott und Mensch sich gegenseitig an, sondern geradezu ein Leben lang.

Das Judentum kennt das Bild des Sich-Zurückziehens in sich selbst. Das ist nicht nur in der späteren Kabbala des Isaak ben Luria als das *Zimzum* überliefert, sondern, wie dieses Buch zeigte, bereits im frühen Judentum und zur Zeit des Urchristentums der Fall. Was das Sich-Zurückziehen auf sich selbst bedeutet, können Naturvorgänge illustrieren: Die Schnecke, die sich in ihr Schneckenhaus zurückzieht (und die nur wieder hervorkommt, wenn man sie anhaucht), und der Laubbaum, der im Winter seine Kräfte in sich zurückzieht, so dass die Blätter abfallen. Gewiss hat die Kirche stets betont, dass Gottes Sich-Zurückziehen und die Neubelebung etwa zu Ostern keine Naturvorgänge sind, die gewissermaßen nach Naturgesetzen geschehen. Denn hier kommt »dazwischen«, dass es sich um Personen handelt und damit um Schuld, Gnade, Hoffnung und Liebe.

Mir scheinen sowohl Karfreitag und Karsamstag als auch andere gravierende Fragen der Theodizee von der Grundidee des Sich-Zurückziehens Gottes her beantwortbar.

Das Schweigen des Menschen ist ein Sich-Zurückziehen auf sich selbst. Der Tod eines Menschen und die damit verbundene Frage, ob es eine unsterbliche Seele gibt, ist nicht platonisch im Sinn einer separaten geistigen Substanz zu beantworten, sondern so: Die menschliche Seele zieht sich in das Innerste zurück und konzentriert sich auf sich selbst. Für die Auferstehung muss sie nur gewissermaßen angetippt werden, um wieder aus sich herauszugehen. (Auch bei ben Luria geschieht die Selbst-Kontraktion Gottes als Vorbereitung des Schöpfungsgeschehens.)

Die Abfolge von Tod und Auferstehung Jesu in der Karwoche ist auch dieses: Am Karfreitag zieht sich Gott in Jesus in sich selbst zurück. So entsteht eine schmerzliche Distanz: *Mein Gott, wozu hast du mich verlassen?* Das Verlassensein ist die Metapher, die die Distanz zwischen dem Bewusstsein Jesu und dem in ihm verborgenen Gott andeutet. Im toten Christus ist Gott da, aber weit weg.

Die Auferstehung besteht dann darin, dass der auf sich selbst zurückgezogene Gott in Jesus wieder heraustritt, virulent wird und mit einem neugeschaffenen (verwandelten) alten Leib den Jüngern begegnet. So würden Theologen-Konstruktionen entfallen wie die, dass hinter der Mauer ein Licht sein muss (Postulat) oder dass dialektisch der Tod in Leben umschlägt oder alle die anderen Modelle, die niemand so recht glauben kann. Vor allem kann man nicht sagen, Gott sei am Karfreitag gestorben, so dass es dann keinen Gott mehr gäbe (19. Jh.). Jesus betet doch am Kreuz zu diesem verborgenen Gott.

Tod ist wie Schweigen und Schweigen ist wie Tod. Das Sich-Zurückziehen auf sich selbst praktizieren die Mönche und Schwestern in der Wüste. In den monastischen Traktaten (Bernhard von Clairvaux, Wilhelm von Saint-Thierry usw.) heißt es, dass sie sich auf ihr innerstes Herz zurückziehen, dorthin, wo allein alle relevante Veränderung geschieht. Wo Hass mit Liebe beantwortet, empfangene Gewalt in Vergebung verwandelt wird.

Wenn, wie am Karfreitag, Gott sich in Jesus auf sich selbst zurückzieht, dann auf sein innerstes Herz. Dieses hat man schon immer (auch im Alten Testament) als den Sitz der Liebe gedeutet. (So entspringt auch viel später die Herz-Jesu-Verehrung der Mystik, die eben immer äußeren und inneren Rückzug bedeutet.) Vor diesem Hintergrund wird mir auch in Umrissen begreiflich, warum die Quintessenz von Karfreitag Liebe ist.

Das Thema gehört aus meiner Sicht in den Bereich der Verborgenheit Gottes, und zwar als Selbst-Verhüllung; Schweigen und Tod stehen in der nächsten Nachbarschaft dazu und zueinander. Wer am Karfreitag auf dem Boden liegt, wartet (stellvertretend) auf Neuschöpfung. Daher wurde auch in der Osternacht die Taufe gespendet.

5.3 Gottes doppelte Verborgenheit

Wo sich der unsichtbare und schweigende Gott offenbart, er also aus seiner doppelten Verborgenheit heraustritt, sind häufig Vision und Audition miteinander verbunden. Aber die schlichte Wahrheit dieser Offenbarungen war und ist häufig umstritten. Zudem ist das, was man wahrnimmt, sehr begrenzt. Denn oft redet auch nach der

Einschätzung jener, denen solche Offenbarungen zuteilwerden, Gott nicht direkt, sondern durch die Worte eines Propheten; auch sehen kann man ihn nicht, sondern vielleicht Engel oder den »Saum seines Gewandes« oder ein Stück himmlischen Glanzes.

Pagane Religionen im Umfeld der Bibel versuchen, diese Situation zu ändern, zum Beispiel durch eine Vielzahl von Prodigien (Vorzeichen; vgl. dazu K. Berger in: ANRW II, 23,2), an denen auch jüdische und christliche Apokalyptik reichlich Anteil haben. Aber diese Zeichen werden nur selten als »Stimme einer Gottheit« angesehen und daher auch nicht als Ende ihres Schweigens.

Alter und neuer Polytheismus erscheinen als wiederholter Versuch, das Schweigen Gottes zu überwinden, dem göttlichen Bereich also mehr Informationen zu entlocken; denn viele Götter könnten ja, rein theoretisch betrachtet, auch mehr Zeichen und Signale ihrer Existenz von sich geben. Wie beim Versteckspiel unter Kindern, wo man ruft »Gib ein Zeichen!« und dann vor allem auf jedes Geräusch achtet. Und wenn mehrere Kinder sich versteckt haben, könnte man auch mehr Zeichen hören.

»Je mehr Götter, desto mehr Zeichen«, das könnte auch der Logik von Hebr 1,1f. entsprechen, wo zwar das Prinzip der Vielheit nicht auf die Existenz vieler Götter ausgedehnt ist, wo aber der eine und einzige Gott *vielfältig und auf vielerlei Weise* sich in Personen (Propheten und Sohn) geäußert hat. Die Vielfalt gibt es auch hier, aber sozusagen eine Ebene tiefer. Aber jedenfalls wird die Vielfalt als Bereicherung und offenbar als Grund zum Danken angesehen: Gott hat nach der biblischen Offenbarungsreligion nicht immer geschwiegen. Aber die Art, in der Gott sein Schweigen durchbricht, scheint hauptsächlich an Personen (Propheten oder Sohn Gottes) gebunden zu sein, die zum Reden »im Namen Gottes« besonders bevollmächtigt sind.

Wie wir oben sahen (vgl. 4.1), bedeutet die liturgische Analogie: Verhülltsein, also Verborgensein und Enthülltwerden, ein ernstes und echtes Problem im Verhältnis der Christen zu Gott. Das gilt nicht nur für die Inszenierung durch das liturgische Drama, sondern auch für das Verhülltsein der Zeit im Unterschied zur Klarheit des Gerichtstages. Es gilt auch für die Frage nach dem Warum des Leids (zum Verhülltsein und Verborgensein vgl. auch unter 3.5.2).

In der Apokalypse von Lk 21 schweigt Gott zu allem Schrecklichen, was geschieht. Man kann versuchen, das Schweigen Gottes hier mit der alten ägyptischen Tradition zu deuten, nach der Schweigen das Attribut des jeweils höchsten Hoheitsträgers, insbesondere des Königs ist, für den das alles »weit weg« ist und das daher seine Majestät unberührt lässt. Doch das Schweigen ist nicht Ausdruck seiner Machtlosigkeit, sondern seiner Hoheit. Daher verbinden sich gerade im Zeitalter des antiken Christentums auch immer wieder Schweigen und Gnade: Gott »verplempert« seine Hoheit nicht; indem er schweigt, bewahrt er vielmehr seine Gnade und Kraft für alles das, was wirkliche Umkehr bedeutet: die neue Schöpfung, die zugleich in allem, was dazu gehört und was sie bedingt, direkt aus dem Herzen Gottes kommt.

In ihrem berühmten Gedicht »Gebet des Klosters am Rand der Stadt« sagt Silja Walter OSB:

> Herr,
> und jemand muss dich aushalten,
> dich ertragen,
> ohne davonzulaufen.
> Deine Abwesenheit aushalten,
> ohne an deinem Kommen
> zu zweifeln.
> Dein Schweigen aushalten und singen.

Das Gedicht ist die überzeugendste Darstellung der christlichen Enderwartung und der Rolle der kontemplativen Orden (Choralgesang), die ich kenne. Zudem beantwortet es die Theodizeefrage, die doch jedermann bewegt. Daher gleich zweifach das Wort »aushalten«, bezogen auf Schweigen und Abwesenheit.

»Der Mönch ist sich bewusst, dass der Mensch irgendwie von einem tiefen Geheimnis des Schweigens und der Unbegreiflichkeit umfangen ist – von Gottes Willen und Gottes Liebe.« (Thomas Merton, Der Mönch zwischen gestern und morgen, ^{2}1958,18f.)

Der Unterschied zwischen Himmel und Gegenwart besteht darin, dass Gottes Stadt, das himmlische Jerusalem, demnächst in der Mitte des Himmels liegen wird, das Kloster aber, das irdische neue Jerusalem, »am Rande der Stadt«. Denn so heißt der Schluss:

Komm, Herr!
Hinter unsern Mauern
unten am Fluss
wartet die Stadt
auf dich.
Amen.

Die Antwort auf Gottes Schweigen ist jedoch das Singen im Choralgesang. So war es auch in den Psalmen der Bibel, die im Ringen um Gottes Schweigen gesungen wurden. Die Kombination von Schweigen Gottes und Singen der Kreaturen haben die Menschen den Engeln abgeschaut (vgl. nur Lk 2,13f.). Daher rührt auch die Gesangsgemeinschaft zwischen Menschen und Engeln, wie sie Präfationen *Ut cum angelis et archangelis …* beschwören. Sie ist *una voce* und *sine fine* (s. o. 2.7).

6. DIE HEIMAT DER STILLE

Die Theologien des Mittelalters räumen dem Schweigen/der Stille innerhalb ihres Koordinatensystems je und je einen besonderen Ort ein. Dort rücken Schweigen bzw. Stille in große Nähe zu bekannten und viel diskutierten Säulen des theologischen Gebäudes. So bleiben sie auffindbar.

6.1 Heiliger Geist und Schweigen

Besonders für die monastische Exegese des Mittelalters (Joachim von Fiore, Johannes Tauler) gibt es eine enge Verbindung von Weltabgewandtheit (= Freiheit), Heiligem Geist und Schweigen. Damit Hand in Hand geht ein gegenüber der dogmatischen Exegese fundamentaler Wandel der »Funktion« des Geistes Gottes: Er ist nun nicht mehr für kluge und inspirierte Rede über himmlische Dinge zuständig, sondern steht für das Schweigen. Denn er ist Ausdruck für das geworden, was u. a. auch Johannes Tauler Freiheit nennt.

Im Abendland ist der Zisterzienserabt Joachim von Fiore (um 1130–1202) ein Vorläufer und zugleich schon Repräsentant dieser Nähe von Heiligem Geist und Schweigen.

Joachim von Fiore, Enchiridion super Apocalypsim, ed. E. K. Burger, zu 8,1 (= S. 45): *silentium magis quam sermonem* [Schweigen, nicht so sehr die Rede (als Wirkung des Heiligen Geistes)]. Johannes, der Verfasser der Apk sei *in loco solitario, deo per silentium viciniores* [am einsamen Ort Gott näher durch das Schweigen]. S. 1: *Quietem libertatis sanctum spiritum* [die Freiheit von allen Dingen ist das Schweigen, und das ist der Heilige Geist]; ders., Expositio in Apocalypsim (ed. Venedig 1527) f. 48: *proprietas spiritus sancti silentium magis expectat quam sermonem et nequaquam vociferando ingerat* [die Eigenart des Heiligen Geistes lässt ihn mehr auf Schweigen ausgerichtet sein als auf Rede, und nie mischt er sich durch Stimme und Hörbares ein]; vgl. f. 49a *strepitus et lingua* [(was ihm fremd ist:) Lärm und hörbare Stimme].

Diese Sicht des Heiligen Geistes ist vor allem ein Indiz für die radikale Weltabgewandtheit der (trinitarisch orientierten) Theologie und Praxis insgesamt. Denn so ist der Heilige Geist nicht der Inspirator des Guten, Schönen oder Weisen in der Welt, sondern zu all dem gerade das Gegenteil. Sich dem Heiligen Geist zuzuwenden heißt daher hier: Selbst das, was man vorher an Gelehrtem oder Weisem mit dem Heiligen Geist wohlmeinend verbunden hat, das hat diese Zuschreibung nicht verdient. Der Heilige Geist ist radikal anders, er ist Schweigen dort, wo man vorher geredet hat. Jedes Arrangement mit Weltlichkeit hat nun ein Ende. Schweigen an dieser Stelle heißt hier: Abbruch der Gleisverbindungen.

Die Freiheit, die der Heilige Geist ist, meint nicht die Wochenend-Bequemlichkeit etablierter Bürger (Ausflüge »ins Freie«), sondern Sabbat wie im Thomas-Evangelium 27, 1f.: Jesus sagt: Wenn ihr nicht auf das verzichtet, was die Welt bietet, werdet ihr die Herrschaft Gottes nicht finden. Wenn ihr nicht den Sabbat wirklich als Sabbat haltet, werdet ihr den Vater nicht sehen.

6.2 Der »Abgrund«

Noch tiefer steigen wir in das Gottesbild ein, wenn Gott bei den Mystikern »Abgrund des Schweigens« genannt wird. Die hier zu erwähnenden Texte sind mit ihrem ganzen Umfeld darin eins, dass für Gott und den Himmel eine besondere Erkenntnistheorie und eine spezielle Kommunikationstheorie gilt. Denn man kann Gott nur durch ihn selbst erfassen. Jegliche Kommunikation ist nur durch Schweigen möglich. Der Grund für beides: Gott und Himmel sind so weit von den kurzsichtigen und sprachlich »unbegabten« Menschen entfernt, dass jeglicher Kontakt von vornherein nur ganz schwer, anders gesagt: unter völlig neuen Bedingungen, möglich ist. Zu diesen neuen Bedingungen gehört, dass Gott nur »im Abgrund des Schweigens« erfassbar ist. Diese Neuorientierung der fundamentalen Metaphorik teilen christliche und gnostische »Mystik« im Übrigen mit der jüdischen Hekhalot-Mystik. Denn man steigt herab zu den himmlischen (Thron-)Wagen, nicht hinauf zu ihnen in den Himmel. Statt von der hohen Himmelshöhe, die wir erwarten würden, ist Gottes Ort »die Tiefe«. Der Grundgedanke ist weit verbreitet und gehört in dieser Zeit zum religiös-philosophischen Allgemeingut.

Dass der Abgrund mit Schweigen verbunden ist, ja, dass Schweigen überhaupt die angemessene Weise ist, über Gott zu reden, entspricht besonders dem östlichen Christentum und seinen Grundauffassungen über (apophatische) Theologie. Es geht um das Nein, nicht um die Steigerung. Dazu passt, wenn es nicht gar Ursache dafür ist, dass die Taufstelle in den Kirchen oder Baptisterien der ersten Jahrhunderte am architektonisch tiefsten Punkt des Gebäudes liegt. Denn wer getauft werden will, muss hinabsteigen zum Taufbecken. Wenn so auch der Himmel gebaut ist, dann wird begreiflich, dass man zum Thronwagen Gottes hinabsteigt. Und ein Zusatzargument: Die mehr oder weniger geschlossene Erddecke ist weitaus geeigneter, als Bild für eine unzugängliche Welt zu dienen, als durchschaubare und lichte Himmelshöhen.

Der sprachliche Befund bestätigt dies: Um den Abgrund bzw. die Tiefe Gottes zu benennen, hat die griechische Sprache zwei eng verwandte und fast gleichlautende Nomina: βάθος und βυθός. Im hellenistischen Griechisch ist βυθός die Tiefe des Meeres, das Verb βυθίζω heißt »versenken«, im Passiv »versinken«. Das Erste und das Zweite Tier der Apk steigen aus dem Meer auf. Aber βυθός gilt auch allgemein vom Wasser, demnach auch vom Himmelsozean oder vom Acherusischen See. Auch das verwandte βάθος und das Adjektiv βαθύς bedeuten »Tiefe«, »Meerestiefe«, »tiefgründiger Boden«, »Fülle des Reichtums« oder »Tiefen der göttlichen Erkenntnis«, »Abgründe des göttlichen Wesens« (W. Bauer, Wb. 261f.).

Wir stellen fest: Der sprachliche Befund lässt den Schluss nicht zu, Gott wohne in einer unzugänglichen Höhe, vielmehr bezeichnen sowohl βάθος als auch βυθός »Meerestiefe« oder »Abgrund«. Man sollte einmal mutig feststellen, dass beide Ausdrücke (vgl. besonders 1 Kor 2,10 »Tiefen Gottes«) nicht zu den gewohnten Himmelsvorstellungen abendländischer Volkskirchen passen. Das fängt schon mit der Apk an, denn der Abgrund ist hier der Ursprungsort des Ersten Tieres, also nicht gerade Gottes (Apk 13,1f.). Beim Himmel heißt es in der Apk ganz traditionell im Sinn der jüdischen Himmelsreligion »Steig hier herauf ...« (Apk 4,1; 11,12). Das gilt jedoch für die βάθος/βυθός-Texte nicht. Nach der antiken Himmelsgeographie relativieren sich also »oben« oder »unten«.

Der Acherusische See (bspw. Petrus-Apokalyse, Oracula Sibyllina) ist ein Unterweltsfluss, aber laut ApkPetr der Himmelsstadt vorgelagert (ApkPetr 14; OrSib 2,338), vgl. E. Peterson, Die »Taufe« im Acherusischen See, S. 310–332, in: ders.: Frühkirche, Judentum und Gnosis, Freiburg 1959.

So kann gelten: Da die Erde insgesamt von Wasser umgeben ist, bleibt offen, ob das Wasser oben oder unten ist. Wenn man über das Wasser hinausgelangt oder durch das Wasser hindurchkommt, ist man »in einer Art Jenseits« angekommen. An dessen Endpunkt kann die »Stadt Christi«, das himmlische Jerusalem, angenommen werden. Während der mittelalterliche oder der moderne Leser denken kann, der Acherusische See oder »Acheron« sei unten, scheint das himmlische Jerusalem eher oben zu liegen. Doch in den genannten Apokalypsen heißt es, dass man durch den See in die Stadt Christi gelangen könne.

Fazit: Zu allem, was Gott und Mensch trennt, kommt nach den hier genannten Texten noch die Himmelsgeographie hinzu, die Gottes Reich »hermetisch« abriegelt. Und es kommt hinzu, dass im Acherusischen See die Menschenseele erst komplett gereinigt werden muss. Der prominenteste und in vielen Fällen wirkungsreichste Ort dieser Art von Theologie ist die theologische Diskussion um Freiheit. Damit ist immer eine Freiheit von Christen in der innerweltlichen Zeit ihrer Existenz gemeint.

6.3 Schweigen ist Freiheit

Nur an der o.g. Stelle aus Joachim von Fiore (Ench. in Apoc.) sind, soweit ich sehe, in unserer Literatur Freiheit und Stille verknüpft, und zwar mit folgender Begründung: Der Heilige Geist schenkt beides. Denn er befreit von allen Bindungen, die an die »Welt« fesseln. Er liefert Beweis und Begründung dafür, dass ein Leben des Verzichts und der Askese auch das freieste ist. Das war jedenfalls die

Erwartung derer, die sich im Hohen Mittelalter »Brüder und Schwestern vom freien (Heiligen) Geist« nannten (Beginen und Begarden im 14./15. Jh., vor allem in Flandern und in den Bistümern Köln, Mainz und Trier). Das Attribut »Stille« steht hier für Weltabgewandtheit.

Der Sache nach gibt es die Verbindung von Freiheit und Schweigen auch in der Predigt Johannes Taulers (um 1300–1361) zum 1. Weihnachtstag, J. Hamberger: Johann Taulers Predigten, Prag ^{2}1872, Bd. I, 12, S. 91ff.: »Wie sich Gott in der Seele gebieret und wie sich der Mensch zu diesem Werk halten soll, und von dem großen Nutzen des himmlischen Wortes ... Hier in (dieser) Zeit reden wir von der ewigen Geburt, da Gott der Vater hat geboren und gebiert ohne Unterlass in der Ewigkeit das ewige Wort, das nun geboren ist in der Zeit, in menschlicher Natur [es folgt hier das Zitat Weish 18] ... dass diese Geburt in ihm geschehe und geboren werde, also dass der Mensch in sich schöpfe ein Bild in seiner Vernunft und in seinen Gedanken und sich darin übe, also gedenke ... Nun nehmen wir zuerst das Wort, das da spricht: In Mitten in dem Schweigen ward mir eingesprochen ein verborgenes Wort. Ach Herr, wo ist das Schweigen und wo ist die Stätte, da dies Wort eingesprochen wird? Wir sagen ...: es ist in dem Lautesten, was die Seele leisten mag, in dem Edelsten, in dem Grunde, ja in dem Wesen der Seele, das ist in dem Verborgensten der Seele, da ist das Mitte-Schweigen. Denn darein kam nie eine Kreatur noch Bild ... In dem Wesen ist kein Werk, darum hat die Seele in dem Wesen keine Werke. Denn die Kräfte, womit sie wirkt, fließen aus dem Grunde des Wesens. Vielmehr in dem Grunde ist das Mitte-Schweigen, hier ist allein Ruhe und eine Stätte zu dieser Geburt und zu diesem Werke, dass Gott der Vater allda spreche sein Wort. Dieses (Schweigen) ist von Natur nichts empfänglich als allein des göttlichen Wesens ohne alles Mittel. Gott geht hier in die Seele mit dem Seinem allem, nicht mit dem Seinen zum Teil. Gott geht hier ein in die Seele, in den Grund. Das wisse auch, dass sie innen frei ist und ledig von allen Mitteln und von allen Bildern. Das ist auch die Ursache, dass sich Gott lediglich mag mit ihr vereinen ohne Bild oder Gleichniss ... Gott aber bedarf keines Bildes noch hat er ein Bild. Gott wirkt in der Seele ohne alles Mittel, Bild oder Gleichniss in dem Grunde, worin nie ein Bild sein kann, denn er selbst mit seinem eigenen Wesen ...

(S. 95) Ob es nicht besser sei, dass der Mensch hierzu sein Werk tue, nämlich ein Einbilden und ein Gedenken an Gott? Oder dass der Mensch sich halte in einem Schweigen oder in einer Stille und in einer Ruhe und also Gott in ihm spreche und wirke, und er allein Gottes Werkes in sich warte? ... Die sollen wissen, dass das Allerbeste und Alleredelste dazu man kommen mag in diesem Leben, ist, dass du sollst schweigen und Gott da wirken lassen und allda sprechen, wo alle Kräfte abgezogen sind von allen ihren Werken und Bildern, da wird dieß Wort (ein)gesprochen. Darum sprach er: Mitten in dem Schweigen ward mir das heimliche Wort zugesprochen. Darum, so du alle Kräfte allermeist ziehen magst in eines und in ein Vergessen aller Dinge und ihrer Bilder, die du in dich je gezogen, und je mehr du der Kreatur vergissest, je näher du diesem Sprechen bist und je empfänglicher. Möchtest du aller Dinge zumal unwissend werden, ja möchtest du kommen in ein Unwissen deines eigenen Lebens, wie St. Paulo geschah, da er sprach: Ob ich war in dem Leibe oder nicht, das weiß ich nicht, Gott weiß es. Da hatte der Geist alle Kräfte sogar in sich gezogen, dass er des Leichnams hatte vergessen ... (Schweigen) Zieh dich ab von der Unruhe auswendiger Werke, darnach fliehe und verbirg dich vor den Stürmen auswendiger Werke und inwendiger Gedanken, denn sie machen Unfriede ... Gott wirkt alle seine Werke in sich selbst und aus sich selbst in einem Augenblick ... Es muss ein Entziehen sein von allen Dingen, Gott verschmäht, in Bildern zu wirken.

(S. 96) Mitten in der Nacht, da alle Dinge waren in einem Stillschweigen, da ward mir zugesprochen ein verborgenes Wort, das kam in einer heimlichen Weise, verstohlen. Wie meint er das? Ein Wort, das verborgen war? Des Wortes Natur ist, dass es offenbart, was da verborgen ist. Es öffnet sich und glänzet mir vor, dass es etwas offenbare. Es thut mir Gott Kunde, davon heißt es ein Wort; aber es war mir verborgen, was es war. Das war sein verstohlentlich Kommen in einem Geheim in einer Stille, worin es sich offenbarte. Sehet, darum muss man und soll man ihm nachlaufen, dieweil es verborgen ist; es scheinet und war (doch) verborgen.

(S. 97) Hiervon spricht der Prophet: Herr, nimm mir diesen (meinen) Geist und gib ihm wieder deinen Geist.

(S. 98) Deshalb musste ihnen viel verborgen sein und unbekannt bleiben, wovon der Prophet sprach: Ich will sitzen und schweigen und will hören, was der Herr in mir rede. Weil es so verborgen ist, darum kam dieß Wort in der Nacht, in der Finsterniss. Davon schreibt St. Johannes: Das Licht leuchtet in der Finsterniss, er kam in sein Eigenthum ... Das meint Christus, wenn er sprach: Wer sein selbst nicht verläugnet und verlässt Vater und Mutter und alles, was äußerlich ist, der ist mein nicht würdig. Als ob er sprechen wollte: Wer nicht lässet alle Auswendigkeit der Kreaturen, der mag in dieser göttlichen Geburt nicht empfangen noch geboren werden.

(S. 102) Wer hiezu kommen will, der fliehe, schweige, warte und raste. Wer diese vier Stücke an sich hat, der verwindet leichtlich, was auf ihn fällt, zu leiden.

Was zunächst aussieht wie eine »Summe mystisch begründeter Ethik«, entpuppt sich als profilierter Beitrag zur Theodizeefrage. Denn zugrunde liegt die Fragestellung: Wie werde ich mit dem Leiden fertig, das mich trifft? Die Antwort: durch Flucht (aus der Welt), Schweigen und Ruhigwerden. Schweigen ist wie Fliehen ebenso eine Distanzgewinnung zur Welt. Im Unterschied zu heutiger Ethik ist die Welt hier kein eigener Wert. Interesse haftet lediglich am Individuum in einer umfassenden Kontaktsperre gegenüber der Welt in räumlicher (fern!) und zeitlicher (nicht jetzt!) Hinsicht. Wie überall in der Mystik bedeutet Schweigen eine Art Selbstbefreiung von der Welt. Die Thematik »Leiden« lädt zum Vergleich mit dem Buddhismus ein. Denn Leiden (*duhka*) ist hier eine Grunderfahrung der Existenz in der Welt, hervorgerufen durch Unbeständigkeit, Vergänglichkeit und Wesenlosigkeit.

Zu dieser Geburt helfe uns Gott, der neu geboren ist menschlich, dass wir kranken (schwachen) Menschen in ihm geboren werden göttlich. Amen.

Neu geboren zu werden ist hier ein Ideal, und dieses im Gegensatz zur heutigen Predigt, auch zur Weihnachtspredigt. Offenbar sind die Leiden der Kinder als relativ geringer empfunden worden im Verhältnis zu denen der Älteren (geringere Lebenserwartung). Das erste pädiatrische Fachbuch erschien 1472. So würde man heute sagen: Gerne alt werden, im Mittelalter dagegen: Lieber noch einmal geboren werden!

Tauler knüpft an die erste Weihnachtsmesse an, deren Lesung Weish 18,14 ist (*dum medium silentium teneret omnia … omnipotens sermo tuus* [Als tiefes Schweigen das All umfing … da kam dein allmächtiges Wort]). Zur Kommentierung knüpfen wir an Taulers vorangehende vier Weihnachtspredigten an.

Das *medium silentium* übersetzt Tauler als »Mitte-Schweigen«, d. h. tiefstes denkbares Schweigen. Denn wenn nach Weish 18 die Nacht in ihrem Lauf die Mitte des Weges erreicht hat, ist das tiefste Schweigen erreicht. Es heißt Mitte-Schweigen, weil die Seele wie ein Tal vorgestellt wird. Auf der Talsohle ist der tiefste Punkt erreicht. Dieses Mitte-Schweigen ist nach Tauler im Menschen zugänglich, in der Tiefe seines Herzens. Hier, in der Mitte des Schweigens, an seinem »Tiefpunkt«, ist »allein Ruhe und eine Stätte zu dieser Geburt«, dass nämlich Gott »täglich und stündlich in jeder guten Seele geistig geboren werden kann«.

Der Ort des »Einzugs Gottes in die Seele« ist das Schweigen. Denn »mitten in dem Schweigen wird dem Menschen das Wort zugesprochen«. Das heißt: »Dem göttlichen Wort kann man nicht besser dienen als durch »Schweigen und Lauschen«.

Schweigen aber heißt: alle Kreatur vergessen, auch die Unwissenheit über das eigene Leben; sich allen Dingen entziehen. Es ist so, wie wenn der Mensch betet: Nimm meinen Geist, gib mir wieder (d. h. gib mir als Gegengabe) deinen Geist. Was bei diesem Sich-Entziehen geschieht (Benedikt XVI.: Entweltlichung) ist Rückkehr, Aufsuchen der Einheit, Vereinen aller Kräfte. Das geschieht, wenn ich alle Kräfte und alle Sinne auf einen Punkt hin sammle. Tauler nennt das den »Eingang«, den Übergang nennt er das Ergebnis: den Übergang aus sich selbst. Das heißt: Alle Eigenschaften des Wollens, Verlangens und Wirkens lassen, bis nichts zurückbleibt als bloßes, lauteres Gott-im-Sinn-Haben.

Tauler nennt dieses Schweigen und Lauschen, wenn nämlich der Mensch aus sich herausgeht (sich selbst lässt), dann hat Gott eine Stätte in ihm, d. h. er wird geistig in ihm geboren. Diesen Zustand nennen andere »Freiheit«. Es ist bezeichnend, dass Tauler nicht weiter inhaltlich beschreibt, wie oder was das ist, wenn allein Gott in der Seele als das göttliche Wort geboren ist. Dieses inhaltsleere Freisein ist die positive Kehrseite der monastischen Freiheit von allen Dingen.

Genau hier aber besteht die Gefahr des frommen Missverständnisses, die entsteht, wenn Menschen glauben oder so tun, als müssten sie es bei der »Sezession« belassen. (Ich wähle nicht ohne Grund den Ausdruck aus der Wiener Kunstgeschichte 1897–1905.) Denn das liefe auf lebenslängliche Demut, Zerknirschung und Sündenbewusstsein hinaus (»Tut Buße!«).

Doch das Wohnen Gottes in der Seele setzt zwar Sezession im Sinn des Lassens aller Kreatürlichkeit zurück, bedeutet aber als völlige Freiheit die Voraussetzung zu schöpferischem Neuentwurf und zu einem höchst persönlichen und nicht vorgestanzten Leben(sstil). So übernehmen es dann die sich auch auf Johannes Tauler berufenden »Brüder und Schwestern vom freien Geist«.

Anders bei Martin Luther: An die Stelle des Rückzugs aus der Welt und die Befreiung von allen Dingen als Eintritt in das Schweigen tritt bei ihm der Glaube an Jesus Christus. Damit ist nicht mehr nur der Abschied von allen Dingen, das Schweigen, das Wichtigste, sondern eben der christologisch verstandene Glaube.

Die Gottesgeburt in der Seele bedeutet u. a. Gotteskindschaft. In diesem Selbstbewusstsein und in dieser Freiheit liegen dann die theologisch-religiösen Grundlagen des deutschen Idealismus Tübinger Prägung. Freilich ist dort das ganze Modell säkularisiert, denn an die Stelle des Heiligen Geistes ist das menschliche (Selbst-)Bewusstsein getreten.

Fazit: Bei Johannes Tauler ist Schweigen Freiheit. Sie ist der »ewige Brunnen« menschlicher Kreativität.

Wilhelm von St. Thierry, Orationes meditativae (ed. Berger/Nord IV 13, S. 117): *Ut ab omnibus, quae extra sunt vel intra pacem mihi facias et silentium, ut in ea quae intra me sunt ius mihi conserves quod dedisti* [Trenne mich von allem, was um mich oder in mir ist, durch Frieden und Schweigen. Gegenüber dem, was in mir ist, erhalte mir die Unabhängigkeit, die du mir geschenkt hast]. Ähnlich wie später bei Johannes Tauler ist auch bei Wilhelm das Schweigen das Instrument der Trennung und Scheidung von allem, was draußen ist, d. h. von allen weltlichen Dingen.

Corpus Orationum 6544: *qui ante mundi constitutionem apostolos eligis in quibus abs te datus requiescit spiritus sanctus* [Du erwählst vor der Erschaffung der Welt Apostel, in denen der Heilige Geist ruht, der von Dir gegeben ist]. Weil der Heilige Geist eine ganz und gar himmlische Größe ist, bedeutet seine Anwesenheit an einem Punkt sein »Ruhen«. Weil er »Repräsentant der Ruhe des Himmels« ist, kann das auch gar nicht anders sein.

Vergleichbar ist hier Shakespeares Cordelia, deren Liebe mit ihrem Tatcharakter und ihrer Abwendung von Worten zweifellos der neutestamentlichen Lehre vom Heiligen Geist nahesteht. Und wenn Goethes Faust in Joh 1,1 das »Wort« durch die »Tat« ersetzt (Faust I, 1237), steht er damit Joachim von Fiore und Shakespeare nahe.

Bei Joachim von Fiore steht die Präferenz des Schweigens in engem Zusammenhang mit seiner Drei-Zeitalter-Lehre. Denn der Heilige Geist steht zusammen mit der monastischen Einheit von Tat und Schweigen für ein Programm, das auf die Zukunft eines glaubwürdigen Christentums gerichtet ist. Das unterminiert nicht die Stellung des Wortes Gottes und dessen christologischer Bedeutung, aber es ist der Appell an die Gewinnung einer neuen Gestalt des Christentums in der Zukunft der Kirche bzw. der Kirche der Zukunft.

Der Satz »Schweigen ist Freiheit/bringt Freiheit« ist so zu verstehen: Schweigen ist das Produkt einer Art innerer Askese. Diese betrifft vor allem die menschliche *imaginatio*, also die Gesamtheit der Bilder, die sich der Mensch verfertigt hat, und kommt dadurch einer Art mystischer Neuauflage des biblischen Bilderverbots gleich. Nicht die Kultbilder werden ausgerottet, sondern die allzu weltlichen (welthaften) Vorstellungen der Menschen und die damit verbundenen Wünsche und Sehnsüchte, die in Wahrheit nicht zu ihm passen. Schweigen heißt: Dass diese Dinge im Herzen des Menschen kein Thema mehr sind, ihn nicht belasten, da sie ihn nicht reizen und verführen. (Schweigen ist insofern eine Variante des »Fastens«.) Die Frage: »Wer bin eigentlich ich?« wird erst beantwortbar, wenn der je individuelle Stil des Schweigens gefunden ist. Denn daran entscheidet sich, was überhaupt eine Rolle spielt (das »Wort« in mir, je individuell Mensch geworden), oder alles das, wovon ich durch das Schweigen freigeworden bin. Es kommt also auf diese je persönliche Freiheit an, auf den Stil und (mit Pascal gesprochen) auf die »Grammatik«, deren Struktur und Regeln meine eigene Freiheit als Selbstbefreiung folgen kann.

Welche Rolle der Nächste darin spielt, wird aus dem Schlusskapitel dieses Buches deutlich, in dem »Schweigen« und »Wort« und »das Du wagen« die große Rolle spielen. Auf Dauer wird es auch kaum gelingen, Sexualität und Lust abzuspalten und auszusparen. Beten zu wagen kommt aus derselben Quelle und ist mit dem Du geheimnisvoll verflochten. Schweigen ist nur möglich als je mein Weg, und so ähnlich auch das Du wagen als je »unser« Weg.

Freiheit von der Welt. Der Philosoph Peter Wust (gest. 1940) preist den Menschen, der Unrast, Eigenwillen und Selbstsucht aufgibt und sich durchringt zur tiefen inneren Stille des Herzens. Orientieren kann man sich dabei an dem Programm des Mystikers Franz von Sales: Kindliche Gelassenheit besteht darin, *ni désirer, ni refuser* [nichts wünschen, nichts zurückweisen], »aus der großen Stille jener Seelen, die nichts mehr für sich selbst wollen, sondern alles der majestätischen Macht des Objektiven anheimzustellen bereit sind. In der großen Stille der kindlichen Gelassenheit aber fällt dem Menschen gleichsam alles von selbst zu. Und in ihr erkennt er dann immer klarer, wie alle irdische Ungeborgenheit letzten Endes sich einordnet in das Umgreifende einer überirdischen Geborgenheit«. Daraus folgt: »Das Gebet als letzte Hingabe macht still, macht kindlich, macht objektiv.« (Die Tagespost, 3.4.2020)

Die hier genannte Objektivität regt zum Vergleich mit dem zeitgleich in der Philosophie entwickelten Programm der phänomenologischen Betrachtungsweise (Edmund Husserl, Max Scheler, Edith Stein OCD) an. Wust verbindet hier mit der Freiheit von der Welt als umfassender Ersatztugend die »Gelassenheit« Meister Eckharts.

Der grundsätzlich mystische Ansatz »Über die Welt hinaus« spiegelt sich direkt in der Devise *plus ultra* der Habsburger, die dann zum geopolitischen Programm wird (Entdeckung Amerikas). Auf der spanischen Kachel auf meinem Schreibtisch steht der Wahlspruch *plus ultra* gerahmt durch eine Abbildung der beiden Säulen, die Gibraltar symbolisieren.

6.4 Stille jenseits der Welt

Der Ort der Stille ist, theologisch gesehen, genau dort, wo Sinne und Sprache versagen. Diese Einsichten verarbeiten schon die hermetischen Traktate (wohl unter dem Einfluss des Neuplatonismus). Sie erschließen damit einen Teil desjenigen Territoriums, auf dem der Mensch mit seinen Kräften und Fähigkeiten buchstäblich »am Ende« ist. Ihre Position: Vor Gott versagt nicht nur menschliche Sprache, sondern es versagen überhaupt alle Sinne – also ein neues Kapitel scholastischer Erkenntnistheorie. Alles Derartige ist nur noch auf Gott bezogen. Was die menschliche Sprache betrifft, so hat der

Mensch darin Anteil an Gottes Schweigen. So in Historia B. Mariae Virginis S. 121 (syr 130) über die Dinge, die weder gesprochen werden können mit dem Mund noch ausgesprochen werden von der Zunge. Marcosian, Irenäus 1,13,6 (p. 273, 27ff. 3427 A) spricht von dem »Mysterium der unaussagbaren und unsichtbaren Macht«.

Im »Unbekannten Werk« des Codex Brucianus (CB 3) singt die Mutter des Alls zusammen mit anderen hypostatischen Himmelsgrößen dem unbekannten (!) Vater einen Hymnus (Kap. 17). In den religionsgeschichtlich verwandten Zeugnissen der Hermetik ist Gott nur im Schweigen erfassbar (De Ogdeade et Enneade 59, 19ff.). Siehe auch das obige Zitat aus Corpus Hermeticum X § 5f, S. 103 (unter 5.1).

Kommentar: Das Ziel ist die Begegnung mit dem *Summum bonum*, dem Gut/Guten schlechthin. Mit Sinnen (Sehen, Hören, Fühlen, Riechen) ist es nicht zu erfassen. Mit menschlicher Sprache ist es nicht zu beschreiben. Ja, die Unaussagbarkeit und Unbeschreiblichkeit ist diejenige Eigenschaft dieser Begegnung, die uns sicher machen kann, dass wir es mit dem *Summum bonum* zu tun hatten. Um jedoch nicht einfach »Nichts« sagen zu müssen, spricht Corpus Hermeticum X von Schweigen und Schönheit. Schweigen steht für vorverbale Kommunikation, Schönheit für Faszination und Sehnsucht, Ergriffenheit des Herzens.

Wie bereits angedeutet, vertreten die hier skizzierte Schweige-Religion besonders diejenigen Autoren, bei denen die urchristliche Umkehr zu einer grundsätzlichen Abkehr von der Welt geworden ist. Für diesen grundlegenden und tiefgreifenden Vorgang ist das Schweigen zum Bild und Realsymbol geworden. Bei Johannes Tauler ist schließlich die Abkehr von der Welt umgeschlagen in ein Höchstmaß von Kreativität und Freiheit.

6.5 Stille in der Hohelied-Mystik

Ein besonderer Ort der Rede von »Ruhe, Stille« ist die Ruhe der Braut in der Hohelied-Mystik der frühen Zisterzienser. Laut metaphernspendendem Bereich ruht die Braut bis zum frühen Morgen neben dem Bräutigam. Erst dann vereinigen sich die beiden. Bis dahin aber muss strenge Ruhe gewahrt werden. Mystisch ist daran die Abwesenheit bzw. das Fernhalten von allem, was das Einswerden stören könnte. Damit ist jede »weltliche Irritation« gemeint, auch jede emotionale. Im Unterschied etwa zur Liebesmystik Meister Eckharts oder Johannes Taulers wird hier dem »interessanten« vorreligiösen sexuellen Bereich große Aufmerksamkeit gewidmet. Dadurch wird dann aber die Szenerie des Hohelieds auch ihrerseits prägend für Sexualethik.

Von »weltlichen Störungen« freizuhalten ist hier nicht »die Seele« als das Heiligste, sondern der Verkehr zwischen Bräutigam und Braut, also ein sakrales Geschehen, das nach Art und Ursprung das kreatürlichste überhaupt ist.

Nach biblischer Auffassung und einem Großteil mittelalterlicher Hohelied-Kommentare ist die Stunde des Geschlechtsverkehrs nicht das Zubettgehen, sondern das Aufwachen und der frühe Morgen. Vorausgesetzt ist, dass (1) die Menschen beim Zubettgehen von der Mühe und Hitze des Tages ermattet sind und sich zunächst im Schlaf regenerieren müssen. (2) Durch den gemeinsamen Schlaf werden die Körper aufeinander eingestimmt. Das Nebeneinanderliegen bringt sie in Harmonie und eine gewisse Vertrautheit.

Zu (1): Die bekannteste Belegstelle ist Ps 110. Über den dortigen »Helden« bzw. König heißt es: *Vor Sonnenaufgang habe ich dich gezeugt.* Demnach befanden sich die Eltern des gefeierten Helden zu dieser Tages- bzw. Nachtzeit in der optimalen Kondition. Daher sind sie dann zur Zeugung eines Helden in der Lage. Diese Praxis wird ausdrücklich bezeugt durch Hld 7,12–17: *Komm, mein Geliebter, wandern wir auf das Feld, schlafen wir in den Dörfern! Früh wollen wir dann zu den Weinbergen gehen und sehen, ob der Weinstock treibt, ob die Rebenblüte sich öffnet, ob die Granatbäume blühen. Dort schenke ich Dir meine Liebe. Die Liebesäpfel duften …* Der Weinstock ist wohl auf das männliche Glied zu deuten, die Blüten auf den Leib der Frau, Liebesäpfel sind die Brüste.

Vgl. Wilhelm von St. Thierry, Hld-Kmtr. 188 § 176: »Wenn der Tag zu atmen beginnt und die Schatten sich neigen, dann werden der Bräutigam und die Braut nicht nur einander gegenwärtig sein, um eins zu sein in ihrem Fühlen, sondern um einander den Genuss der Liebe zu schenken.«

Auch das antike griechische Wecklied für Brautpaare (»Egertikon«, »Steh auf, der du schläfst …«; vgl. K. Berger, Formen und Gattungen § 72 Belege ANRW II, 25, 2, S. 1375–77) hat daher nicht die Funktion, das Brautpaar zur Einnahme des Frühstücks aufzufordern, sondern es ermuntert zu dem entscheidenden postdormitalen Vollzug der Ehe.

Zu (2): Für die Ausleger ist wichtig, dass die Braut in den Armen des Bräutigams schläft und aufwacht. Vor allem soll sie bei diesem Schlaf Ruhe finden bzw. sich beruhigen. Diese Entspannung ist offenbar die Voraussetzung für ihr späteres Glücklichsein. Von dieser alten Praxis her trägt der Gesamtvorgang bis heute den Namen »(miteinander) Schlafen«, obwohl davon i.e.S. (insbesondere vor dem Geschlechtsakt) kaum noch die Rede sein kann (wenn, dann nur »nachher« zur Erholung).

Bernhard von Clairvaux, Predigt 51f.: »Aus diesem Grund hat der zärtliche *(dulcissimus)* Bräutigam nämlich seine Linke unter ihren Kopf gelegt, wie vorher ausgeführt wurde, um sie an seiner Brust ausruhen und schlafen zu lassen. Jetzt aber ... wacht er selbst als ihr Wächter huldvoll und wohlwollend über sie, dass sie nicht durch die zahlreichen und kleinen Bedürfnisse der Mädchen *(adulescentulae)* beunruhigt *(inquieta)* und zum Aufstehen gezwungen wird.«

Besonders die Predigten Bernhards zum Hohelied (46–53) sind voll von Anspielungen auf Geschlechtsverkehr, die weit über das Hld hinausgehen. Immer wieder ist ihr Thema »die Ruhe«. III 5: »Bis dahin brauchst du dir keine Ruhe zu versprechen. Du irrst, wenn du vorher einen Ort der Stille *(locum quietis)* zu finden meinst, einsame Abgeschiedenheit, heiteres Licht, eine Heimstätte des Friedens« *(locum quietis, secretum solitudinis, luminis serenum, habitaculum pacis)*. Predigt § 53,1: »weil sie selbst leichter Ruhe finden wird ..., wegen der Zuneigung des Bräutigams, der sich so sehr um ihre Ruhe müht und mit solchem Eifer ihre glückliche, ja glutvolle Muße verteidigt.«

Bernhard, 58. Predigt § 1: »der Bräutigam zieht die Geliebte, die er für kurze Zeit in seinen Armen ruhen fühlte ...«; ders., 46. Predigt II 5: »Erkennst du etwas von der Seligkeit der Braut, die in diesem Liebeslied vom Geist selbst besungen wird, in dir selber? ... Ja, vielleicht verlangst auch du nach der Ruhe der Beschauung, und du tust gut daran, nur vergiss nicht die Blumen ... Sonst wird der Bräutigam nicht mit dir in einem Bett schlafen ...«.

Bernhard und Wilhelm sprechen ausführlich über den Unterschied zwischen dem, was der Bräutigam mit dem rechten Arm und der rechten Hand und der Linken tut. Die Linke legt er unter den Kopf der Geliebten, mit der Rechten hält er sie umfangen (zu Hld 2,6); Predigt 52, 2: »Dort wird uns ja deutlich der himmlische Bräutigam vor Augen geführt, der sich mit großem Eifer für die Ruhe seiner Geliebten einsetzt und die Schlafende besorgt in seinen Armen hält *(servare inter brachia propria dormientem ... ne a somno suavissimo deturbetur),* ... dass sie sich von Gottes Armen umschlungen an Gottes Brust gewärmt und von Gottes Sorge und Eifer behütet sieht, um von niemand aus ihrem Schlaf geweckt zu werden, bis sie von selbst erwacht.«

Fazit: Immer wieder ist die Rede vor allem von Ruhe (Stille), von der Süßigkeit, vom Ruhen in den Armen des Bräutigams. Dass gegenüber dem Hohelied hier (neu) durchgehend von *quies* die Rede ist, und zwar im profanen Teil der Metaphern, weist auf einschlägige Praxis und Erfahrung hin. Das heißt: An keiner Stelle des Hohelieds ist von *quies* oder *requies* die Rede. Wenn Bernhard und andere bei der Kommentierung durch ihre Predigten daraus den Hauptinhalt der hierdiskutierten Sexualität werden lassen, zeigt das philologisch aufweisbar ihr stark ausgeprägtes »redaktionelles« Interesse. In der hier waltenden Zärtlichkeit sind diese Zeilen zugleich ein Kompass für eine künftige Sexualethik.

6.6 Stille in der Nacht des Mystikers

Johannes vom Kreuz, Geistlicher Gesang, München 1925, II Erleuchtungsweg, 15. Strophe: »Er gleicht der Nacht voll stiller Ruhe. (S. 127) In diesem geistigen Schlafe ... verkostet die Seele die volle Stille, Erquickung und Ruhe der friedlichen Nacht und wird dabei einer unergründlichen, dunklen Erkenntnis der Vollkommenheit Gottes teilhaftig. Und deshalb nennt sie ihren Geliebten »eine Nacht voll stiller Ruhe«. (S. 128) » ... eine Ruhe und Stille im göttlichen Lichte und in einer neuen Erkenntnis Gottes, in welcher der Geist ... die süßeste Ruhe kostet ... (S. 129) (*sicut passer solitarius*) Auch der Geist ... vollkommen vereinsamt und entblößt von allen Dingen ... er ist Musik, die kein Geräusch verbreitet ... In jener Ruhe und Schweigsamkeit der genannten Nacht und in dieser Erkenntnis des göttlichen Lichtes ist es der Seele gestattet, die wunderbare Harmonie und Ordnung der göttlichen Weisheit in seinen verschiedenen Geschöpfen und Werken zu schauen ... (S. 130) eine Musik, die kein Geräusch verbreitet. Denn es ist, wie gesagt, eine ruhige und stille Erkenntnis, die sich ohne Wortgeräusch mitteilt, und man kostet in ihr die Lieblichkeit der Musik und die Ruhe des stillen Schweigens ... geräuschlose Musik, ... bezüglich der natürlichen Sinne und Vermögen in Schweigen gehüllt ... die lieblich tönende Einsamkeit ... nur in der Vereinsamung und Abgeschiedenheit von allen äußeren Dingen ...
Kommentar: Der Text erinnert stark an Apk 8,1–4. Die beschriebene Situation liegt vor dem Beginn des Neuen (hier: Morgenröte). Die wichtigen Stichworte

aus Apk 8 kehren wieder: Schweigen bzw. Schweigsamkeit, Stille, Ruhe. – Aus der Auslegungsgeschichte vieler Jahrhunderte: Einsamkeit, Entblößt- bzw. Abgeschiedensein, die äußeren Dinge (vieles davon bei Johannes Tauler), schließlich nicht zuletzt auch Weisheit. Besonders zu beachten ist hier der surrealistische Ausdruck *música callada* [Musik, die lautlos leise ist, die also kein Geräusch verbreitet].

Fazit: Der Text beschreibt das Zustandekommen von Ruhe und Stille, eben jener Dinge, die Apk 8,1 einführt. Doch im Unterschied zur Apk nennt Johannes vom Kreuz hier weder Apokalyptik (Siegel) noch Kosmos. Vielmehr bezieht er alle Angaben von Apk 8,1–4 auf die Seele und ihr Ergehen.

Der Liedanfang des bekannten Weihnachtsliedes »Stille Nacht« (Joseph Mohr, 1818) ist nicht neutestamentlich, sondern mystisch und wohl aus Weish 18 entnommen (»Tiefstes Schweigen …«), also durch die Liturgie vermittelt. Auch die Heiligkeit dieser Nacht ist nicht neutestamentlich.

7. SCHWEIGEN UND SCHÖPFUNG

Betrachtet man die biblischen Texte über Anfang und Ende, so stellt sich heraus, dass Wort und Schweigen zwar eine Rolle spielen, dass diese jedoch stets moderat und in Maßen bleibt.

Schon der alttestamentliche Schöpfungsbericht in Gen 1f. ist stark wortorientiert *(Und Gott sprach …)*. So entsteht der Eindruck, dass Gott den Elementen nur wie Sklaven Anweisungen geben muss, sodass sie dann existieren. In Joh 1 wird ein Schöpfungsbericht nachgeahmt, aber an der Stelle der Einzelbefehle steht hier die Rolle des »Wortes« als des Schöpfungsmittlers. So ist es auch in anderen, kürzeren Wiedergaben der Schöpfung in den Briefen, z. B. in 1 Kor 8,6. Einzelbefehle Gottes treten weiter zurück, aber auch z. B. in Hebr 1,2 ist der Sohn Schöpfungsmittler, der dann seinerseits mit seinem mächtigen Wort weiter als Schöpfer tätig ist. In keinem der biblischen Berichte, auch nicht in Kurzfassungen, ist vom Schweigen Gottes die Rede.

7.1 Das Schweigen in den Schöpfungsaussagen

Üblicherweise verbinden wir, groß geworden im Einflussbereich von Gen 1–2 und Joh 1 sowie Goethes Faust I, mit Schöpfung »das Wort« und jedenfalls nicht Schweigen. Wenn man an den Anfang (wie Faust) »die Tat« setzt, dann hat das Schweigen von vornherein verloren. Bereits diese sehr knappen Bemerkungen enthalten in sich das kulturelle Drama der Entfremdung des Westens vom Osten.

(1) Es geht immer um die ganze Welt: Alle Schöpfungsgeschichten des Orients inklusive die der Bibel dienen grundsätzlich nie der Altertumskunde, sind nie paläologisch oder paläographisch, sondern spielen in Wahrheit immer in der Gegenwart. Darüber vor allem geben sie Auskunft, und dass es Geschichten sind, zeigt an, dass es sich um eine gegenwärtige Ordnung handelt. Denn die zeitliche Abfolge sagt etwas über Prioritäten, Rang und Maßstäbe. Das heißt:

In den Schöpfungsgeschichten geht es immer nur um ein Tempus, also die Gegenwart.

(2) Anthropomorphismus: In den hier diskutierten kosmogonischen (d. h. auf Werden und Entstehen der Weltordnung bezogenen) Texten findet sich häufig eine Konkurrenz von Schweigen und Wort. Beides ist uns als bewusste Aktivität nur von Menschen her wirklich geläufig. Wenn man mit einem weiteren Personenbegriff operiert, kennen wir das auch von Gott und den Engeln her. In jedem Fall liegt eine Weltdeutung vor, die mit Personen rechnet und sich an dem orientiert, was Personen tun. Dabei ist Schweigen kein Nicht-Tun, sondern eine andere Art der Kommunikation. Die »Welt« wird nicht physikalisch und nach Maß und Gewicht geordnet vorgestellt, sondern grundsätzlich in »menschenähnlichen« kommunikativen oder personalen Modellen.

(3) Konkurrenz oder Genealogie: In vielen der hier genannten Texte gibt es »am Anfang« oder prinzipiell oder »strukturimmanent« zwei Größen, die in einer spannungsreichen Beziehung zueinander stehen, nämlich Wort und Schweigen. Diese Beziehung ist entweder genealogisch (Schweigen als Mutter des Wortes) oder strukturell (manchmal steht Schweigen am Anfang und am Ende). Wenn es um den »Anfang aller Dinge« geht, besteht sogar eine Konkurrenz (Wort oder Schweigen).

(4) Hart oder weich? Schweigen gilt als hart. Was gibt es Härteres als das an das Schweigen geknüpfte oder gar durch Schweigen ersetzte Nein einer vergeblich umworbenen Frau? Andererseits aber weiß wohl jeder, der sich an das Streicheln geglätteten Marmors erinnern kann, dass sich gerade das Härteste als das Weichste und Geschmeidigste anfühlen lassen kann (so etwa auch Michelangelos Pietà im Petersdom); Marmor wird »unter der Hand« (auch wörtlich verstanden) zum Weichsten. Das gilt auch vom Schweigen. Im Wechsel von Hart und Weich kommt dem Schweigen eine besondere Rolle zu. Im Zusammenhang mit (1)–(3) ergibt das folgenden Sinn: Der Übergang vom Schweigen ist leicht, leise, unspektakulär. Er ist nicht unmöglich, sondern wie das Schweigen dem Wort vorausgeht und ein Schweigen ohne viel Aufhebens zur

»Mutter des Wortes« werden kann, ist die Abfolge von Schweigen und Wort eine humane Abfolge. Das Bild der Vorordnung des Schweigens vor dem Wort geht zurück auf eine humane Erfahrung, die sich der Geschichte fast jeder Kommunikation ereignet. Der Zustand vor der Schöpfung und die Schöpfung werden so einander zugeordnet. Denn aus dem harten Schweigen wird so etwas wie der mütterliche Urgrund. Diese Verwandlung/Umkehrung/Veränderung ist das eigentliche Schöpfungswunder. Hier ist mithin Schöpfung kein handwerklicher Vorgang, sondern ein »menschlicher«.

Weiter oben haben wir festgestellt, dass das »Schweigen Gottes« eine sehr sinnvolle Alternative zum modernen Transzendenz-Begriff darstellt. Nun gehen wir einen Schritt weiter und stoßen auf das in den ersten vier christlichen Jahrhunderten dicht besetzte Feld der Schöpfungsaussagen. Deren Merkmal ist: Es heißt nicht einfach »Gott schuf«, sondern: Die Schöpfung vollzog sich in mehreren Schritten oder Etappen. In Gen 1–3 liegt dergleichen in der Aufzählung einer Abfolge von Tagen vor. Anders dagegen in der Summe der Textzeugnisse aus der näheren und weiteren Umwelt der Bibel. Auch hier wird der Abstand von Gott und Welt in Stufen gedacht. Bei diesen Stufen spielen Worthaftes oder dessen Negation wie Schweigen, dann Weisheit, der Logos usw. eine große Rolle.

Es bleibt zumeist offen, ob es sich bei den einzelnen Seinsstufen oder »Schritten« um den Fortgang der Erkenntnis, um das Werden der Schöpfung (nicht der materiellen, sondern des Gerüstes darin oder dahinter) oder die Stufen der Erkenntnis (also eine frühe Erkenntnistheorie) handelt. Wahrscheinlich ist das eine kaum je vom anderen zu trennen. Dass diese Listen mit den Seinsstufen weitgehend systematisiert sind, ist daran zu erkennen, dass sie paarig aufgebaut sind. Das heißt: Jede Stufe ist als Paar aufgebaut, sodass man an eine Analogie zur Verbindung von Mann und Frau und an das Aufeinanderfolgen von Generationen denken könnte. Der Ausdruck »Syzygie« für jedes Paar erinnert an den Terminus »Ehejoch« (griech. ζυγός).

Das Schweigen ist das Gegenüber des Wortes und damit notwendiger Bestandteil dieses Zweiergespanns. Dabei geht es nicht oder jedenfalls nicht zuerst um das Schweigen einzelner Personen, sondern um das Schweigen als »Macht«, als »Epoche«, Äon oder Zeitabschnitt. Dass das Schweigen dem Wort vorangeht, gilt jedenfalls für fast alle Zeugnisse der hier zu besprechenden Schöpfungstheologien. (Lediglich in den *ultima verba,* den letzten Worten eines Menschen vor seinem Tod, ist das naturgemäß anders – Schweigen folgt auf Worte. Aber dieses ist eben eine Besonderheit solcher »letzten Worte«.)

Zum Verhältnis von vorgängigem Schweigen und Schöpfung: Wo das Schweigen überhaupt genannt wird, geht konzentriertes, gesammeltes, kraftgeladenes Schweigen voran. Die Worte und Taten sind dann die Folge. Hier besteht dann eine unbestreitbare Affinität zu platonisierenden Auffassungen über die Priorität der Ideen vor der materiell greifbaren Welt. Schweigen steht für Ideen, daher im Neuplatonismus für die »himmlische Welt«. Da Schöpfung stets einen Bezug zur Theodizee (Woher kommt und wie lange noch gibt es das Böse?) hat, ist besonders auf solche Randaussagen zu achten. Zu fragen ist aber auch: Wenn Jesus Christus nach christlichem Glauben der Schöpfungsmittler ist, wie verhält sich seine Rolle zum anfänglichen Schweigen? Diese Frage ist im Lauf der Dogmengeschichte die bei weitem interessanteste.

Da die Belege für dieses Thema aus einem einheitlichen Zeitabschnitt stammen (2. Jh. vC. – 3. Jh. nC.) und sich in unterschiedlichen Religionen ähnlich finden, gehen wir nicht nach Zeit und Ort vor, sondern nach der Komplexität der Aussagen und greifen die profiliertesten und ältesten Belege heraus. Oft sehen die zu nennenden Texte gnostisch aus. Man tut gut daran, hier dann nicht von den gnostischen Systemen des 3. und 4. Jh. nC. her zu deuten. Vielmehr sind die Bestandteile kaum jemals gnostisch »neu«, sondern haben in der Regel schon eine längere Vorgeschichte durchlaufen. Nach einem oft wiederholten Satz von Carsten Colpe ist »Gnosis stets die Gnostisierung« von etwas. Hier gilt das besonders für die Verbindung von »Abgrund« und »Schweigen«. Eine geläufige Kombination in den alten Schöpfungstexten ist die von Schweigen und Finsternis.

Damit sind es weder »das Nichts« noch ein »Chaos« oder Trümmer einer älteren Welt, die der Schöpfung vorangehen.

Die Abfolge der Stufen oder Etappen ist früh mit der Achtzahl (griech. ὀγδοάς) verknüpft worden, einer Zahl, die auf die altägyptischen Hauptgötter weist. In den Syzygien-Listen werden vier Paare genannt, also zusammen acht Figuren. Die Begegnung mit den Pythagoräern führt dann zu dem Symptom der Mathematisierung des göttlichen Bereichs. Gilt doch bei den Pythagoräern, dass 1+2+3+4 gleich 10 ist, bis heute die Grundlage des Dezimalsystems (Zehn steht für Vollkommenheit in der Welt).

Sofern man überhaupt von Mysterien spricht, gelten daher besondere Zahlenkombinationen als der Inbegriff des zu hütenden Geheimnisses, bis hin zur 666 der Apk. Überdies sind diese und vergleichbare Geheimnisse durch besondere Aufmerksamkeitsformeln aus dem Kontext herausgehoben (wie »Wer Vernunft hat, der achte auf folgendes …«).

Fazit: Es wird kaum überraschen, dass bei einer Darstellung von Seinsstufen das Schweigen oft am Anfang steht. (Das ist, genau besehen, ein Anthropomorphismus). Nach den genannten Voraussetzungen gilt: Unter den Stufen oder Etappen der Kosmogonie bzw. jetzt der Kosmologie ist das Schweigen besonders wichtig und grundlegend.

Das dem Neuen Testament zeitlich parallele Judentum fügt an dieser Stelle der Protologie (Schweigen am Anfang) die Eschatologie hinzu (Schweigen auch am Ende). Zur Diskussion stehen hier folgende zwischentestamentarischen Texte:

4Esr 7, 30f.: »Und es wird verwandelt werden die Welt in das alte Schweigen *(et convertetur saeculum in antiquum silentium)*, sieben Tage lang wie in den ersten Anfängen, so dass niemand übrig bleibt *(ita ut nemo derelinquatur)*. Und es wird nach sieben Tagen sein, und es wird erweckt werden die Welt, die noch nicht erwacht ist *(quod nondum vigilat saeculum)*, und das Vergängliche wird sterben.«

4Esr 6, 38: *Loquens locutus es ab initio creaturae, in primo die dicens: fiat coelum et terra, et tuum verbum opus perfecit. Et erat tunc spiritus volans, et tenebrae circumferebantur et silentium, sonus vocis hominis nondum erat abs te. Tunc dixisti de thesauris tuis proferri lumen luminosum, quo appareret opus tuum.* [Gott redete von Anbeginn der Schöpfung an. Denn am ersten Tag sagte er: Es werde Himmel und Erde, und dein Wort hat das Werk dann vollendet. Und damals flog (schwebte) der Geist, und Finsternis und Schweigen verbreiteten sich, und einen Ton menschlicher Stimme, der von dir gekommen wäre, gab es noch nicht.]

Nach 4Esr 6, 39 par. geht der Weltschöpfung Schweigen voraus: »Und es war damals schwebender Geist, und Finsternis wurde ringsum verbreitet und Schweigen. Der Ton der Stimme eines Menschen war noch nicht da von dir her.«

Von der Neuschöpfung in der syrischen Baruch-Apokalypse 3, 7: »Oder soll etwa die Welt zu ihrer Natur zurückkehren? Oder soll die Welt wiederum in das Schweigen gehen, das anfänglich herrschte?«

Kommentar:

(1) Dem »alten Schweigen« von 4 Esra entspricht das »Schweigen, das anfänglich herrschte« von BarApk(syr).

(a) Der Bericht ist klar an Gottes Wort orientiert. Bereits Himmel und Erde werden (gegen Gen 1,1) durch Gottes Wort geschaffen, und alles Weitere hat dann eben dieses Wort Gottes fertiggestellt. Klar erkennbar steht der Bericht in 4Esr 6 zwischen Gen 1 und Joh 1. Denn in 4Esr 6 hat das Wort eine bereits selbständige Funktion (Dein Wort hat dein Werk vollendet).

(b) In BarApk(syr) wird das Schweigen u. a. damit begründet, dass es noch keine Menschen mit dem Ton ihrer Stimme gab. Die Menschen mit ihrer Stimme sind nach BarApk(syr) vor allem für den Kultgesang vor Gott und für das Beten verantwortlich.

(c) Während in Gen 1,2 als Faktoren, die Gott nicht erschafft, Finsternis und Geist (der Geist entspricht Gen 1,2) genannt werden, tritt in 4Esr 6, 39 nun »das Schweigen« hinzu. An der Stelle des Schweigens, das wir aus allen Parallelen als kosmischen Machtfaktor kennen, was auch in 4Esr 6, 39a klar erkennbar ist, gibt es dann in 4Esr 6, 39b eine kleinlaute Erklärung für das Schweigen: Die Stimme des Menschen war noch nicht da, denn Gott hatte den Menschen noch nicht erschaffen, d. h.: Du, Gott musstest dem Menschen erst eine Stimme verleihen. Durch diese Bemerkung wird noch einmal hervorgehoben, dass Gott Allein-Urheber alles dessen ist, was man hören kann. Dieser inhaltlich das Schweigen ergänzende Nebensatz hat deutlich entmythologisierende Tendenz (was man auch aus Gen 1 kennt).

(2) Nach dem verbreiteten Grundsatz »Dem Wort geht das Schweigen voraus« ist das Schweigen als archaischer Urzustand insbesondere dort der Schöpfung vorgelagert, wo die Schöpfung dann durch das Wort erfolgt. Beachtenswert ist, dass bisweilen die Übernahme dieses Grundsatzes zu einer Reihenfolge a–b–a ausgebaut wird. Dem Schweigen am Anfang (vor dem Wort) entspricht dann das Schweigen am Ende. Dazwischen liegt das Wort und die durch das Wort gestaltete Schöpfung. Denn das Schweigen kehrt wieder, wenn das Wort und seine Wirkung »am Ende« sind. Oder: Das Schweigen kehrt wieder vor der womöglich zu erwartenden Neuen Schöpfung. Diese Lösung erscheint prima vista als die wahrscheinlichere, weil das »Schweigen danach« kein üblicher Topos ist. Durch die Lösungsversuche nach dem Schema a–b–a ist jedenfalls eine ganze Weltgeschichte (bzw. Kosmosgeschichte) in den Blick gefasst. Das ist qualitativ mehr als nur die Erklärung der Ursprünge.

(3) Auch in 4Esr 7 wird das Schweigen als der hauptsächliche Faktor vor der Schöpfung genannt. Damit gibt es hier einen klaren Gegensatz zwischen der Dominanz des Wortes nach 4Esr 6 (Gott redete von Anbeginn der Schöpfung an) und seinem Hauptwidersacher, dem »alten Schweigen«.

(4) Von der Zeit unmittelbar vor der neuen Schöpfung, also von der Endzeit, heißt es in 4Esr 7: »es wird erweckt werden die Welt, die noch nicht erwacht ist.« Auffällig ist: Statt Schöpfung heißt es: Aufwecken bzw. Aufwachen. D. h.: Die Dinge sind schon da, müssen aber noch auferweckt werden. Auferweckung ist hier der grundlegende generelle Vorgang am Beginn der neuen Schöpfung geworden. Sie gilt nicht nur dem Menschen.

(5) Finsternis und Schweigen (4Esr 6, 38) ist der aus vielen Texten (s. u.) geläufige Zustand »vor der Schöpfung«. Davon wird die Finsternis durch die Erschaffung des Lichts (vgl. Gen 1,3) abgelöst, das Schweigen durch das Sprechen Gottes (Gen 1,3.5.6 usw.). Nach der weitgehend parallelen, aber älteren BarApk(syr) 3, 7 steht das anfängliche Schweigen allein und verrät damit eine alternative Überlieferung, die vor allem Einfluss von Gen 1 liegt. Denn in BarApk(syr) wird als vor der Schöpfung schon Existierendes allein das »alte Schweigen« genannt.

(6) Geographisch ist diese Tradition im östlichen Mittelmeerraum und in der Zeit vom 2. Jh. vC. bis zum 3. Jh. nC. zu lokalisieren und zu datieren.

(7) Nach 4Esr 7, 30 wiederholt sich am Ende das alte Schweigen, das vor der ersten Schöpfung lag. Nach den »sieben Tagen« der ersten Schöpfung erwacht so nach dem wiederholten Schweigen dann die neue, unvergängliche Welt. Dass sich kurz vor dem Ende der Anfang in Gestalt eines Schweigens wiederholt (nach dem Schema a–b ... b–a), entspricht dem typischen Schema von Urzeit

und Endzeit, das auch aus der Gegenüberstellung »Erster Adam ... letzter Adam« bekannt ist. Es spiegelt sich wohl auch in dem formelhaften »Christus Alpha – Christus Omega« (Apk 22,13). Wo anfänglich Chaos herrscht, entspricht dem das apokalyptische Chaos am Ende.

(8) Zu 4Esr 6, 38: Die Erschaffung des Lichtes hat einen Zweck: Gottes Werk wird sichtbar.

(9) Was lässt sich daraus über die theologische Funktion des Schweigens erkennen? Das Schweigen gliedert Gottes Aktivität, es ermöglicht so Scheidung und Unterscheidung in der Geschichte des Weltablaufs. Das vorlaufende Schweigen ist geradezu ein Ausweis der Hoheit von Gottes Handeln, das folgt. Vielleicht denkt der Verfasser auch daran, dass das Schweigen dem konzentrierenden Sammeln aller Weisheit dient, bevor sie denn in die sichtbare Realität umgesetzt wird.

7.2 Gnostisches Schweigen

Zahlreiche Belege für eine gewichtige Rolle des Schweigens im Aufbau der Erkenntnis und der Wirklichkeit liefern die gnostischen Texte aus den Nag Hammadi-Texten (NHC) und nach dem Zeugnis der Kirchenväter. Präexistent nennt man etwas, das »vor der Welt« schon da ist, das vor seinem irdischen Auftreten »im Himmel« schon existiert, dann aber auf unterschiedliche Weise auf Erden erscheint oder auftritt und dort erkannt wird. Es gibt also Realitäten, die »vor aller Zeit« bereits real sind und einen gewissen Ewigkeitscharakter besitzen. »Präexistenz« ist mithin eine Kategorie außerhalb unseres alltäglichen oder technisch-naturwissenschaftlichen Zeitbegriffs. Wer von Präexistenz spricht, spielt gewissermaßen mit unseren gewohnten Zeitvorstellungen insgesamt. Das gilt wohl schon von der ägyptischen *Maat* (Wahrheit, Weisheit, Gerechtigkeit), sicher aber von der »Weisheit« des Alten Testaments, deren Präexistenz beschrieben wird; es gilt im Judentum von der Tora, im Christentum von Jesus, nach manchen von Israel bzw. der Kirche; es gilt im Gefolge der Rede von der Weisheit und Ähnlichem auch vom Schweigen. Dabei ist das Schweigen (griech. σιγή) jeweils mutterlose Tochter von x, einer männlichen Urgröße, oft »Abgrund« genannt und daher mit göttlichen Zügen ausgestattet. Nach einigen Texten steht das Schweigen überhaupt am Anfang, nach einer Reihe anderer Texte ist es Mutter des Logos. Jedenfalls wird mit verwandtschaftlichen Metaphern wie Vater, Tochter, Mutter, Sohn je und je eine halbwegs organische (v.a. durch Syzygien entstandene) Seinshierarchie beschrieben.

Diese Texte sind insgesamt in den ersten drei Jahrhunderten der Kirchengeschichte entstanden, und zwar meist im Bereich der sogenannten Gnosis oder der Auseinandersetzung mit ihr. Der Sinn, sich mit diesen Größen zu beschäftigen, ist Aneignung der Grundwahrheiten und daher mit einem bestimmter »einfachen« Lebensstil verbunden, der sich am Bild des ägyptischen und dann monastischen Weisen orientiert. Gerade an der Größe »Schweigen« kann man aufgrund zahlreicher Äußerungen erkennen, welche Konsequenzen es hat, wenn man sie in der Seinshierarchie hoch oben ansetzt. Jan Assmann hat am Beispiel der ägyptischen Beamtenkarriere dargestellt, welche beruflichen Chancen die Verschwiegenheit eröffnet, wenn ein Mensch sie sich konsequent aneignet. Das bedeutet: Das Aufstellen und Entwickeln von solchen Seinshierarchien ist keine Spielerei, sondern Erfahrungsweisheit, die Prioritäten in einem Leben setzt. Es ist ganz selbstverständlich: Wer sich mit Weisheit beschäftigt, darf erwarten, dadurch das zu werden, was er bedenkt. Die Weisheitstraktate sind daher immer auch psycho-soziale Handbücher.

Es folgt eine schematische Übersicht über die Position und Rolle des Schweigens im Rahmen der präexistenten »Hypostasen« (Wesenheiten). Die Größen werden in der Abfolge der Seinshierarchie genannt (d. h. je früher genannt, umso höher einzustufen):

Valentinianische Auslegungen: Tetrade (Lüdemann/Janßen S. 566): Der Ungeschaffene aber brachte hervor den Logos und das Leben: den Logos nun (zur) Herrlichkeit (des) Unaussprechbaren, das Leben aber zur Herrlichkeit des Schweigens, den Menschen aber zu seiner eigenen Herrlichkeit, die Kirche aber (zur) Herrlichkeit der Wahrheit. Diese nun ist die Tetrade, gezeugt nach dem Ebenbild der ungeschaffenen Tetrade.

Tertullian: Ogdoas, Bythos, Sige, drei weitere Äonen

Athenagoras: Tiefe, Finsternis, ..., Schweigen

Bericht des Irenäus (adv. haer. I, 1, 1): Bythos, Schweigen
Tertullian: Vater Bythos – Mutter: Schweigen – Sohn: Monogenes
Clemens von Alexandrien: Urgrund – Schweigen – Sohn
Evangelium Veritatis: Ruhe des Vaters – Sohn
Eugnostosbrief: Mensch und Sophia
Dreigestaltige Protennoia: Mutter als Schweigen – Logos
Corpus Hermeticum: Gott – Achtheit im Schweigen
Herakleon: Bythos – Mutter aller Dinge
Valentin: Bythos – Erster Äon
Mandäer: Schweigen, Glück, Herrlichkeit, Leben
Evangelium Veritatis: Bythos, Wort, Ennoia (griech. ἔννοια, Bedeutung), Nous (griech. νοῦς, Geist, Verstand)
Hippolyt: Sie meinten, es könne nicht sein, dass aus einem männlichen Wesen allein die Zeugung aller Generationen möglich war, und deshalb haben sie dem Vater aller Dinge als Gattin das Schweigen beigezählt. Doch über das Schweigen haben sie gestritten, ob sie schließlich Gemahlin war oder nicht.
Ignatius von Antiochien: aus dem Schweigen des Vaters der Sohn

Resultat für die gnostischen Texte: Schweigen ist qualifizierter Mangel an Worten, und zwar hauptsächlich dann, wenn etwas in Worten gar nicht fassbar ist oder nicht (weiter-)gesagt werden darf (wie bei der Arkandisziplin), etwa weil es zu heilig und zu groß ist. Schweigen ist der »Wohnort« himmlischer Dinge oder Wahrheiten (oft: »wohnt im Schweigen«). Denn diese müssen im Bereich des Schweigens bleiben, weil sie nicht gesagt werden können oder dürfen. Bei dem, um was in diesen Texten unter dem Stichwort Schweigen verhandelt wird, geht es um »Mysterium«. Denn das Schweigen wird aufgefasst als »Verhüllung«. Wer auf diese Weise eine Aussage als verhüllt oder als Mysterium bezeichnet, stellt sie als wichtig dar, adelt sie und betont den Wert ihrer »Enthüllung«.

Im Schweigen geschieht etwas, wenn eine Vollendung (z. B. eines Textes) »ohne Worte«, sondern vielleicht auf andere Weise geschieht. Wer »im Schweigen« ist, spricht bestenfalls mit sich selbst. Schweigen kann auch personifiziert werden, z. B. als Gefährtin. Auch dadurch wird auf dramatische Weise seine Bedeutung hervorgehoben.

Eine neutestamentliche Entsprechung zur gnostischen Rede von Schweigen liegt vor, wenn Paulus für den Bereich des Himmels von »unsagbaren Worten« spricht (2 Kor 12,4). Auch hier ist der Sinn dieser Qualifizierung kein anderer als dieser: Wo die Offenbarung in Worten und Lehren besteht, werden sie durch die Qualitätsangabe »geheim« oder »streng geheim« aus all den übrigen Worten ausgesondert. Denn Vulgarisierung würde aus der Sicht der Träger der Botschaft nur Profanierung bedeuten. Verschwiegene oder zu verschweigende Worte sind, auch wenn sie einem begrenzten Adressatenkreis zugänglich gemacht werden, »heilige Worte«. Wird etwas oder jemand näher als »heilig« beschrieben, so ist das in den ersten Jahrhunderten nC. dasselbe wie »aus Schweigen«, »aus dem Bereich des Schweigens«. Wie bereits dargestellt, ist die Zone des Schweigens jeweils der Kern, das Zentrum eines Tempels. Die Rede davon, etwas besitze Merkmale des Schweigens, ist daher Ausdruck einer anti-nivellistischen Tendenz.

Da Schweigen im Griechischen (σιγή) ein weibliches Nomen ist und einen hohen Rang in Kosmogonien hat, bleibt es nicht aus, dass man immer wieder *Sige* zur Allmutter erklärt. Durchgehend steht an der Spitze der hierarchischen Liste über die Struktur der Wirklichkeit der »Abgrund« (griech. βυθός), der oft auch »Vater« genannt wird.

Die Verbindung von Abgrund und Schweigen an der Spitze der chronologisch wie hierarchisch gedachten Schöpfungsordnung kann auch dazu führen, dass Schweigen als weibliches Pendant zum männlichen Bythos/Abgrund vorgestellt wird. Belegt ist das bei Tertullian, De anima 12 (*monogenem ex patre Bytho et matre Sige*). Die Aussage betrifft die beiden Eltern des Logos/Nous. Die Spekulation mit Syzygien wird daher hier zum Weg, den »Logos« einzuordnen in die Schematik rationaler Argumentation. Ihr gegenüber erscheint die kirchliche Rede, der Vater habe den Sohn »seit Ewigkeit her« gezeugt und geboren, als wenig rational. Im Idealfall wird mithin die Annahme einer Dualität männlicher und weiblicher Bestandteile der Syzygien zum Mittel, die kreatürliche Zweigeschlechtlichkeit bis in die oberste Himmelspitze bzw. die ersten

Anfänge alles Seins hinein fortzusetzen (anders Epiphanius, haer. 36, 2: Die Sige entstammt dem Bythos und ist dabei die Mutter aller geworden).

Allerdings gibt es keinen Text, nach dem Schweigen/Sige allein und ohne Abgrund/Bythos Urmutter allen Seins wäre. Sie ist deshalb wohl nicht monokausales Urprinzip. Begriffe wie Ennoia und Nous, aber auch Sige in den gnostischen Texten verweisen drauf, dass es sich hier um ein der Psyche analoges System handelt. Daher gilt: Wer über das Ende der Welt etwas wissen möchte, muss nur den Anfang erkunden (Analogie von Schöpfungsbericht und Apk) und: Wer die einzelnen Phasen des Anfangs erforschen möchte, gewinnt Kenntnisse darüber anhand der Psyche des Menschen. Im Rahmen unserer Untersuchung wird der Eindruck bestätigt, dass das Schweigen eine kreative, nicht überspringbare Potenz ist.

Wer das Schweigen so hoch und so grundlegend einordnet, wird bei der Frage nach der Wortbedeutung unmöglich »Schwäche« oder »Nebensächlichkeit« assoziieren. Denn die noch ungestörte Ruhe signalisiert auch Dauer und Beständigkeit. Das Schweigen ist fast göttlich, jedenfalls aber zumindest das Zweitwichtigste.

Auch nach dem Philosophen Herakleon ist, wie wir gesehen haben, das Schweigen, hervorgehend »aus dem Abgrund« (Epiphanias, haer. 36, 2), die Mutter aller Dinge.

Höchst aufschlussreich ist, dass Johannes vom Kreuz OCD (1542–1591) das Schweigen als den Ursprung des göttlichen Wortes wie ganz selbstverständlich wiederentdeckt, so in seinem »Aufstieg zum Berg Karmel« (II 22, 3–6) und in den »Sprüchen voll Licht und Liebe« (ed. J. Vicente: Dichos de luz y amor, S. 104): *Una palabra habló el Padre, que fue su Hijo, y ésta habla siempre en eterno silencio y en silencio ha de ser vida del alma ...* [Ein Wort hat der Vater gesprochen, und das war sein Sohn, und er spricht es immer in ewigem Schweigen, und schweigend muss es die Seele vernehmen.] (Hinweis Sr. Mirjam von der gekreuzigten Liebe OCD). Johannes vom Kreuz geht darin über die antike und altkirchliche Tradition hinaus, dass er auch an den schweigenden Empfang durch die Seele denkt.

Noch das Hauptwerk des Kartäusers Augustin Guillerand (1877–1945) heißt »An der Schwelle zum Abgrund Gottes« (Au seuil de l'abime de Dieu). Es empfiehlt Einfachheit, Schweigen und Einsamkeit.

Zusammenfassung: So sind wir bisher vorgegangen: Vor der Welt war Schweigen, d. h. eine Art wortloser Nebel, oft gepaart mit Finsternis. Dieses Schweigen war nach einigen Texten »der Anfang«. Entweder die Finsternis oder auch das Echo des Schweigens war dabei der Ursprung des Bösen. Als Gefährtin des Abgrunds (Schweigen ist feminin, der Abgrund maskulin) kann Sige in einem Ur-Paar als weiblicher Teil des »Elternpaares der Schöpfung« oder dann auch als Mutter aller Dinge betrachtet werden. Nach und nach wird das Schweigen personalisiert. Aus ihm geht das Wort des Vaters hervor. Dieses Wort wird dann in einigen Texten auf Christus gedeutet. Das Schweigen erscheint so als seine himmlische Mutter.

Beispieltexte

A. Texte von Nag Hammadi

In der Zeit zwischen dem 1. und dem 4. Jh. nC. werden die Kulte und Lehren der Mysterienreligionen zu Bücherweisheiten. Nur selten findet man solche Texte unter den *Paypri graecae magicae* (PGM), d. h. nur in Ausnahmefällen geht es um Gebete, die wir dann als »magisch« zu bezeichnen pflegen. Den Erwähnungen des Schweigens sind dann auch keine magischen Handlungen oder weitere Zeichen beigegeben. Es ist zwar oft von *Geheimnis*, *Verbergen* und *Verschweigen* die Rede; aber mitgeteilt werden solche Geheimnisse nur sehr selten, und das Einzige, das wir bisweilen erfahren, sind die Namen der hierarchisch geordneten Instanzen (Substanzen, Wesenheiten). Damit wird jeder dieser Texte zu einem metageographischen Kompass.

(1) Dreigestaltige Protennoia: »Ein Licht, das wohnt in Schweigen und das zuerst herauskam ... Während die Mutter allein in Schweigen existiert, bin ich allein das Wort, verborgenes Licht. Ich trage die Frucht des Lebens, aus der unsichtbaren, reinen Quelle gieße ich Wasser aus.«

Kommentar: Die Spitze der Hierarchie ist die Mutter (= Schweigen). Aus ihr geht der Logos (= Licht) hervor. Das ist das Verhältnis von reiner Quelle und Frucht (= Leben). Der das Wasser ausgießt, ist der gnostische Verkündiger.

(2) Eugnostos 88: »Seine Gefährtin ist Schweigen, weil er ohne ein Wort ihre [sc. der Weisheit] Größe vollendete.«

Kommentar: Wer ohne Wort handelt, ist der Schweigende. Schweigen und Weisheit gehören hier – wie auch sonst häufig – zusammen. Schweigen ist hier wohl die syzygische Gefährtin des Bythos/Abgrunds.

(3) Über den Logos (Lüdemann/Janßen S. 612f.): »Und ein Gedanke [offenbarte sich] wahrnehmbar durch die große Stimme der Mutter, wobei es ein männlicher Ursprung ist, der (für mich Sorge trägt) als mein Fundament. Und sie [sc. die Stimme] existiert seit Anfang in den Fundamenten des Alls. Aber es gibt ein Licht, [das] verborgen im Schweigen wohnt, und es war das erste, das hervorgekommen ist. Während sie [sc. die Mutter] allein als Schweigen existiert, bin ich allein der Logos, unaussprechbar, unbefleckt, unmessbar, undenkbar ... Er [sc. der Logos] ist das verborgene Licht, das die Frucht des Lebens trägt, das hervorquellen lässt lebendiges Wasser aus der unsichtbaren, unverschmutzten, unmessbaren Quelle – das ist der undeutbare Ruf der Herrlichkeit der Mutter, die Herrlichkeit der Hervorbringung Gottes, eine männliche Jungfrau aus einem verborgenen Verstand – das ist das vor dem All verborgene Schweigen, wobei es undeutbar ist.«

Kommentar: Der Text handelt von der Mutter, vom Schweigen, von Licht und Logos. In Differenz zum Schweigen, das sie selbst ist, lässt die Mutter aber eine Stimme ergehen. So kann man sagen: Aus dem Schweigen geht der Ruf/die Stimme hervor. Die Mutter ist selbst Schweigen. Dieses Schweigen ist vor dem All verborgen, d. h. das All kann es nicht wahrnehmen. Dadurch, dass der Ruf der Mutter ergeht, kommt letztlich das verborgene Schweigen, das das All nicht erkannt hat, zur Äußerung. Der Ruf, der aus der Mutter hervorgeht, ist identisch mit dem Logos, und der kommt aus einem gleichfalls verhüllten, verborgenen Verstand. Kann man also sagen: Die Syzygie Schweigen – Verstand bringt den Logos hervor? Denn der Logos ist Frucht, d. h. Produkt (Lüdemann/Janßen S. 573, Anm. 1373).

(4) Auch im »Psalm Valentins« (Hippolyt ref. VI, 37, 7) ist Gott eine unergründliche Tiefe. Dieser Gedanke findet sich auch im unbekannten Werk des Codex Brucianus (CB 3). Dort singt die Mutter des Alls zusammen mit anderen mythologischen Größen dem unbekannten Vater einen Hymnus (Kap. 17; s. o. 6.4).

(5) Valentinianische Auslegung (NHC XI): Der kurze Text ist geradezu ein Hymnus auf das Schweigen. Das Schweigen steht für das, was in der mittelalterlichen Tafelmalerei der »Goldgrund« geworden ist: Eine Art, die Präsenz des Göttlichen bzw. Gottes in der Welt zu beschreiben: 22 (S. 436): Der Unaussprechliche wohnt allein im Schweigen. Und das Schweigen ist die Stille in der Monade. Wenn man sagt, er wohne in der Zweiheit (Dyade), dann ist sein Paargenosse das Schwei-

gen. Der zweite Ursprung existiert im Schweigen und spricht nur mit sich selbst. Auch von der Wurzel des Alls gilt, dass sie ein Quellort ist und im Schweigen erscheint und sie Wurzel des Alls ist. (25) Die Vernunft, der Sohn, ist vollständig unaussprechlich, er ist die schweigende Verhüllung (d. h. Verhüllung durch und als Schweigezone) ... (29) »Leben« ist die Herrlichkeit des Schweigens, d. h. die in Schweigen besteht. – In dieser hymnischen Beschreibung der obersten Seinshierarchie findet sich achtmal das Wort »Schweigen«. Das ist erwartbar, denn es handelt sich um eine gnostisierende Auflage der altägyptischen Ogdoas. Die Seinshierarchie ist so strukturiert:

Monade: der Unaussprechliche
Dyade: Unaussprechlicher – Schweigen
Wurzel des Alls: existiert im Schweigen
der Einziggeborene (der Logos)
die Vernunft (der Sohn)
»Leben«

Der Aufsatz von Jan Assmann (in: A. und J. Assmann, Schweigen) legt den Schluss nahe, dass sich in den ontologisch-kosmologischen Modellen der Seinshierarchie nichts anderes als die ägyptische Beamtenhierarchie getreulich widerspiegelt. Später wird man, als die Gesellschaft christlich geworden ist, von der Engelhierarchie mit Mächten und Gewalten sprechen. – Mittel der Darstellung: Die Begriffe »Quellort«, »Ursprung«, »Wurzel«. Es geht demnach um eine eigene Variante von »Ursprungserzählung«.

Regelmäßig kommt in diesen Ursprungserzählungen an zentraler Stelle das Schweigen vor. Es wird wie ein selbständiger Machtfaktor behandelt. Das wäre in unserem Kulturbereich unvorstellbar, und zwar selbst dann, wenn man ähnliche Hierarchien von Abstrakta annähme. Denn hier »bei uns« wird Schweigen nicht als letztlich kreative Macht wahrgenommen, sondern als Inbegriff der Passivität, ja des Nichtdabei-Seins. Erklärung: Das Alte Ägypten ist in der damaligen Welt das Modell gelingender staatlicher Planung und klug disponierender Vorausschau. Spuren dieses Triumphes sind nicht zuletzt in der biblischen Josefsgeschichte bis heute greifbar. Die gesamte Versorgung des Staates muss zuvor wie am Reißbrett organisiert sein – das ist die Stufe der schweigenden Planung.

(6) Allogenes 52, 21: (zu Allogenes) »Dinge, die du hüten wirst in großem Schweigen und großem Mysterium, denn über sie redet man zu denen, die würdig sind, jenen, die hören können.« – 59, 12: »O Allogenes, bewahre deine Gesegnetheit in der Art, die in Schweigen besteht, worin du dich so (wiedererkennst) wie du bist.« – 60, 15: »Es war schweigende Ruhe in mir, und ich

hörte die Gesegnetheit, an der ich mich selbst erkannte, wie ich bin.« – 62, 25: »Er ist angetan mit Schweigen und Ruhe.«

Kommentar: Dass die Adressaten würdig sein möchten, ist immer wieder die erste Sorge derer, die mit der Weitergabe von Mysterien zu tun haben. In der Selbst-Schilderung wirkt Allogenes wie ein Priester der Mysterien. Die Ruhe ist in ihm wie eine Weihe, sein priesterliches Gewand sind Schweigen und Ruhe. Er betont, dass er das, was er verkündigt, selbst auch nur empfangen hat. Der Text hat seine Pointe darin, dass der Verkündiger selbst in das hineingehört, was er verkündigt. Er ist förmlich damit »bekleidet« (so wie nach Gal die Getauften Christus angezogen haben).

B. Texte im weiteren Umfeld der Gnosis

(1) Ägypter-Evangelium (NHC III, 2): »Gott ist der Ruheort als der Gott des Schweigens, er ist der schweigende Vater, lebendiges Schweigen.«

Kommentar: Das Stichwort »Ruheort« weist auf mögliche Verbindungen zur Theologie des Sabbats (s. u. 8.). In den vier Prädikationen dieses kurzen »Hymnus« findet sich viermal Schweigen bzw. das Synonym »Ort der Ruhe«. Dass unsere religiöse Kultur letztlich tempelorientiert bleibt, zeigt sich daran, dass hier wieder einmal das Schweigen an einen Raum gebunden ist. Der schweigende Vater entspricht dem Abgrund/Bythos der gnostischen Texte, der nicht selten gleichbedeutend mit »Vater« ist. Dass er lebendiges Schweigen ist, unterscheidet den Gott Israels von den anderen Göttern, deren Figuren zwar schweigend, aber tot sind. Und »lebendiges Schweigen« zu sein, ist kein Widerspruch in sich, sondern eine zutreffende religionsphänomenologische Einschätzung des Gottes Israels im Rahmen anderer antiker Religionen.

(2) *Paypri graecae magicae* IV, 558f: »Sage: Schweigen, Schweigen, Schweigen, (nenne damit) den Ratgeber des lebendigen, unvergänglichen Gottes. Behüte mich, Schweigen.«

Kommentar: Der Topos »Ratgeber« weist auf die religionsgeschichtliche Figur »zweite Person neben Gott«. Diese Figur wird bisweilen Throngenosse Gottes (griech. πάρεδρος) genannt und dann mit der Weisheit identifiziert (Weish 9,4). Damit gehört dieser Beleg (obwohl später entstanden) in die Vorgeschichte von Joh 1. Aber es heißt eben hier »Schweigen« und nicht »Wort«. Dass es sich um eine Person(ifikation) handelt, wird an der Funktion als Ratgeber und als Schutzgeist erkennbar. Die dreifache Anrede (3x Schweigen) ist eine nahe Analogie zum Dreimalheilig in Thronszenerien nach Jes 6 und Apk 4. Das Stichwort »lebendiger, unvergänglicher Gott« ist ein weiterer sicherer Hinweis auf Nähe zum Judentum. Es handelt sich um ein Gebet mit feierlicher titularer Anrede, wie wenn am Anfang eines Gebetstextes Gott als der Dreimalheilige angerufen wird (wie im Kanonteil der Messe sieht man ihn im Ganzen als ein zusammenhängendes mehrgliedriges Gebet).

(3) Porphyrios, De abstinentia 2, 34: »Durch reines Schweigen verehren wir Gott.«
Kommentar: Das reine Schweigen ist demnach die Bedingung für die Annäherung an Gott. Es ist »rein« und damit Gott ähnlich, denn es ist mit nichts Irdischem und Materiellem, Vergänglichem vermischt. Es ist, wie wenn die Währung und damit das Zahlungsmittel reines Gold ist. Dass gerade die Verehrung Gottes darin besteht, ihm ähnlich zu sein (eben in reinem Schweigen), wurde schon in der Einführung als Grundlage dieser Weltanschauung genannt.

7.3 Der Johannes-Prolog (Joh 1,1–18)

Die bereits anvisierte Konkurrenz von Schweigen und Wort in der Schöpfungstheologie ist nun anhand des Johannes-Prologs (Joh 1,1–18) zu entfalten. In religionshistorischer Hinsicht ist Joh 1 umgeben von Texten, die mehrheitlich die Ansicht vertreten, nicht Gott und das Wort, das bei ihm war, sondern der Abgrund (Finsternis) und das Schweigen stünden am Anfang aller Dinge. Da die letztere Position auch bis weit ins Judentum und frühe Christentum vorgedrungen ist, gibt es Hinweise darauf, dass hier die Gegenposition genannt wird, die der Prolog des Joh abwehren möchte, und die er de facto abwehren kann.

Aus dem bisher Gesagten sind für das Folgende diese Befunde wichtig: Das Schweigen am Anfang (oder vor dem Anfang aller Dinge) und das Schweigen am Ende – sowie die Texte, wonach das Wort aus dem Schweigen kommt.

Vom Schweigen am Anfang ist die Rede, wenn es direkt aus dem Abgrund/der Finsternis hervorgeht oder wenn es »Mutter aller Dinge/der Welt« genannt wird. Das Schweigen am Ende, in der Endphase der Heilsgeschichte oder beim Weltgericht ist nur in jüdisch-christlichen Texten bekannt (z. B. 4 Esra und Apk 8). Wo das Wort aus dem Schweigen kommt (statt aus dem Vater wie u. a. in jüdisch-christlichen Texten), ergibt sich eine direkte Spannung zu Joh 1,1f., wonach das Wort »von Gottes Art« bzw. Gottes Sohn ist. Trifft die Hypothese zu, dass der Joh-Prolog sich gegen die Position wendet, am Anfang stünden Abgrund und Schweigen, so ist mit *Gott* und *Wort* das genaue Gegenteil (zu jüdischen und gnostisierenden Positionen) gemeint. Der Joh-Prolog ist demnach mit verwandtem Material scharf in seiner religiösen Umwelt hervorgehoben.

Nach den biblischen Schöpfungsberichten (Gen 1) wird die Schöpfung bewirkt durch eine Mischung von Wort und Handlungen Gottes, und dabei dominiert das Wort. Von Schweigen ist nicht die Rede. Das ist anders in etlichen Auslegungen von Gen 1 oder in verwandten Berichten. Denn dort gibt es eine Abfolge Schweigen-Wort oder auch Wort-Schweigen. Das entspricht ja auch dem gewöhnlichen menschlichen Verhalten, und es ist im Lichte dieses Befundes geradezu merkwürdig, dass in Gen 1 vom Schweigen Gottes nicht die Rede ist. Bereits bei der Frage, was denn »am Anfang« stand, also was zuerst da war, spielt das Schweigen außerhalb von Gen 1 eine ganz hervorragende Rolle. Und die Art, in der diese Rolle vorgestellt ist, bestimmt dann ganz besonders das Bild vom Ablauf des Ganzen. Denn nicht nur für die Schöpfungslehre ist die Auffassung von fundamentaler Bedeutung, ob Schweigen göttlich ist und ob (was noch weiter ginge) an die Stelle eines persönlichen Gottes ein apersonales Schweigen tritt (zur generellen Diskussion vgl. K. Berger: Ist Gott Person?, 2004).

Die einfache psychologische Beobachtung, dass das Schweigen oft der Rede vorausgeht, wird offenkundig als grundlegende Erfahrung ausgeweitet auf verschiedene Gebiete. Was Religion und Theologie betrifft: das Schweigen bzw. eine Periode oder Phase des Schweigens wird mit diesem Schema erklärbar und zu einer Geschichte der Offenbarung ausgeweitet.

Ungefähr aus der Zeit Jesu (1. Jh. vC. oder nC.) ist ein jüdischer Text erhalten, der hier zu den Themen dieses Buches erstmalig zu Rate gezogen wird. Seine Bedeutung besteht darin, dass er (1) als jüdischer Text im Rahmen von Schöpfungsaussagen statt vom Wort und vom Handeln Gottes von »Finsternis und Schweigen« spricht, dass er (2) ein Schöpfungsbericht ganz eigener Prägung ist, in dem die bösen Geister eine zentrale Rolle spielen, dass er (3) eine eigene Theodizee entfaltet: Die bösen Geister sind geboren als Echo des Schweigens im Chaos; als Art von »Geräusch« hat das Schweigen ein Echo. Der Raum für dieses Echo ist das Chaos. (4) Dieser Text ist der weltweit erste Beleg für das hebräische *Zimzum*, das literarisch erst Jahrhunderte später belegt ist.

Ps.-Philo, *Liber Antiquitatum Biblicarum* (LAB) 60, 2f. (apokr. Psalm Davids). »(2) Finsternis und Schweigen war, bevor die Welt wurde, und es sprach das Schweigen, und die Finsternis wurde sichtbar. Und damals wurde dein Name [der des *spiritus pessimus*, vgl. 60, 1] geschaffen bei der Zusammenziehung der Ausdehnung, wobei das Obere Himmel genannt wird und das Untere Erde gerufen wurde. Und es wurde dem Oberen befohlen, dass es regnen lasse gemäß seiner Zeit [sc. wenn es an der Zeit ist], und dem Unteren wurde befohlen, dass es Nahrung hervorbringe für den Menschen, der geschaffen wurde. Und danach wurde der Stamm eurer Geister erschaffen. (3) Und jetzt sei nicht unwillig als zweites Geschöpf. Wenn nicht, gedenke des Tartarus, in dem du wandelst. Oder genügt es dir nicht zu hören, dass ich durch das, was klingt vor deinem Angesicht, vielfach singe? Oder bist du dessen uneingedenk, dass aus dem Widerhall im Chaos eure Art geboren worden ist? Überführen aber wird dich der neue Mutterschoß ...

Kommentar: Der Sprecher des Textes ist David. Er redet den bösen Geist an, der Saul besessen hält. Denn David und sein Sohn Salomo gelten als die Spezialisten bei der Austreibung von Dämonen. Wurden doch die Psalmen David zugeschrieben und aus diesem Grund (und auch schon ohne diese Zuschreibung) als exorzistische Cantica (eben als *Incantationes*) betrachtet. Beide Figuren sind deshalb nicht ohne Bedeutung für die Exorzismen Jesu Christi, der laut Stammbäumen (Mt 1; Lk 3) von David und Salomo abstammt und der wegen seiner Exorzismen »Sohn Davids« heißt (Mt 12,23). In diesem Psalm LAB 60 »analysiert« David den bösen Geist Sauls und beruhigt ihn, indem er mit ihm spricht. – Zu »Finsternis und Schweigen« (s. o. 7.1 zu 4Esr 6, 38): Beide genannten Größen durchbrechen die Gesetze ihrer Art: Das Schweigen spricht. Die Finsternis wird sichtbar. – »Zusammenziehung der Ausdehnung« an dieser Stelle sind der älteste Beleg für die Rolle des *Zimzum*, das man im Frühjudentum als das maßgebliche Instrument bei der Erschaffung aller Dinge betrachtete (weitere Belege erst seit dem Spätmittelalter). Die Vorstellung ist: Gott zieht sich in sich selbst zurück, und somit zieht er sich zusammen. Er konzentriert all seine Kraft, um mit deren Hilfe die Schöpfung hervorzubringen. – Die Zweiteilung »Himmel und Erde« wird hier nicht dadurch begründet, dass Gott durch sein Wort beides schafft, sondern dadurch, dass er verschiedenen Geistern unterschiedliche Aufträge erteilt, solche für den Himmel und solche für die Erde. Demnach wird hier zwischen höheren und niederen Geistern unterschieden (für Gen 1f. undenkbar). Erst nach der Erschaffung der für Himmel und Erde zuständigen dienstbaren Geister werden die hier besonders angeredeten bösen Geister erschaffen. Sie existieren im »Tartarus«, d. h. in der Schattenwelt der Toten, die die Griechen Tartarus nennen.

In LAB 60, 3 nimmt David schließlich Bezug darauf, dass er den (bösen) Geistern oft etwas vorsingt (»dass ich vor deinem Angesicht vielfach singe«). Offenbar will David auf diese Art dieses »Publikum« »ehren« und zugleich beruhigen. Schließlich bringt Vers 3 v.a. eine originelle These zur Entstehung der bösen Geister: Sie sind entstanden durch den Widerhall, d. h. durch das Echo im Chaos. Dabei ist »Chaos« mit Finsternis und Schweigen vergleichbar, sozusagen die griechische Beschreibung des Zustands der Welt vor ihrer Erschaffung, in der laut Vers 1 Schweigen und Finsternis herrschten. Der Satz über das Echo könnte auf drei Größen bezogen werden: Die bösen Geister wurden dadurch geschaffen, dass das anfängliche Schweigen ein Echo hatte. Daher würde ihr nichtiger Charakter erklärbar. Oder es geht um das Echo auf das durchbrochene Schweigen hin, das sich (in Form der Schöpfungsworte) im Nichts/im Chaos verhängnisvoll verdichtet. Oder die bösen Geister sind entstanden durch das Echo von Psalmen im Chaos. – Letzteres ist unwahrscheinlich, da die Psalmen der Bekämpfung und nicht der Entstehung der bösen Geister dienen. So bleiben die erste und die zweite Möglichkeit: Hat das Schweigen ein Echo? Oder hat das *durchbrochene* Schweigen (vom Wort ist nicht die Rede, es bleibt gewissermaßen unbeteiligt an der Theodizeefrage) ein Echo in dieser Gestalt?

Fazit: Die Entstehung der bösen Geister hängt mit dem anfänglichen Schweigen zusammen. Die bösen Geister sind das Ergebnis der Art und Weise, in der das Chaos auf das durchbrochene Schweigen reagiert. So werden sie, wie in diesem Psalm meisterhaft erklärt wird, Geschöpfe zweiter Klasse. In jedem Falle sind sie nur als Echo denkbar. – Durch die griechischen Lehnwörter »Tartarus« und »Chaos« ist LAB 60 als Produkt des hellenistischen Judentums erkennbar. Die Existenz des Bösen und der bösen Geister in der Welt ist Resultat des Kontaktes des (nach wie vor heiligen und schöpferischen) anfänglichen Schweigens mit dem Chaos auf dem Boden (»in den Räumen«) des Tartarus.

An der Stelle dieses anfänglichen Schweigens kann auch der »Abgrund« stehen. Dieser Abgrund (griech. βυθός [Bythos]) ist nicht personhaft gedacht und wird sich so, wie wir sehen werden, besonders in gnostischen Texten halten. Hier bekommt er dann eine Gefährtin an die Seite gestellt, eben »das Schweigen«. Dabei gilt das, was im Abschnitt 7.2 (Gnostisches Schweigen) gesagt wurde, hier ganz besonders. Dazu kommt noch: Wie in gnostischen Aussagen ist das Höchste (»über allen Himmeln«) zugleich das »Tiefste«, eben der Urgrund des Seins. Ähnliches gilt auch von der jüdischen Mystik, die vom »Hinabsteigen« zur Merkava spricht, wo andere die Metapher des Hinaufsteigens vielleicht vorziehen würden.

Irenäus von Lyon (adversus haereses I, 1–3) schildert die »Ketzerei« der Valentinianer wie folgt: ... Ein präexistenter vollkommener Äon ... Voranfang, Vorvater, Urgrund ... Er sei unfassbar und unsichtbar, ewig und ungeworden und sei in großer Ruhe und Stille *(in silentio et in quiete multa)*. Mit ihm zusammen habe auch die Ennoia, die sie auch Gnade und Schweigen nennen, existiert. Und der Urgrund habe einmal gedacht, von sich aus den Anfang des Alls hervorzubringen, und habe diese Hervorbringung, die er hervorzubringen gedachte, wie einen Samen niedergelegt, wie in einem Mutterschoß in der mit ihm zusammen existierenden *Sige* (Schweigen). Diese aber habe den Samen aufgenommen, sei schwanger geworden und habe den *Nous* geboren, der seinem Erzeuger ganz gleich war. Die Abfolge von Empfängnis, Schwangerschaft und Geburt führt am Ende zu einem System von paariger Dualität (Syzygien). Die *Sige* wird jeweils ganz früh genannt. Sie ist eine Art Urmutter.

So sind wir bisher vorgegangen: Wir haben eine jüdische, hellenistische und gnostische Tradition untersucht. Es ergaben sich Spuren einer Auffassung von Schöpfung, die von der biblischen erheblich abweicht. In dieser Auffassung spielt das präexistente Schweigen eine große Rolle. Vor der Welt war Schweigen, d. h. eine Art wortloser Nebel, oft gepaart mit Finsternis. Dieses Schweigen war nach einigen Texten »der Anfang«. Entweder die Finsternis oder auch das Echo des Schweigens war dabei der Ursprung des Bösen. Nach und nach wird das Schweigen personalisiert. Aus ihm geht dann das Wort des Vaters hervor. Dieses Wort wird in einigen Texten auf Christus gedeutet. Das Schweigen erscheint dann als seine himmlische Mutter.

Hier besteht eine Analogie zwischen Schweigen und Heiligem Geist: (1) Nach dem Hebräer-Evangelium (Logion 2) ist der »Heilige Geist« die transzendente Mutter Jesu. (2) Auch in der Praxis der Kirche gibt es eine singulär enge Verbindung zwischen dem schweigenden Gebet und dem Gebet »im Heiligen Geist«.

In scharfem Kontrast dazu steht, wie wir sehen werden, der Prolog des Joh. Aber die Denkform ist die gleiche: Es geht um einen Anfang der Welt, der nicht handwerklich vorgestellt wird (wie teilweise in Gen 1 und 2), aber auch nicht an Zeugung und weiblichem Gebären orientiert ist. Vielmehr geht es um ein Hervorgehen samt Verwandlung, wie Christen es von den umfänglicheren Formen des Credo her kennen (Kindschaft, »aus dem Vater geboren«, *procedere* – wie man sich das wohl vorgestellt hat?). Es standen da nicht menschliche Zeugung und Geburt vor Augen, sondern etwas, das ähnlich, aber doch zu seinem Teil unvorstellbar blieb. Die Grundfragen der Vorsokratiker nach den Ursprüngen aller Dinge blieb so auch der frühen Christenheit für einige Jahrhunderte erhalten. Den heutigen Lesern derartiger Texte ist deutlich, dass es sich dabei um etwas anderes als um Kausalität handelt. Kausalität betrifft nur immer gewissermaßen den mittleren Teil der Ursachenkette, aber weder die allerersten Anfänge noch den Schluss (bei Verzicht auf Eschatologie).

Interessant ist gerade im Blick auf die spätere christliche Liturgie, dass der Ursprung in Gestalt des Ritus geehrt wird: Dionysius Areopagita schreibt von Christen in De caelesti hierarchia 15, 9: »Durch Schweigen ehren sie den Logos.« Denn, so könnten wir ergänzen: Der Logos kommt aus dem Schweigen, und wer ihn ehrt, der ehrt auch seinen Ursprung und wird ihm in der Liturgie ähnlich.

Die hier dargestellte jüdischen und frühchristlichen Auffassungen über Schöpfung und Schweigen stehen in eine spannungsvollen und höchst aufschlussreichen Beziehung zum Joh-Prolog. Dadurch können beide Auffassungen an Profil gewinnen.

Wort gegen Schweigen. Etliche Besonderheiten an Joh 1, die man schon lange beobachtet und hypothetisch zu erklären versucht hat, werden verständlich und plausibel, wenn man sie als Antwort auf die in diesem Kapitel bisher dargestellten Auffassungen über Schöpfung und Schweigen betrachtet. Warum ist die Wort-Theologie in Joh 1 mit der Rede von Licht und Finsternis verknüpft? Warum ist in Joh 1 so stark das Wort und im Vergleich zu Gen 1 so wenig das Handeln Gottes betont? Wieso gewinnt in Joh 1,17 plötzlich die Gnadenlehre an Gewicht? Welche Beziehung hat die Worttheologie von Joh 1 zur danach berichteten Botschaft Jesu? Dann: Was hat diese mit der Schöpfung zu tun?

Antwort: Wir sehen die oben dargestellte »Theologie« über Wort/Schweigen und Schöpfung als vorgegeben an und betrachten den Johannesprolog als konträre Antwort. Vorgegeben sind demnach die Themen bzw. Stichwörter Anfang (bzw. was vor dem Anfang war), Schöpfung, Schweigen, Finsternis, Gnade, Tiefe (bzw. Höhe). Von Gottes Person oder von menschlichen Personen ist in den hellenistischen »Vorlagen« nicht die Rede, Gott handelt oder spricht auch nicht.

Konträr ist die Antwort: Zum Thema Anfang (Joh 1,1) und Schöpfung (Joh 1,3 »geworden«) geht der Verfasser des Joh nicht vom Schweigen aus, sondern immer wieder vom Wort, und zwar weitaus öfter als der Bericht in Gen 1. So heißt es auch nicht »und Gott sprach« wie in Gen 1, sondern »das Wort« steht (wenn man Joh 1 neben die bisher erörterten Texte legt) direkt dem »Schweigen« gegenüber. Denn nicht aus dem Schweigen, sondern aus dem Wort kommt alles. Während in der dargestellten Theologie zuerst Finsternis herrscht (vgl. auch Gen 1,3) spricht der Joh-Prolog (Finsternis: 1,5) genauso unvermittelt vom Licht, das einfach da ist, genauso wie es das Wort ist. Daher gilt: Der Joh-Prolog beginnt einfach mit den positiven Größen Wort und Licht, genauso wie die mögliche (jüdische?) Vorlage mit dem Negativen anfängt, mit Finsternis und Schweigen, Der Joh-Prolog ist darin noch entschiedener als der kanonische Bericht in Gen 1.

Im kanonischen Bericht von Gen 1 wechseln die Abstrakta (Anfang, Tohuwabohu, Finsternis, Licht) mit personal ausgerichteten Sätzen über das ab, was Gott tut und sagt. In der jüdischen (oder hellenistischen) Tradition über das Schweigen am Anfang gibt es keine Personen. In Joh 1 dagegen gibt es außer Gott und dem personal gedachten Wort (das in Jesus erscheint) auch Johannes den Täufer und Menschen, die glauben. Mithin ist in Joh 1 der personhafte Anteil auf ein Maximum angestiegen.

Das führt auch zu der Frage, wie die konträren Aussagen in Joh 1 zustande gekommen sind, wer die Adressaten sind und wer der Autor ist. Antwort: In Joh 1 ist die Schweigetradition radikal ins Gegenteil verkehrt, und zwar dadurch, dass mit Jesus Christus das Wort eben eine Person ist. So sind seine Worte in dem dann folgenden Evangelium eben Gottes Worte.

Vor allem wird in Joh 1 die Entstehung der Welt nicht als langsamer Aufstieg aus den Niederungen von Finsternis und Schweigen dargestellt, sondern durch die christliche Umkehrung dieser ganzen Theologie gibt es von Anfang an klar und eindeutig Gott und den Logos. Das Wort Schweigen kommt gar nicht mehr vor. Joh 1 schildert damit keine Evolution (und kennt insoweit keinen Fortschritt), sondern ist in der Tat, was man schon oft geahnt hat, eine Art Hymnus auf Gott und das menschgewordene Wort. Dieses Wort ist gleich ewig mit Gott. Überhaupt spielt die erzählte Geschichte nicht unter anonymen Größen und Sphären, sondern immer wieder unter Personen.

Man kann daher fragen: Wer ist der Nutznießer des Wechsels vom Schweigen zum Wort in Joh 1? Antwort: Das Wort wird identifiziert mit Jesus Christus. Er ist der Nutznießer dieses Wechsels. Dabei ist die Relation zwischen Wort und der Person Jesu Christi nicht einfach (z. B. Zwei-Naturen-Lehre) und de facto dann ein Thema der Dogmengeschichte. Wichtig ist, dass diese Relation überhaupt besteht und dass Jesus Christus dadurch Schöpfungsmittler ist (und das nicht nur in Joh 1, sondern auch in Texten wie 1 Kor 8,6; Kol 1,17; Hebr 1,2 usw.). War es nötig, das zu denken und zu glauben? Antwort: Es gibt nur einen Gott und nur einen einzigen Weg seiner Offenbarung, immer wieder nur Jesus Christus.

Dass in Joh 1,16 von der »Gnade« die Rede ist, könnte gleichfalls durch die jüdische Vorgeschichte vorbereitet sein. Denn aus dem Schweigen kommt die Gnade. Das ist deshalb nicht verwunderlich, weil das Schweigen Merkmal königlicher Souveränität ist wie auch das Verteilen der Gnade. Beides gehört daher unter einem Aspekt zusammen, von dem bisher nicht die Rede war, nämlich dem royalen. Nach Joh 1,16 bedarf es zu dieser königlichen Gabe gerade nicht der Nachbarschaft königlichen Schweigens, sondern die Gnade kommt hier aus der göttlichen Fülle.

Der hier durchgeführte Vergleich zwischen Joh-Prolog und der vorgegebenen jüdischen (aber auch weiterhin christlich belegten Tradition) lässt nun verschiedene historische Konkretionen zu: Gab oder gibt es einen formulierten jüdischen Einzeltext, gegen den sich Johannes durch Umkehrung abgrenzt? Oder spielt Joh 1 nur auf eine verbreitere Diskussionslage an, die hier mehr oder weniger zielgerichtet aufgegriffen wird?

Im Joh-Prolog gibt es kein vor der Schöpfung der Welt Vorgegebenes, weder das Nichts noch ein Chaos noch Finsternis noch Schweigen. Von der Finsternis ist gewissermaßen erst nach der Schöpfung die Rede, jedenfalls in der Zeit nach dem Anfang (1,5), Finsternis ist denn auch in der Folge ein Phänomen des Unglaubens (gegenüber Jesus) bzw. des Judas. Vergleichbar ist »Und es war aber Nacht« (Joh 13,30).

Fazit: Zum Thema Schweigen hält der Joh-Prolog gerade deshalb viele Einsichten bereit, weil das Wort »schweigen« hier nicht mehr vorkommt. Denn Joh 1 ist (ob literarisch abhängig oder nicht) ein Gegenentwurf zu jüdischen und späteren Texten, die mit dem anfänglichen Schweigen gerne rechnen und vor einem Rückfall warnen.

Durch die Ausrichtung am Wort statt am Schweigen ist Joh 1 nicht stärker vernunftorientiert als die Vorlage. Die andere Orientierung rührt vielmehr aus der Position Jesu Christi im Christentum. Nun gibt es genügend Texte, die zeigen, dass auch Jesus Christus aus dem Schweigen geboren sein kann. Aber in Joh 1 (und bei Paulus) ist er der Schöpfungsmittler, und damit greift Joh 1 die »Vorlage« aus Gen 1 insofern auf, als hier die Schöpfung Schritt für Schritt, Tag für Tag immer wieder durch Gottes Wort zustande kommt (»Und Gott sprach«). Nur ist in Joh 1 die Rolle Gottes und dessen, der durch das Wort oder als Wort schafft, auf zwei Personen verteilt. Das verstärkt, wie wir sagen, den personalen Zuschnitt des

Ganzen. Denn zum Schweigen oder zum Zustand der Stille bedarf es nicht unbedingt einer Person.

Der hier skizzierte Gegensatz »Wort und nicht Schweigen« ist, soweit ich sehe, später nur noch einmal aufgegriffen worden, und zwar in der mozarabischen Liturgie (ed. M. Férotin, Le Liber ordinum, S. 897): *Silentium evanuit, quia Verbi tui confessio quaquaversum in toto iam orbe personavit* [Schweigen hat seinen Sinn verloren, denn das Bekenntnis zu deinem Wort ist überall auf der Erde durchgedrungen].

Der Text der Hymne I des Mesomedes von Kreta, eines Freigelassenen Kaiser Hadrians (Hauptschaffenszeit um 144 nC.), ist etwa gleichzeitig mit dem Johannesevangelium entstanden und ist auch inhaltlich ein vorzüglicher Kommentar, der die Besonderheiten von Joh 1 bei aller Ähnlichkeit erkennen lässt.

Mesomedes I, 1–3 (Anrede an das Schweigen): »Ursprung und Anfang aller Dinge, ehrwürdige Mutter der Welt, Nacht und Licht und Schweigen.« – *Kommentar:* Der Anfang ist demnach das Schweigen, weiblich gedacht und daher als Mutter vorgestellt. Doch die Anrede verzweigt sich dann: Der Ursprung aller Dinge ist Nacht und Licht und Schweigen. Damit sind zwei der drei Faktoren in Joh 1 auch hier genannt.

(1) Das Schweigen ist Person wie der Logos nach Joh 1.

(2) Der Titel des Logos »Ursprung und Anfang« entspricht der Position des Logos nach Joh 1.

(3) »Mutter der Welt« (ein üblicher Titel des Schweigens, s. o. 7.3) entspricht der Rolle des Logos für das Werden aller Dinge nach Joh 1. Auch in der auf jüdisches Vergleichsmaterial beschränkten christlichen Exegese von Joh 1 wird oft die Weisheit als weibliche Größe genannt, die »ursprünglich« als Sophia an der Stelle des Logos gestanden habe. Doch was heißt hier »ursprünglich«? Man kann nur sagen: Sowohl im Vergleich mit der jüdischen Sophia als auch mit der heidnischen Allmutter »Schweigen« ist die Zielrichtung des Joh-Prologs eindeutig Jesus. Joh 1 steht in dieser Beziehung einsam da.

(4) »Nacht und Schweigen« sind die außerhalb von Joh 1 in manchen Bereichen am häufigsten genannten Größen am Anfang (Finsternis und Schweigen z. B. in 4Esr und LAB).

(5) »Licht« ist in Joh 1 in demselben umfassenden Sinn wie hier Attribut der allerersten Größe, in Joh 1 des Logos (1,5.7).

Fazit: Bei der Suche nach jüdisch-hellenistischer Schweige-Theologie im Rahmen von Schöpfungslehren konnte es möglicherweise gelingen, einen halbwegs kohärenten Hintergrund für Joh 1 zu rekonstruieren, auf den dieses Kapitel mit klarer Gegenposition antwortet. Wie auch immer der historische Vorgang im Einzelnen war, in Joh 1 findet sich jedenfalls so etwas wie die zugehörige andere Hälfte einer Kontroverse.

Grundsätzlich vergleichbar ist auch der Sonnenhymnus des Mesomedes (Heliodrom): »Spur deiner fliegenden Rosse / jubelnd über das Gold deiner Haare / unendliche Himmelsgewölbe / unsterbliches Feuer / friedlicher Chor der Sterne / lenkst die Monate / deine Strahlen, die alles sehen / Vielfältige Gewänder des Universums / wohlwollendes Herz.« – *Fazit:* Ein friedlicher und prächtiger, den Menschen gegenüber wohlwollender Regent im Himmel, verbunden mit Unsterblichkeit und Unendlichkeit. – *Kommentar:* Lobpreis eines himmlischen göttlichen Wesens, Betonung der Unendlichkeit und Grenzenlosigkeit. Wohltätige Auswirkung auf die Menschen.

Nach meiner Auffassung ist der Joh-Prolog in Joh 1, wenn er denn Gott und das menschgewordene Wort gegen die starke Strömung gleichzeitiger paganer Schweigereligionen (etwa des Buddhismus) vor Augen stellt, eine erste Auseinandersetzung dieser Art. Mit dem Buddhismus teilt das Corpus Iohanneum eine im Ansatz dualistische Einstellung zur »Welt«. Alles, was zu Joh 1 als Differenz zur Philosophie namens »im Anfang war das Schweigen« gesagt worden ist, gilt auch heute. Man muss es so streng und konsequent sagen wie Joh 1. Nicht zuletzt mit der Entfaltung der Trinitätslehre ist die Kirche auf dem mit Joh 1 eingeschlagenen Weg weitergegangen. Das gilt auch für die aktuelle und zukünftige Diskussion über den Heiligen Geist. Denn alles liegt daran, dass »Heiliger Geist« nicht für irgendeine Sorte von Spiritualität steht, sondern Gott als Person ist, sozusagen »höchstpersönlich«.

Statt achselzuckend darauf hinzuweisen, dass der christlich-abendländische Personbegriff eben »ein weites Feld« sei, ist es an der Zeit, daran zu erinnern, dass (im Bereich westlichen Christentums) die Formulierung des Boethius überall nachklingt: *rationalis naturae individua substantia* [Person ist ein vernunftbegabtes Individuum]. Unser Begriff des Individuums ist eine Art Schlussbaustein in dieser Diskussion. Da Materie das *principium individuationis* ist, wird auch dieses überdeutlich: Person ist kein freischwebendes Geistwesen, sondern ein leibhaftiger Mensch (und deshalb gibt es dann auch leibliche Auferstehung). Später wird darauf hingewiesen, dass es Schweigen (aus Trauer) in leibhaftigem Sich-Umarmen so nur im Christentum gibt. Gerade die Leibhaftigkeit ist wie nichts anderes eine Voraussetzung der Gemeinschaftsfähigkeit der Individuen. Am Begriff »Individuum« hängt nicht nur unser Konzept von Liebe, sondern auch der Charakter des Christentums als Bekehrungsreligion (Jeder Einzelne kann glauben) und die Spendung aller Sakramente (inklusive Ehe).

7.4 »Mitteschweigen«

Nach jüdischer und christlicher Anschauung gibt es drei weltgeschichtlich höchst bedeutsame Epochen des Schweigens: das Urschweigen vor der Welt (4Esr; BarApk[syr]), das Schweigen am Ende der Welt (Apokalypsen) und das Schweigen mittendrin. Das Letztgenannte wird hier offiziell wiederentdeckt; und zwar als der Augenblick der Heilswende. Die Mystiker (Meister Eckhart, Johannes Tauler) nennen es das »Mitteschweigen«, und es ist jeweils der Augenblick, in dem sich mitten in der Geschichte eine Heilswende ereignet. Dieser Augenblick des Mitteschweigens bezieht sich auf die Geburt Christi nach dem Protoevangelium des Jakobus, er wird später im Märchen als Schweigen/Innehalten/Stillstand profanisiert. Der Ausdruck »Mitteschweigen« geht auf Weish 18,14 zurück, und zwar von dem lateinischen *medium silentium* (mittleres Schweigen), dessen wörtliche, nahezu lehnwörtliche Übersetzung er ist.

Es ist ein bekanntes europäisches Märchenmotiv, dass in einem entscheidenden Augenblick alle Dinge und Aktivitäten, alle Tiere und Menschen plötzlich stille stehen und ihre Tätigkeit unterbrechen, also die Unterbrechung des Schöpfungslaufs. Aus »Dornröschen« ist das Motiv als Märchenmotiv bekannt und damit als zwar nicht »gesunkenes«, aber transferiertes Kulturgut. Zuerst belegt ist es für die Geburt Jesu im ProtEvJak Kap. 18 (2. Jh. nC., Übers. Berger/Nord): »(1) Da erblickte Joseph plötzlich eine Höhle. Er führte Maria hinein und ließ seine Kinder bei ihr. Dann ging er hinaus, um in der Gegend um Bethlehem eine jüdische Hebamme zu suchen. (2) [Später erzählte er:] »Ich ging umher und kam nicht vom Fleck. Ich blickte zum Himmel und sah, wie die Luft vor Staunen stillstand, und ich blickte hinauf zum Himmelsgewölbe und sah, wie es in seiner Bahn innehielt, und die Vögel des Himmels flogen nicht weiter. Als ich zur Erde blickte, sah ich Arbeiter, die sich zum Essen um eine Schüssel herum niedergelassen hatten. Und die etwas kauen wollten, kauten nicht, und die etwas aufheben wollten, waren in der Bewegung erstarrt, und die einen Bissen zum Munde führen wollten, saßen mit ausgestreckter Hand da, und alle blickten wie erstarrt zum Himmel. Da wurden Schafe vorbeigetrieben, doch sie kamen nicht vorwärts, sondern blieben auf der Stelle, und der Hirte hob seine Hand, um sie mit dem Stecken zu schlagen, doch seine Hand blieb in der Luft stehen. Ich blickte auf den Lauf des Flusses und sah die Ziegen, die ihre Mäuler ans Wasser gesetzt hatten und nicht tranken. Und dann ging plötzlich alles in seinem Ablauf weiter.«

Kommentar: Das, was in ProtEvJak und später im Märchen »Dornröschen« beschrieben wird, gehört in die biblische Tradition des Schweigens. Angesichts der Eigenart des jeweils unterbrochenen Tuns kann man es sogar auf das Sabbatschweigen zurückführen (s. u. 8.). Bei einem weltgeschichtlichen Ereignis wie der Geburt des Gottessohnes »hält die Welt den Atem an«. Das Resultat ist dann in der Tat Schockstarre bzw. Erstarren angesichts des unerwarteten Auftretens eines viel Mächtigeren. In der Märchenforschung spricht man vom Dornröschenmotiv (»Schlafmotiv«, in der Medizin kennt man die Angststarre), zieht aber die mythische Herkunft und ProtEvJak nicht in Betracht. Dass Gottes heilvolles Wirken in der Welt ausgerechnet einen generellen Stillstand der gesamten Schöpfung in ihrer Bewegung zur Folge hat, ist zuvor nicht belegt.

Zusammenfassung: Sieht man vom Schweigen des Einzelnen aus asketischen Gründen (Schweigsamkeit; »Reden ist Silber, Schweigen ist Gold«) einmal ab, gibt es in der Weltgeschichte drei Phasen, in denen Schweigen zum epochalen Phänomen geworden ist bzw. werden wird: (1) Schweigen am Anfang, präexistent gegenüber der Schöpfung (nicht biblisch!), (2) Schweigen in der Mitte: Stillstand der Schöpfung bei Christi Geburt; daraus: Stillstand der Schöpfung beim Tod Dornröschens; deutsche Mystik: Mitteschweigen (aus Weish 18 *medium silentium*), (3) Schweigen am Ende: vor und nach dem Weltgericht (Apokalypsen).

Zur Vorgeschichte des universalen Stillstands in ProtEvJak gehören indes auch die Berichte über Erstarren (»wie tot«) in Visions- und Epiphaniegeschichten (auch: Apk 1,17; weiteres Material bei K. Berger, Die Auferstehung des Propheten, 1976, S. 536, Anm. 311: Der bei der Offenbarung Hingefallene ist geschwächt und »wie tot«; durch den Zuspruch des Erscheinenden erhält er neue Kraft). Die Epiphanie oder das große Ereignis machen die Schwäche des Menschen offenbar, die sich als (heilbare) Regungslosigkeit äußert. Stillstand und Schlaf im Dornröschen-Motiv sind Symptome menschlicher Schwäche vor dem Ereignis des sich zeigenden Engels/Gottes.

Fazit: An einer Reihe unterschiedlichster Texte haben wir eine Art Regel für wiederholte Ereignisse von Offenbarung beobachtet. Es gibt im Aufbau dieser Ereignisse ein sachlich und zumeist auch zeitlich vorangehendes Ereignis, das die menschliche Schwäche offenbart, und es folgt gleichzeitig oder bald danach ein hilfreiches, aufrichtendes, mit neuem Leben erfüllendes Ereignis, das weiterführt. Im Einzelnen sieht das so aus:

(1) Zeichen der Schwäche: Wie tot Hinfallen, Abbrechen begonnener Handlungen, Erstarren, Einschlafen, Verstummen (= Schweigen), Stillstand. Wichtig ist vor allem: Abbrechen der bisherigen relativ erkenntnislosen Phase und daher Schweigen wegen Mangels an Substanz.

(2) Die Stille ist in Phase (1) nur Vorbereitung des neuen Lebens in Phase (2). In diese Phase gehört auch das Todesmotiv. Es verbindet sich bisweilen mit der Sabbatstille (vgl. Karsamstag), was insgesamt der Vorbereitung von Phase (3) dient.

(3) Zuwendung/Einbrechen göttlicher Kraft: Aufstehen, Auferstehen, Fortsetzung der Handlungen, neue Lebendigkeit, Fest und Freude.

Besonders oft belegt ist die dramatische Abfolge von Tod und Auferweckung in A. Dillmann: Das christliche Adambuch des Morgenlandes, 1853, z. B. S. 47 (»und waren wie todt«); S. 18 (»Und der Herr schickte sein Wort zu Adam und Eva und erweckte sie von ihrem Tod«); S. 16 (»wecke ihn auf vom Tode«), S. 24 (»blieb darniedergestreckt liegen wie im Tod«); S. 51 (»Da kam das Wort des Herrn zu Adam und Eva und weckte sie auf von ihren Leiden. Und der Herr sprach zu Adam: Sei stark und fürchte dich nicht vor dem, was über dich gekommen ist.«) – Die wiederholte Abfolge von Sterben und Auferweckung ist hier zum Signum dessen geworden, dass es sich hier um heilige Geschichte handelt, in der Gott so präsent ist.

Die christliche Abfolge von Sabbat und Sonntag, wie Karsamstag und Ostern, (1) und (2), gibt dann klar zu erkennen, dass und wie Gott handeln kann, nämlich durch das, was allein Gott kann, nämlich die Auferstehung der Toten.

In der Religions- und Kulturgeschichte der Stille/des Schweigens haben Judentum und (in dessen Gefolgschaft) Christentum einen unverkennbar eigenen Beitrag geliefert, der geradezu zum Alleinstellungsmerkmal wurde. Der Sabbat ist im Judentum wegen der Verknüpfung von babylonischem Kalender und jüdischer Schöpfungslehre schon in der vorchristlichen Antike und weltweit bis heute der größte »Exportschlager« von Judentum und Christentum geworden.

8. SABBAT UND SABBATSTILLE

8.1 Schweigen am Ende und Totenstille

In der Apokalyptik ist Schweigen ein besonderer Zeitabschnitt am Anfang der Endzeit. Beim Anbruch der Endzeit gerät die Welt in eine umfassende Krise. Nach der Auffassung von Bibel und Liturgie besteht zwischen Schweigen/Stille und der Zeit ein enger Zusammenhang. Das hat sich bis heute etwa darin erhalten, dass man von einer »Zeit der Stille« sprechen kann. Für die Rede vom »Ende der Zeiten« haben sich vier Zusammenhänge erhalten, von Stille oder Schweigen zu sprechen: (1) Das Gericht wird kommen »mitten im Schweigen«. (2) Die Sabbatstille ist das Urbild für jegliche Stille am Ende. (3) Kurz vor der Vollstreckung des siebten Siegels hält die Weltgeschichte mit ihrem Lärm und ihren Katastrophen inne: »Eine halbe Stunde Schweigen im Himmel«. (4) Eine einzigartige Rolle spielt der Tiefpunkt, die Mitte der Zeit des Schweigens (Weish 18,14; Apk 8,1 »Halbzeit«).

Totenstille passt nicht zu Gott. Deshalb ist Ps 113 ein Appell an Gott, sich im eigenen Interesse einen Chor mit Lobessängern zu erhalten. Denn Tote können und werden Gott nicht loben. Deshalb, so appelliert der Psalm, soll Gott die Sänger am Leben erhalten. Denn die Toten sind stumm, und von einem Chor der Toten hat man noch nie gehört.

Ps 113,16f. (MT Ps 115): *Non mortui laudant te domine neque omnes qui descendunt in infernum, sed nos qui vivimus benedicimus dominum ex hoc nunc et usque in saeculum [Nicht die Toten loben dich, Herr, auch nicht die zur Unterwelt hinabsteigen, sondern wir, die wir leben, loben den Herrn von jetzt an bis in Ewigkeit].* – Im benediktinischen und zisterziensischen Stundengebet ist dies Teil der Sonntagsvesper geworden.

Ps 6,6: *Rette ..., denn im Totenreich gedenkt man deiner nicht, und wer wird je in der Unterwelt dich preisen?*

Ps 30,10: *Wird etwa der Staub dir danken, wird er deine Treue verkünden?*

Ps 88,11f.: *Vollbringst du an den Toten noch Wunder, oder stehen die Schatten wieder auf, um dich zu preisen? Verkündet man im Grab deine Huld und deine Treue im Totenreich?*

Jes 38,18: *Denn die Unterwelt preist dich nicht, nicht rühmt dich der Tod; die zur Grube Gestiegenen harren nicht mehr auf deine Treue. Wer da lebt, ja lebt, der preist dich wie ich heute!* – In Anwendung dieses Verses gilt die mittelalterliche Zisterzienserregel: *Qui cantat, resurget* [Wer singt, wird auferstehen]. Denn diese Logik bestimmt den Satz: Wenn Tote Gott nicht loben, dann werden diejenigen, die Gott loben, nicht sterben. So auch Mk 12,27: *Gott ist ein Gott der Lebenden und nicht der Toten.* Gott aber ist, wie die Schrift sagt, der Gott Abrahams, Isaaks und Jakobs. Wenn Gott also der Gott der Lebenden ist, können sie nicht tot sein, obwohl sie zu sterben schienen. Also werden sie auferstehen oder sind schon auferstanden. Wenn in der zisterziensischen (und trappistischen) Liturgie am Karsamstag das feierliche gesungene Stundengebet entfällt, so ist das der klarste Ausdruck dessen, was man religionsgeschichtlich als Totenstille bezeichnet.

8.2 Sabbatstille

Im Rahmen der biblischen Maßeinheit von sieben Tagen (= einer Woche) steht der Sabbat einerseits für das Ende der alten Woche (wie in der Schilderung in Gen 1 und Dtn 5), andererseits steht das Ende der (ersten) Woche dafür, dass eine neue Woche (sc. mit dem Sonntagmorgen) beginnen wird.

Die biblischen Regeln über das Ruhen/Ausruhen am Sabbat dienen dem Kräftesammeln für das Neue. Vor allem aber wird das sabbatliche Ruhen ausgeweitet zu umfassender Sabbatstille. Diese Sabbatstille muss daher in einer Studie über Stille und Schweigen einen zentralen Platz einnehmen.

(1) *Das Sabbatschweigen bei äthiopischen Juden und Christen.* Die Sabbat-Texte der äthiopischen Juden und Christen bestätigen und übernehmen die frühjüdische Bedeutung des Sabbats und erweitern, so wie es schon einige Zeit im Judentum geschah, die Einzelvorschriften und Weisungen für den Sabbat. Das Jubiläenbuch (3./2. Jh. vC.) endet in seinem Schluss- und Zielkapitel 50 mit einer Liste erweiterter Sabbatvorschriften.

Analoges gilt auch für das Sabbatschweigen. Als Quelle kommt vor allem die ältere Sammlung »Gebote des Sabbat« (ed. W. Leslau: Falasha Anthology, 1951) in Betracht: (S. 24) »Der Sabbat ist gut. Schweigen am Sabbat ist gut.« Leslau verweist auf Spr 10,19 *(Wer seine Lippen zügelt, ist klug)*, doch in Spr 10 ist von Sabbat nicht die Rede. – (S. 36) (Zu empfehlen) »die schweigen und Almosen geben und am Fest des Tempels beten«; »die Almosen geben verharren im Schweigen und beten mit vertrauensvollem Herzen am Sabbat«. (S. 18) Am Sabbat gilt: »nicht sprechen«, »nicht laut sprechen«, (S.20) »still sein«, »kein Streitlärm wird gehört werden«.

Fazit: Schweigen steht unter den Einzelmahnungen zum Sabbat. Es wird in Verbindung mit Beten genannt. Wie Beten ist daher Schweigen ein Einzelvorgang, der zum Thema wird. Wo Schweigen neben Almosen steht, geht es um »Wort« im Kontrast zur »Tat«.

(2) Im *Rahmen der Apokalyptik* verbindet sich die Sabbatstille bisweilen mit dem Todesmotiv, wenn nach dem Ende einer ersten Siebener-Woche der totale Stillstand (ausgeweitetes Sabbat-Motiv) dann das neue Eingreifen Gottes (»Neue Schöpfung«) zu einem neuen Siebener-Zyklus führt oder wenn dabei die Sabbatstille Voraussetzung für die Neue Schöpfung geworden ist. Das bedeutet: Alte Schöpfung = Sieben Tage. Die Stille des siebenten Tages wird als Schwäche oder als Tod erkennbar, und zwar angesichts des neuen Eingreifens Gottes in Neuer Schöpfung (= 2. Siebener-Schema; Neu-Belebung).

Aus der Perspektive der ersten Schöpfung kann das Neue auch als Welten-Sabbat im Himmel bezeichnet werden. Die Sabbatstille ist wie das »wie tot Sein« im Vorlauf zu einer Epiphanie Symptom für den Übergang ins Neue.

Für das Thema »Stille« bedeutet das: In jeder Woche stellt der Sabbat auch ein Stück der erwarteten Zukunft der Welt dar, rabbinisch: »Der Sabbat ist ein Sechzigstel des Himmelreichs.« Die Ausweitung des Arbeitsverbots am Sabbat wird zu einer Ankündigung der generellen Ruhe (vgl. auch Hebr 3). Die Ruhe/Stille in jeder Woche wird damit zu einem wichtigen, nämlich dem eschatologischen Bestandteil praktizierter Alltagsreligion im Judentum.

Vom kommenden Äon her gesehen ist die (Toten-)Stille jedoch eine elementare Voraussetzung für das Geschehnis der künftigen Auferstehung. Das Schema »(wie) tot/Auf(er)stehen durch das Wort des Erscheinenden« bildet das skizzierte Schema von Sieben Zeiten in der Welt/Tod oder Auflösung der alten Schöpfung/Neue Schöpfung mit Auferstehung bei jeder Epiphanie schon jetzt ab. Damit wird ein zentrales Element der (vor allem in Apokalypsen aufgezeichneten) Visionstradition zum Abbild des Schicksals (Ende und Neuanfang) der Welt. Das traditionelle Schema der Visionsliteratur (vgl. dazu K. Berger, Auferstehung, Teil II, S. 151ff.) ist eng verflochten mit der apokalyptischen Geschichtstheologie (ebd., Teil I).

So ergibt sich eine Doppelfunktion der Stille: Stille ist (1) als die »ewige Ruhe« das Ziel aller Welt als Weltensabbat. (2) Stille ist auch Ankündigung (an jedem Sabbat) und Übergang im Ablauf der Endereignisse (Apk 8,1: Stille ab der Hälfte der Zeit). In der Liturgie der Karwoche wird dies inszeniert: Auf die Zeit der Stille in den Kirchen (inklusive Verhüllung der Bilder und *prostratio*) folgt ab Mitte der Osternacht dann die Auflösung des Schweigens. Diese Dramatik ist die Blaupause für die Endereignisse in apokalyptischer Sicht.

Das Ganze im Spiegel

Einmal im Jahr bildet eine ganze Periode von 50 Tagen das Ganze ab, also die ganze Zeit, die ganze Geschichte seit Jesus, den ganzen Rest der alten Schöpfung inklusive Beginn der Neuen. Diese Zeit reicht vom Anfang in der Auferstehung Jesu bis zum Ende der Zeiten inklusive, von der Taufe des Christen bis zur Vollendung in der Neuen Schöpfung. Gemeint ist der Abschnitt im Kirchenjahr, den man früher die »österliche Zeit« nannte.

Zur Erklärung stoßen wir immer wieder auf etwas, das auch moderne Leser der Bibel zu faszinieren pflegt: auf die biblische Zahlensymbolik. Wir werden sehen, dass die 7 und die 50 (7x7+1) und besonders die Zahl 40 eine große Rolle spielen. Selbst die 10 zwischen 40 und 50 hat eine symbolische Bedeutung: denn 10 ist die Zahl der innerweltlichen Vollkommenheit.

Ich finde, dass das eine wahrhaft großartige Art der Verkündigung ist, eine ungeheuer einprägsame Art, der Christenheit durch komprimiertes Erleben in einer ganzen Periode den weiteren Verlauf der Weltgeschichte vor Augen zu führen. Denn die österliche Zeit beginnt mit der Osternacht und endet mit dem Pfingstsonntag. Durch die Art, in der die Kirche diese Zeit liturgisch in verschiedenen Stationen begeht, wird der gesamte Verlauf der Welt- und Heilsgeschichte seit Jesus plausibel und ganz auf das biblische Zeugnis konzentriert wie in einem kurzen Film vorgeführt oder in einem verkleinernden Spiegel.

Es beginnt mit der Feier der Osternacht. Die verschiedenen Lesungen aus dem Alten Testament rekapitulieren die Vorgeschichte seit der Schöpfung. Bei der Weihe des Taufwassers wird an den Schöpfungsgeist erinnert, mit dem Gott Adam das irdische Leben schenkte, und nun geht es um die neue Schöpfung. Vor allem aber wird nach dem Text in Röm 6 jeder Getaufte einbezogen in den Tod (Mitsterben, Mitgekreuzigtwerden) und die Auferstehung. Die Teilhabe daran wird in dem paulinischen Text als christliche Erwartung vor Augen gestellt und im Vollzug der Taufe durch das Heraufsteigen aus dem Wasser symbolisch bei der Taufe dargestellt. Auferstehung Jesu und Taufe jedes Christen sind der reale, leibhaftige Beginn der Neuen Schöpfung. Mit Ostern beginnt, so stellt es besonders die Lesung aus Kol 3 dar, der Lebenswandel der Christen im Himmel. Und auch an die Vollendung durch den Heiligen Geist denkt die Osterliturgie bereits, denn das Leben der Getauften vollzieht sich durch den Heiligen Geist (Oration: Inspiration durch die zuvorkommende Gnade).

Die Zahl der 50 Tage vom Ostersonntag bis zum Pfingstsonntag entspricht nach jüdischer Zählweise dem 7x7, denn es geht um sieben Wochen zu sieben Tagen. Aus dem Buch der Jubiläen (3./2. Jh. vC.) lernen wir, dass die ganze Geschichte Israels nach diesem Wochenschema verlaufen ist, hier im Schema von 50 Jahren (je ein Jubiläum). Rupert von Deutz entdeckt in seinem Apk-Kmtr., dass man auch das letzte Buch der Bibel nach dem Siebener-Schema gliedern und deuten kann (wir erinnern uns an die *sieben Siegel*).

Auf dem Weg zur Vollendung, die durch das Pfingstfest angedeutet wird, ist die Feier der Himmelfahrt Jesu die wichtigste Etappe. Sie wird im Neuen Testament auf den 40. Tag nach Ostern angesetzt. 40 ist die heilige Zahl der Bibel schlechthin, und auch Jesus ist 40 Tage in der Wüste.

So steht im Kirchenjahr die Zeit der 40 Tage für die Wanderung des neuen Gottesvolkes durch die Jahrhunderte der verbleibenden Weltzeit. Himmelfahrt bildet einen Einschnitt. Denn in dem Bericht darüber in Apg 1,11 sprechen die Engel über Jesu Wiederkunft am Ende: Wie ihr mich jetzt beim Aufsteigen in den Himmel sehen werdet, so werde ich wiederkommen. Und nach der Apostelgeschichte erfolgt zehn Tage nach der Himmelfahrt das Pfingstereignis. Der Zusammenhang zwischen Himmelfahrt und Pfingsten ist in der Elija-Geschichte des Alten Testaments vorbereitet. Zu seinem Schüler Elischa sagt Elija, der in den Himmel hinaufsteigt: Wenn du mich hinaufsteigen siehst (und nur dann), wirst du von meinem Geist empfangen (vgl. 2 Kön 2,10). So ist es bei Jesus und den Jüngern mit Maria auch: Sie sahen ihn hinaufsteigen und empfangen zehn Tage später seinen Heiligen Geist.

Pfingsten aber bildet dann die Vollendung der Welt durch den Heiligen Geist ab. Denn der Heilige Geist ist nicht nur bei der ersten Schöpfung präsent, ist nicht nur zuständig für Exorzismen, Taufe Jesu und Inspiration, bewirkt nicht nur den Glauben und alles positive Handeln, sondern er ist der Schöpfergeist auch bei der Neuen Schöpfung. So beten die Hymnen der Kirche zu Pfingsten: »Komm, Schöpfergeist ...«. Pfingsten, das Fest der Vollendung, steht nicht nur wegen des Abstandes von 50 Tagen seit der Auferstehung Jesu in der Bibel, es geht nicht um die Pietät der Erinnerung, sondern weil die österliche Zeit das Ganze darstellt, steht Pfingsten für die Vollendung der Schöpfung in der erneuerten Schöpfung. Was deren Inhalt sein wird, kann man daran erkennen, dass in der Bibel, wo immer von der Ursache für Auferstehung die Rede ist, nur der Heilige Geist infrage kommt. Inhalt der Neuen Schöpfung ist der Sieg über den Tod und die Auferstehung. Mit dem Pfingstsonntag ist diese symbolische Zeit zu Ende. Ein 51. Tag, also ein Pfingstmontag, ist mit der Symbolik unverträglich, es sei denn, man nähme die ganze Pfingstwoche als Darstellung der Ewigkeit.

Zu den interessantesten Einzelheiten dieses liturgischen Entwurfs gehört, dass vor Pfingsten (Symbol für das Ende der Welt) jedes apokalyptische Szenario und Gericht fehlt. Weder Katastrophen noch Verfolgung noch Antipoden des Messias werden erwähnt. Das heißt: Diese Endgeschichte ist ganz paulinisch gedacht, und zwar im Sinn von 1/2 Kor und Eph. Gewalt und Blutvergießen fehlen; lediglich die Magnificat-Antiphon der Woche vor Pfingsten erwähnt das Martyrium des hl. Petrus. Dagegen heißt es im Hymnus der Vigil von Pfingsten *Nova facti creatura* ... [Wir sind neue Kreatur geworden]. Das fasst das Ergebnis von Ostern und Pfingsten zusammen.

Zu Pfingsten wird das an allen Glaubenden vollendet, was an Jesus zu Ostern begann. Dass dies geschehen wird, verbürgt die Taufe. So ist die Osternacht der Beginn und Pfingsten das Symbol für das Ende ohne Grenzen. Die liturgische Praxis der Pfingstnovene weist zusätzlich darauf hin, dass alle Gebete der Christen sich immer wieder neu in der Bitte um den Heiligen Geist zusammenfassen lassen.

Wie ein Block steht die österliche Zeit mitten im Kirchenjahr, abhängig vom Ostertermin. Denn zu Ostern »fängt alles an«, was mit der Zukunft der Weltgeschichte zu tun hat. An der Aufeinanderfolge von Ostern, Himmelfahrt und Pfingsten wird das auf eindrückliche Weise demonstriert und in den Sakramenten schon Wirklichkeit. Und die Taufe in der Osternacht (Weihe des neuen Taufwassers, früher und oft auch heute die Taufe neuer Christen) lässt erkennen, wie absolut unverzichtbar die Taufe als das Band zwischen Gott und Menschen ist. Sie lässt uns mit Christus »ein Leib« werden, die Eucharistie entfaltet das dann, ähnlich wie der Gehorsam gegenüber den Geboten in jedem Einzelfall Entfaltung des Taufgeistes ist. Mir zeigt dieser Aufbau der Osterzeit: Die Liturgie ist eine große Künstlerin, die zeigt, wie organisch das Ganze abläuft, und die zentralen Punkte meisterhaft klar darstellt.

Anders gesagt: Im Zeitalter der Apokalyptik ist Stille ein zentrales theologisches Motiv. Jeder jüdische Sabbat bildet das Ziel ab und wird dadurch zur lebendigen Inszenierung jüdischer Hoffnung. Ebenso bleibt jede Erstarrung und Totenstille im besten Sinn des Wortes »nicht allein« und damit nicht Grund zur Verzweiflung, sondern trägt die Verheißung der Erlösung in sich, dass nämlich Gott auf die erste, sterbende Schöpfung die neue folgen lässt. Stille ist somit die »Goldwährung« des vor allem künftigen Goldenen Zeitalters. Dieses Zeitalter ist »vor allem künftig«, doch es kann in der Gegenwart schon in der Stille jedes Sabbats ergriffen werden.

Dadurch wird noch einmal verständlich, weshalb der Sabbat für Jesus und die frühchristliche Mission der Tag der spektakulären Heilungen war. Denn diese kommentieren die Stille im Sinn der Heilung und Erlösung und lassen damit die Hoffnung sozusagen »ganz« werden. Damit ist der Sabbat nicht nur ein Tag legalistischer Observanz (keine Sklavendienste), sondern ein Heilszeichen und selbst schon ein Stück Heil. Das geht aus der hier vorgetragenen Theologie der Stille für das Sabbatbild eindeutig hervor.

(3) *Der Ursprung der Sabbatstille.* Die Sabbatstille gründet auf dem Arbeitsverbot (zunächst für Sklaven) nach Ex 20; Dtn 5 und auf dessen Wirkungsgeschichte. Denn die Auslegungsgeschichte dieses Gebotes zeigt drei Merkmale: (a) Ausweitung der betroffenen Tätigkeiten von Sklavenarbeit bis hin zur Grenze jeder vorstellbaren Tätigkeit. (b) Ausweitung der betroffenen Personen von Sklaven über alle Israeliten bis in die Gegenwart, in der sich die meisten zivilisierten Völker an das Wochenschema halten. (c) Der zeitliche Horizont beschränkt sich nicht auf sieben Tage, sondern wird – etwa im kirchlich-monastischen Stundengebet – verfeinert auf sieben Tagzeiten, die mit Gebet beginnen, und ausgeweitet auf sieben Wochen, sieben Monate, sieben Jahre, auf Jahrwochen (7x70). Dazwischen liegt der am Mondumlauf orientierte babylonische Kalender. Wegen dieses Ursprungs geht es auch wahlweise um Stunden, Tage, Wochen, Monate oder Jahre. Auch die Auffassung, Zeiten könnten »verkürzt« werden (wie Mk 13,20), bezieht sich nach der Eigenauffassung apokalyptischer Texte auf die lineare Verkürzung (Tage, Stunden, Minuten).

(4) *Sabbatstille als Urbild für die Stille am Ende*

> Apk 8,1: *Und als er das siebte Siegel öffnete, entstand ein Schweigen am Himmel, ungefähr eine halbe »Stunde« lang.*

Die hier zu Apk 8,1 vertretene Auffassung lautet: Dieser Vers wird nur verständlich auf dem Hintergrund der »Sabbatstille«. In 4 Esr 7, 130 entsprechen den sieben Tagen (Perioden) der Ersten Schöpfung die sieben Tage Abstand bis zur Neuen Schöpfung. Auch diese Beobachtung könnte hilfreich sein für die Auslegung von Apk 8,1. Denn das für das siebte Siegel kennzeichnende Schweigen ist ein Signal für den Übergang zur Neuen Schöpfung. So ist das Schweigen von Apk 8,1 nicht das Ende der alten Schöpfung (etwa nach dem Motto »Der Rest ist Schweigen«), sondern die »Kunstpause« vor dem Beginn der Neuen Schöpfung. Insofern lässt Apk noch etwas von der altertümlichen Auffassung der Abfolge von Schweigen und Schöpfungswort erkennen, wie sie eben religionsgeschichtlich Joh 1 (Wort) kontrovers vorausliegt.

Diese Beobachtungen ermöglichen einen kurzen Blick in die »Archäologie« (Entstehung) der Apk. Denn über die Neue Schöpfung wird erst in 21,5 berichtet. Alles, was zwischen 8,1 und 21,5 steht, gehört daher in die Entfaltung des siebten Siegels (in erster Linie 11,15–19) und in die engere Vorbereitung der Neuen Schöpfung. Die theologische Entwicklung führte vom Sabbatschweigen zu der »halben Stunde Schweigen« im Himmel nach Apk 8,1.

In dieser Entwicklung ist die Sabbatstille/das Sabbatschweigen an die Stelle getreten, die sonst im Siebener-Schema der Sabbat einnimmt. Denn die sieben Siegel sind konsequent am Schema der sieben Tage der Woche orientiert. Der Sabbat gehört unerlässlich dazu. In Apk 8,1 hat das Schweigen mithin folgerichtig die Stelle des Sabbats selbst eingenommen, dessen Kind es einst war. Das Verbot zu arbeiten, ist nicht nur mehr auf geschäftliches Handeln bezogen, sondern gewissermaßen auf das Endstadium (zweifach gedacht: als End- bzw. Anfangsstadium menschlicher Rede [Schweigen] wie als Endstadium der ganzen Weltgeschichte).

Das Schweigen nach dem Drachensturz

Benedictus-Antiphon im zisterziensischen Officium Horarum in den Laudes des 29. September: *Factum est silentium in caelo dum draco committeret bellum et Michael pugnavit cum eo et fecit victoriam* [Schweigen entstand im Himmel, als der Drache Krieg führte, Michael aber gegen ihn kämpfte und den Sieg errang].

Luis del Alcásar, Apk-Kmtr. 1619, S. 457: *dici etiam possit ecclesiam in hac Antiphona secutam fuisse probabilem aliam huius silentii applicationem ad attentionem caeli ac suspensionem dum praelii illius exitum opperiretur.* [Man könnte auch sagen, dass die Kirche einer anderen möglichen Auslegung dieses Schweigens gefolgt ist, nämlich was die Beobachtung des Himmels angesichts des Endes jeder Schlacht betrifft].

Kommentar: Der Text ist eine Kollage aus Apk 12,7–12 und 8,1. Denn 8,1 wird hier als Überschrift aufgefasst und 12,7–12 als Ausführung. Der Text der Antiphon ist ein schönes Beispiel für die zugleich interpretatorische und kreativ-kompositorische Fähigkeit der Liturgiker an dieser Stelle. Die Religionsgeschichte setzt sich in der Tat in der Liturgie (hier: Komposition) fort.

Dabei geschah hier in inhaltlicher Hinsicht höchst Bemerkenswertes: Das Schweigen von Apk 8,1 ist nun nicht mehr das Sabbatschweigen zu Beginn des siebten

Siegels, sondern die »Waffenruhe« nach dem Sieg über den Drachen. Davon aber war im Kontext von 8,1 noch nicht die Rede. Diese Bedeutungsveränderung zeigen ähnlich auch spätmittelalterliche Kommentare, die das Schweigen von Apk 8,1 militärisch zu deuten pflegen, wenn auch nicht auf Michael/Drachen.

Fazit: Die Deutung von Apk 8,1 in der Laudes-Antiphon des 29. September ist historisch relativ spät und zeigt an, dass man den mutmaßlich ursprünglichen Sinn von 8,1 nicht mehr verstanden hatte. Zugleich kann man auch erkennen, wie breit das Auslegungsspektrum von Apk 8,1 war. Denn es ist ein Unterschied, ob man diese Stille als »Meditation« auslegt oder als die »Ruhe nach der Schlacht«. Die Deutung der Antiphon ist singulär und hat auch in der Textgeschichte der Vetus Latina (Apk ed. R. Gryson) keinen Anhalt.

8.3 Die »halbe Stunde« Schweigen im Himmel

Der prominenteste Abkömmling des Sabbatschweigens ist nach dem bisher Gesagten die »halbe Stunde Schweigen« im Himmel nach Apk 8,1 [nach gewöhnlicher Übersetzung, hier EÜ]:

> *Und als das Lamm das siebte Siegel öffnete, trat im Himmel Stille ein, etwa eine halbe Stunde lang.*

Doch wir müssen alsbald feststellen: *eine halbe Stunde* ist eine irreführende Fehlübersetzung.

Wer diese gängige Übersetzung hört oder liest, wird sich kaum davon abbringen lassen, hier an die Hälfte von 60 Minuten, also an einen Zeitraum von 30 Minuten zu denken. Eine sachliche Begründung für diese Übersetzung wird man freilich vergeblich suchen. Minuten im heutigen Sinn gibt es erst in byzantinischer Zeit, und das griechische/lateinische Wort ὥρα/*hora* wird zwar ab dem hohen Mittelalter als Stunde begriffen. Aber vorher und später ist *hora* eine am Anfang und am Ende begrenzte Zeit von mittlerer Dauer (wie z. B. die Jahreszeiten). *Hora* meint daher nicht »eine Stunde«. Eine halbe Zeit ist dann z. B. gegeben, wenn es wie im Weihnachtslied »wohl zu der halben Nacht« heißt.

Das weist auf ein besonderes Verständnis von Zeit, nach dem nicht der lineare gleichmäßige Verlauf der Zeit oder eine mit der Uhr messbare Dauer ihr wichtigstes Attribut ist. Vielmehr gibt es nach diesem Verständnis qualifizierte Abschnitte. Nach Apk 8,1 liegt der höchstrangige Abschnitt nicht am Anfang, sondern in der Mitte des zeitlichen Verlaufs. In diesem Sinn geschieht, überspitzt gesagt, eine jede Offenbarung »in der Mitte der Zeit«.

Dann heißt »eine halbe Zeit lang« in Apk 8.1: »um die Hälfte der Zeit«, das heißt: in der tiefsten Nacht, denn dann hat »die Nacht« ihren Höhe- bzw. Tiefpunkt erreicht. Verwandt ist die Redensart »tiefster Frieden« (ein unüberbietbar vollkommener Frieden). Die Formulierung in Apk 8,1 (»Hälfte der Zeit«) entspricht mithin – und das spricht für die Richtigkeit unserer These – direkt Weish 18,14: *Als tiefstes Schweigen das All umfing und die Nacht in ihrem Lauf bis zur Mitte gelangt war.*

Die in Apk 8,2ff. berichteten Ereignisse haben damit besonderen Offenbarungscharakter. Zu jeder Offenbarung gehört, dass sie in der Mitte (auf dem Höhepunkt) der Zeit stattfindet. Nach einer inhaltlich benachbarten Zeitauffassung könnte man auch sagen: *Als die Zeit erfüllt war,* denn auch in dieser Sicht ist Zeit nicht die linear gleichbleibende Erstreckung des »immer weiter«, sondern sie ist unterschiedlich inhaltlich gefüllt.

Wilhelm von St. Thierry (1075–1148), De contemplando Deo (übers. W. Dittrich u. H. U. von Balthasar, 1961), § 7: »Wohl mag, solange wir noch in diesem Leben sind, jenes Schweigen glückseligen Friedens im Himmel (das heißt in der Seele des Gerechten, die Sitz der Weisheit ist) bisweilen verkostet werden; aber nur ›eine halbe Stunde‹ oder gleichsam ›eine halbe‹ bereitet Dir wenigstens unsere gute Meinung ›aus dem, was von jenen Sinnen übrigbleibt‹, einen dauernden ›Festtag‹. Aber erst im seligen ewigen Leben ... wird seiner Liebe unauflösliche Ewigkeit, unzerstörbare Vollendung, unversehrbare Seligkeit sein.« – *Kommentar:* An den beiden Stellen in der Schrift über »Gott schauen«, an denen Wilhelm vom Schweigen spricht, geschieht das in der Auslegung der beiden immer wieder genannten Stellen Apk 8,1 und Weish 18. Bei Apk 8,1 setzt er auf den Gegensatz zwischen der kurzen Dauer auf Erden und dem »dauernden Festtag« im Himmel. Damit aber muss er den »Himmel« in Apk 8,1 immanentistisch deuten, nämlich auf die Seele.

Besonders ist hinzuweisen auf die Sabbatlehre des Zisterzienservaters Aelred von Rievaulx (geb. 1109) (W. Buchmüller, Aelred von Rievaulx und die Grundlinien seiner Spiritualität, 2001, 227–234). De speculo caritatis I § 28.47) Der Sabbat als Ziel der Sehnsucht: ... *quanta in tui dilectione iucunditas, quanta cum iucunditate tranquillitas, quanta cum tranquillitate securitas* [Wie genussreich ist es, dich zu lieben, wie intensiv die friedliche Ruhe, wie stark die Gewissheit in aller Ruhe]. Dazu Buchmüller S. 227 »Aelred prägt hierfür im ›Spiegel der Liebe‹ den Begriff des Sabbats.« Eine Verbindung mit Geschichtstheologie scheint Aelred indes nicht gelungen zu sein, wohl aber eine Verknüpfung mit der Moral- bzw. Gnadentheologie, Denn im Sabbat finden alle Werke ihre Vollendung, und deshalb steht er für Liebe, Vollkommenheit: *Ipsa est caritas, virtutum omnium consumatio, sanctarum animarum suavis refectio* [Das ist die Liebe, die Vollendung aller Tugenden, die sanfte Erquickung heiliger Seelen]. Denn der Sabbat ist die »Vollendung« der Woche. Auch nach anderen Aussagen Aelreds hat das Schweigen eine moralische Bedeutung, so mäßigt es den Zorn (Buchmüller S. 258) und zügelt den Willen (ebd., S. 259)

Bevor man im späten Mittelalter dazu übergeht, Apk 8,1f. politisch zu deuten, versucht man im 14. Jh., der Stelle einen Ort im Antichrist-Drama zu geben. Dies erscheint hier als Vorstufe zu einer profan-politischen Deutung, so etwa im Apokalypse-Kommentar des Bernardin von Siena (1380–1444).

Bernardin von Siena, Apk-Kmtr., Venedig 1745 (Werke IV, 51), bezieht den Text Apk 8,1 auf die *tranquillitas in mundo* (!): Nach dem Tod des Antichrists herrschen Frieden und Ruhe. Die Menschen haben 40 Tage zur Umkehr; das entspreche der den Juden zwischen 30 und 70 nC. gewährten Zeit zur Umkehr. So wird es auch nach dem Tod des Antichrists bis zum Jüngsten Gericht sein; Mt 24,36; Mk 13,14 gehen in Erfüllung.

Die für Jahrhunderte ausführlichste Auslegung von Apk 8,1 findet sich bei dem spanischen Jesuiten Luis del Alcásar in seinem monumentalen Kommentar zur Apk von 1619. Das betrifft sowohl die »halbe Stunde« als auch das »Schweigen«. Für die »halbe Stunde« weist er auf Tob 11,14 Vg: *sustinuit quasi dimidiam fieri horam* die Zeit, in der Tobit auf den Eintritt des Wunders der Heilung warten muss. S. 457–459 bringt einen Exkurs: *De allusione ad mysterium libri Tobiae in dimidiae horae silentio Apocalypsis 8,1. Silentium* deutet Alcasar mit zahlreichen Belegen als *patientia* und *tolerantia* oder als *pax* und *quies*, d. h. wir finden hier (S. 486f.) Belege für die moralisierende katholische Bibelauslegung des Frühbarocks. Alcásar verdanke ich den Hinweis auf die Benedictus-Antiphon vom

29. September (St. Michael). Dazu gehören auch die genannten »Tugenden«: *modestia et reverentia erga divinam maiestatem.* Der Jesuit Ribera wird zitiert für die Auslegung auf *taciturni* (hier 11.2) und deren *admiratio* bzw. *reverentia*, laut anderen ist das *silentium ei signum laudis* (Tibi silentium, Deus in Sion) oder steht für die *pietas sanctorum.* Die »halbe Stunde« in Apk 8,1 entspreche der kurzen Zeit laut 2 Kor 4,17 (dazu: Nach unserer Deutung ist die »halbe Stunde« nicht ein Hinweis auf die Kürze der Verfolgung, sondern auf die Mitte des Zeitabschnitts [und auch nicht ein Bild für die Intensität der »Verfolgung«], und *silentium* ist in Apk ohnehin kein Merkmal der Verfolgung).

8.4 Der himmlische Sabbat

Oftmals ist die Sabbatstille/das Sabbatschweigen an die Stelle getreten, die sonst im Siebener-Schema der Sabbat im Ganzen einnimmt. Denn die sieben Siegel sind konsequent am Schema der sieben Tage der Woche orientiert. Der Sabbat gehört unerlässlich dazu.

Sabbatum Sanctum heißt der Karsamstag im Kirchenlatein. Denn jeder Sabbat des ganzen Jahres hat in diesem Tag sein Urbild und Vorbild. Denn hier lässt man nicht nur die Arbeit ruhen, bei Zisterziensern/Trappisten entfällt am Karsamstag auch jegliches feierliche Chorgebet. Daher schweigen am Karsamstag zugunsten der Stille nicht nur Glocken und Orgel, sondern auch die menschlichen Stimmen. Denn wer könnte es angesichts der Ermordung des Gottessohnes durch Menschen (!) noch wagen, dem Herrgott munter ein Lied zu singen?

Daher geht es im Unterschied zu Zeiten des Alten Testaments am »heiligen Sabbat« nicht nur um ein Verbot von Sklavenarbeit, sondern auch radikal von menschlicher Leistung und Aktivität überhaupt. Dieses Verbot ist nicht sozial zu verstehen, sondern rechtfertigungstheologisch im Sinne Augustinus' und Wilhelms von St. Thierry. Damit wird der Sabbat – und darin überragt er alle anderen Tage – zum Anlass und Symbol der Fragwürdigkeit jeglichen menschlichen Tuns.

Das liturgische Schweigen wird Gipfel und Höhepunkt der Unterlassung menschlichen Tuns. Denn das liturgische Schweigen am Karsamstag deutet sichtbar an, dass im Rahmen der Vorgeschichte zwischen Gott und Mensch alles heilvolle und heilschaffende Tun allein von Gott kommen kann.

Joachim von Fiore, Expositio in Apocalypsim 14f. (f. 15ra). Ähnlich wie schon im jüdischen Jubiläenbuch (3./2. Jh. vC.) die ganze Weltgeschichte vom Gröbsten bis ins Kleinste dem Sabbatzyklus unterworfen ist (Jahrwochen, Jubiläen usw.), so kann auch Joachim die ganze Heilsgeschichte in Sabbate einteilen. Als Instrument der Geschichtsgliederung ist daher der Sabbat im Frühjudentum genauso beliebt wie noch 1200 Jahre später. Es gibt laut Joachim mehrere Arten von Sabbat: der »historische Sabbat« besteht darin, nach sechs Tagen Arbeit einen Tag der Kontemplation zu haben; »moralischer Sabbat« ist, wenn jemand sich von der Nichtigkeit der Welt frei macht ... Es bleibt der Sabbat des Volkes Gottes. Dieser Sabbat ist zwischen Mose und Esra *silentium* wie *otium*. Diese dritte Art von Sabbat wird auch kommen im dritten Status der Kirche, eben nicht vor oder unter dem Gesetz, sondern unter der Gnade; das ist die Zeit, in der Satan eingekerkert wird. Zum ersten Sabbat gehörte, dass Josef in Ägypten »ruhte«.

Wie das Gericht über Sodom vor dem ersten Schweigen war, das zweite Schweigen das über Babylon, so steht das neue Schweigen bevor. In allen drei Sabbaten wird etwas neu aufgebaut. Die künftige Welt wird der dritte Sabbat sein. Neu-Babylon muss zerstört werden und das neue Jerusalem aus lebendigen Steinen neu aufgebaut. Bemerkenswert: Jeder der drei Sabbate in der Geschichte hat sein eigenes *silentium*. Die Zuordnung von Schweigen und Sabbat geschieht daher bei Joachim durchgehend.

Vgl. dazu J. E. Wannenmacher, Hermeneutik der Heilsgeschichte, 2004, S. 217f.: »Ein gemeinsames Kennzeichen dieser drei Sabbattage ist das Schweigen, am ersten das Schweigen jener Sabbatnacht, in der sich die Kinder Israels für den Auszug rüsteten und in der um Mitternacht der Herr die Erstgeburt Ägyptens fällte, am zweiten das Schweigen der Quellen in der Zeit zwischen dem Wiederaufbau in Jerusalem und der Zeit des Täufers, am dritten jedoch das Schweigen, das im Himmel erscheinen wird. Doch erst nach einer weiteren Verfolgung steht das Ende der Zeiten bevor.« Ebd. S. 218, Anm. 83: Im Blick auf Joachim, Expositio, Liber introductorius, fol. 3ra.15[ra-b]: »Das himmlische Schweigen findet hier noch vor dem Fall Babylons statt, also in der Eröffnung des sechsten Siegels. Die dritte Sabbatzeit, zu der der Wiederaufbau des neuen Jerusalem in Angriff genommen wird, ist weit freudenreicher als die beiden früheren. Von einer vollständigen Fesselung des Satans kann jedoch auch hier keine Rede sein.« Dazu ebd., S. 218, Anm. 82: Joachim bezieht sich dabei nicht auf den Bericht vom Auszug im Buch Exodus, bei dem das Motiv des Schweigens nicht explizit erwähnt wird, sondern auf Weish 18,13–16. Ebd., S. 219f.: »In der Mehrzahl der Schriften Joachims, die den Sabbat erwähnen, ... kommt dieser nur als der Sabbattag am Ende der Heilsgeschichte vor, der entweder dem siebten Tag der Weltwoche und gleichzeitig dem dritten Status oder dem siebten Abschnitt dieses siebten Weltalters entspricht. Dem dreifachen Sabbat wird zugeordnet eine Gruppe von drei verschiedenen Status: *ante legem, sub lege, sub gratia* [vor dem Gesetz, unter dem Gesetz, unter der Gnade].«

9. DAS WELTGERICHT IN DER MITTE DES SCHWEIGENS

In diesen Zusammenhängen spielt immer der Text Weish 18 eine wichtige Rolle. Er wird in der Weihnachtsliturgie der katholischen Messe zitiert. Im Kontext der Messe bezieht sich der Abschnitt über das Herabspringen des Wortes vom himmlischen Thron Gottes in das Land des Verderbens auf die Menschwerdung des Gottessohnes. Im biblischen Wortlaut von Weish 18 geht es jedoch eindeutig um das Gericht. Dass dieser Wandel in der Deutung (d. h. zwischen Schrift und Liturgie) überhaupt möglich war, hat seine Voraussetzungen im Verständnis der Funktion des »Wortes Gottes«. Am Beispiel des Joh, das ja in der dritten Weihnachtsmesse genauso »tragend« ist wie das Zitat aus Weish 18, lässt sich zeigen, dass das göttliche Wort ebenso gnadenbringend wie richterlich wirkt. Denn in jedem Falle bewirkt es Scheidung dort, wo bisher nebliges Durcheinander war. So im Sinne der Gnade in Joh 3, im Sinne des Gerichts in Joh 5.

Die Verbindung von Schweigen und »Wort« gilt zunächst nach Weish 18 von Gottes Wort zum Gericht. Dabei ist das Schweigen eher als »Mutter« bzw. Ursprungsort des Wortes vorgestellt. In einer weiteren Phase wird das Wort dann auf Jesus Christus ausgelegt, und der Aspekt des Gerichtes wird entweder auf Predigt und Auftreten des irdischen Jesus bezogen oder abgetrennt und der apokalyptischen Eschatologie überlassen.

> *(13c) Dieses Volk ist Gottes Sohn. (14) Als tiefes Schweigen das All umfing / und die Nacht in ihrem Lauf bis zur Mitte gelangt war, (15) da sprang dein allmächtiges Wort vom Himmel, vom königlichen Thron herab / als harter Krieger mitten in das Land des Verderbens.* (Weish 18,13c–15)

Auslegung auf Jesus Christus

Es gibt vielleicht schon im 2. Jh. vC. (wohl frühestmöglicher Entstehungszeitpunkt des Buches der Weisheit Salomos [nur im katholischen Kanon]) die Rede vom Schweigen am Anfang, ganz oder teilweise personalisiert. Denn dann ist es der Vater, der schweigt, und der Sohn, der aus diesem Schweigen hervorgeht, ist das »Wort« [sc. Gottes], auch wenn in jüdischen Texten dieses metaphorisch als Person vorgestellte Wort noch nicht Jesus Christus ist: Der bekannte Text ist in der katholischen Weihnachtsliturgie dann auf Jesus Christus bezogen. Aus der Weihnachtsliturgie ist das »tiefste Schweigen« geläufig, das alles umfangen hielt, bevor Gottes Wort in die Welt sprang (daher dann der liturgische Zeitpunkt: Mitternachtsmesse). Weihnachtspredigten aller Jahrhunderte haben diesen Aspekt immer wieder betont.

Mit Weish 18 verwandt, jedoch nicht daraus herleitbar, ist ein Text am Anfang der EsrApk(äth) (übers. K. Berger): 1,2–5: »So sprach Gott zu Esra: Verstehe und bedenke meine Königsherrschaft. Wenn ich kommen werde, die Lebenden und die Toten zu richten, an jedem Tag, wird der kommen, der ›Wort‹ genannt ist. Er gleicht dem Stern, der im Osten aufgeht und bis zum Westen hin leuchtet. So wird das Kommen Gottes sein.« – *Kommentar:* Gottes Kommen zum Gericht geschieht als das Kommen einer anderen Person, nämlich dessen, der »das Wort« genannt wird. Der ganze Text in der äthiopischen Esra-Apk mutet an wie ein Kommentar zu Apk 19,11b-13. Der vom Osten bis zum Westen hin Leuchtende ist ebenfalls nicht Gottvater, sondern nach dem Evangelium der Menschensohn (Mt 24,27). Im Unterschied zu Apk 19 unterscheidet EsrApk(äth) die Person Gottes von der des Richters, trotz der formulierten Wirkeinheit beider. Diese ist hier gut gelungen dargestellt.

So wie im Johannes-Prolog mutmaßlich das übliche Schweigen ersetzt wurde durch das »Wort«, sogar im Sinn einer scharf pointierten Mittlerfigur, gilt auch für Joh 1; Apk 19 und EsrApk(äth): Wo das Schweigen fehlt, ist die Mittlerfigur als Person klarer erkennbar und schärfer pointiert. Weish 18 bietet ja das Schweigen, und daher ist bis heute unklar, ob das »allmächtige Wort« hier eine Person ist oder nicht (ob die Beschreibung als Krieger vollständig metaphorisch ist oder nicht), das hieße dann: eher ein Wesen im Sinn der üblichen Hypostasen. – Jedenfalls ist nach den älteren Texten das »Wort« noch keine Person. Ein Übergang zeigt sich erst in Joh 1,14; Apk 19 und EsrApk(äth). Zu dem Thema »Wort als Richter« ist im Übrigen auf das mutmaßliche Frühstadium dieser Auffassung in Hebr 4,12 zu verweisen, wo es sich ja ebenfalls nicht um eine Person handelt.

Fazit: (1) In Weish 18 ist der so oft in profanen Zeugnissen belegte Zusammenhang von Schweigen und Wort noch erhalten: Aus dem Schweigen geht das Wort hervor.

(2) In Hebr 4,12 *(Denn lebendig ist das Wort Gottes …)* gibt es weder Schweigen noch ein personhaftes Wort.

(3) In Joh 1 bleibt die personhafte Eigenart des Wortes zunächst unklar und wird erst in 1,14 (Menschwerdung) eindeutig. Anders in EsrApk(äth): Gott und Logos (= Menschensohn) bilden zwei Personen in Wirkeinheit. In Apk 19 erscheint der Logos eher als ein Engelwesen (hat Haupt, Namen, Mund, schlägt die Heidenvölker), das im Auftrag Gottes Krieg führt. An den drei Texten wird erkennbar, wie differenziert das Verhältnis von Hypostase und Person gesehen werden kann.

(4) Dass nach Weish 18 vom Schweigen in den genannten Texten nicht (mehr) die Rede ist, führte uns zu der Hypothese, dass das Schweigen in Joh 1 vollständig durch den Logos ersetzt worden ist.

Auslegung auf Liebe

Ein spezifisch christlicher Hinzugewinn ist die Auslegung des von Gott gesandten Wortes auf Liebe (wohl nicht ohne Einfluss von 1 Joh). So geschieht es in den Vorstadien der mittelalterlichen Mystik:

(1) Wilhelm von St. Thierry, De contemplando Deo (übers. W. Dittrich u. H. U. von Balthasar, 1961), § 10: »Das war dein Wort an uns, Herr, das war das ›allmächtige Wort, das während des mitternächtigen Schweigens (nämlich finsterste Verirrung) alles umfing‹, vom königlichen Throne herabstieg als harter Streiter gegen die Irrtümer und als gütiger Herold der Liebe (vgl. Weish 18). Und was immer er tat, was immer er sprach auf Erden – bis zur Schändung, zum Geifer, zum Backenstreich, bis zum Kreuz und zum Grab – war nur Dein ›Sprechen zu uns im Sohne‹, um durch Deine Liebe unsere Liebe zu Dir herauszufordern und zu entflammen.« Wilhelm bezieht Weish 18 nicht auf Krieg und Gericht, sondern auf das Eifern des Sohnes um Liebe, deren Herold er ist. Sein kritisches Tun ist Herausfordern und Entflammen.

(2) Bei Meister Eckhart wird Gott gewissermaßen der Seele des Menschen immanent. Denn er spricht oder »gebiert« dort das Wort. Diesen Vorgang kann Meister Eckhart auch als Liebe Gottes zum Menschen deuten. Doch Voraussetzung

ist, dass der Mensch schweigt (ähnlich: »Diese Stimme hört man nur in der Verborgenheit des Schweigens«: Wilhelm von St. Thierry, Hld-Kmtr., S. 162).

Meister Eckhart, Predigt 57 (J. Quint, S. 416): »Wir nehmen nun zum ersten das Wort, das da lautet: Mitten im Schweigen ward mir eingesprochen ein verborgenes Wort. Ach, Herr, wo ist das Schweigen und wo ist die Stätte, darin dieses Wort gesprochen wird? Wir sagen, wie ich schon vorhin sprach: es ist im Lautersten, das die Seele zu bieten hat, im Edelsten, im Grunde, ja im Sein der Seele, das heißt im Verborgensten der Seele, dort schweigt das ›Mittel‹, denn dahinein kam nie eine Kreatur noch ein Bild noch kennt die Seele da Wirken oder Erkennen noch weiß sie da von irgendeinem Bilde, sei's von sich selbst oder von irgendwelcher Kreatur ... all ihr Wirken nach draußen leistet sie (die Seele) durch etwas Vermittelndes. Im Sein aber gibt es kein Werk, denn die Kräfte, mit denen sie wirkt, die fließen (zwar) aus dem Grunde des Seins; in diesem Grunde (selbst) aber schweigt das ›Mittel‹, hier herrscht nur Ruhe und Feiern für diese Geburt und für dieses Werk, auf dass Gott der Vater dort sein Wort spricht ... (S. 417) so wäre es unmöglich, dass du jemals durch irgendein Bild selig werden könntest. Und daher muss da Schweigen und Stille herrschen, und der Vater muss da sprechen und seinen Sohn gebären und seine Werke wirken ohne alle Bilder ... oder dass der Mensch sich in Schweigen halte, in Stille und Ruhe und Gott in sich sprechen und wirken lasse, selbst aber nur auf Gottes Werk in sich harre ... das allerbeste und alleredelste, wozu man in diesem Leben kommen kann, ist, wenn du schweigst und Gott wirken und sprechen lässt. (S. 422) [Das Wort] ... sein verstohlenes Kommen in Geraune und in Stille, um sich zu offenbaren. ›Herr, nimm ihnen ihren Geist und gib ihnen dafür deinen Geist‹ (Ps 103,29.30) ... Deshalb sprach der Prophet: Ich will sitzen und will schweigen und will hören, was Gott in mir spreche.«

Kommentar: (1) Wenn der Mensch schweigt, kann Gott sprechen und handeln. (2) Die »Aversion«, ja Polemik gegen die »Bilder« wendet sich gegen die Vorstellung himmlischer Hallen, des himmlischen Tempels und Altares, gegen den himmlischen Kult und ist insofern eine Form negativer Theologie (s. dazu M. Striet 2001); daher sind »Bilder« auch die Dogmen der Kirche. Auch eine aufmerksame Lektüre des Korans ergibt eine völlige Abwesenheit von Bildern und Metaphern für den göttlichen Bereich. So kann man erkennen, dass die Front gegen Bilderverehrung (Ikonoklasmus) viel breiter ist als nur Polemik gegen Ikonenverehrung. Es gibt daher drei Bereiche, in denen sich parallel ikonoklastische Ablehnung von Bildern, Ikonen und Metaphern vollziehen. Dazu gehören:

- die *theologia negativa* byzantinischer Theologen (vorab Dionysius Areopagita),
- die Kunst- und Schmucklosigkeit zisterziensischer Kirchenarchitektur,
- weite Teile der deutschen Mystik (z. B. Meister Eckhart).

Die positive Kehrseite bildloser Mystik ist ein ausgeprägter Personalismus, der z.T. erst im Personalismus der (religiösen) Philosophie des 20. Jh. wieder aufgegriffen wird. Denn »die Schrift«, (z. B. Hebr und Apk) ist durch hohe Bilderfreudigkeit ausgezeichnet.

Für den weiteren Fortgang dieses Buches halten wir fest: Das religiös-theologische Lob des Schweigens entspricht einer Hochschätzung der *theologia negativa* (z. B. Dionysius Areopagita). Das ist von besonderer Aktualität für Menschen, die mit der Summe fest gewordener kirchlicher Lehren nicht viel anfangen können. So entsteht eine Schein-Ehe zwischen neuplatonischer Abneigung gegen Materie und dinglichen Darstellungen einerseits und modernem Skeptizismus andererseits. Die Rezeption der Mystiker im 20. Jh. verlief streckenweise durchaus im Sinn dieser Liaison.

Die sprachliche Umsetzung »negativer Theologie« ist als Schweigen leicht möglich. Die *theologia negativa* liefert die theoretische Grundlage für praktische und theoretische Aspekte des Christentums als Schweigereligion.

10. DAS SCHWEIGEN IM HIMMEL

Wilhelm von St Thierry, Der Spiegel des Glaubens, 109f.: »O selige, überselige Seele, die von Gott so zu Gott hin angetan zu werden verdient, dass kraft der Einheit des Geistes in Gott nur Gott allein liebt und nicht irgendein Eigenes ... Das ist das Ziel, das ist die Vollendung, das ist die letzte Vollkommenheit. Das ist der Friede, das ist die Freude des Herrn, das ist die ›Lust im Heiligen Geist‹, das ist das Schweigen im Himmel.« – *Kommentar:* Das »Schweigen im Himmel« ist die höchste und abschließende Aussage, die nicht mehr überboten werden kann. Was für eine Zeit, in der Schweigen der höchste Wert überhaupt ist.

In einem methodisch bahnbrechenden und inhaltlich aufschlussreichen Aufsatz hatte Gerhard von Rad (»Es ist noch eine Ruhe vorhanden über dem Volk Gottes«, Gesammelte Studien I, [1933] 1961) eine große »traditionsgeschichtliche« Linie von Num 20 über Ps 95 bis zu Hebr 3f. darstellen können. In Num 20 schwört Gott den Vätern Israels im Zorn, sie würden nicht hingelangen an seinen Ruheort. Dieser Ruheort heißt in der griech. Bibel κατάπαυσις. In Ps 93 wird das Stichwort wieder aufgegriffen, und die Israeliten werden ermahnt, »heute« nicht das Ziel zu verfehlen. Der Hebr-Verfasser ermuntert sie, sich Mühe zu geben, in das eben »heute« noch offenstehende Ziel zu gelangen. Dieses Ziel wird als Sabbatruhe bezeichnet (Hebr 4,4.9–11). Das führt den Hebr-Verfasser zu Jesus, der diesen Weg schon vorausgegangen ist.

Für die bisher in diesem Buch diskutierten Themen bedeutet das: Sabbat, Ruheort und Zielort »Himmelreich« sind hier ein und dasselbe. Waren in der älteren Zeit die Siebenzahl und die realisierte Sabbatruhe das Entscheidende, so werden dann in der lateinischen Kirche *quies* und das hier besprochene *silentium*, also weniger die Arbeitsruhe als vielmehr das Verstummen, die Klang- und Geräuscharmut zum Merkmal der Vollendung. Zu der gegenläufigen Tradition der Musikalisierung des Himmels (Chöre, sogar Instrumente) sah man mit Sicherheit keinen Gegensatz, ist doch himmlische Musik etwas anderes als irdischer Lärm.

Gerhard von Rad beschreibt daher den Weg von der Landverheißung (Ruheort für das Volk) bis zur immateriell gedachten *requies* in der Nähe zu Gott. Das verheißene Land wird im Laufe der Überlieferung und Kommentierung immer stärker zu einem Hof, der Gott umgibt, so wie wir das von Gestirnen kennen (vgl. »Hof« um den Mond herum). Damit wird das Sein bei Gott und die Gemeinschaft mit Gott wichtiger als der Besitz von Land in irgendeiner Form. Auch bei Paulus geht es ja darum, »beim Herrn« zu sein.

Orat 6552: *Caelesti collocasti in requie* [du hast sie in himmlischer Ruhe aufgestellt]. Die himmlische Ruhe ist schon in den mittelalterlichen Quellen weit entfernt von alttestamentlichen Land-Vorstellungen.

Der Ausdruck »Herr, gib ... die ewige Ruhe« ist missverständlich. Historisch steht der erbverursachte Landbesitz (Familienerbe oder Platz im Familiengrab) dahinter; Zugewinn gegenüber Nomaden. Ruhe ist bei uns der Gegensatz zu »Lärm«. In Marrakesch würde man darunter verstehen die Abstellung des Blechlärms der 100.000 Mopeds. »Ewiges Leben« ist zu blass – und was ist Leben? Das Problem ist kein übersetzungswissenschaftliches, sondern es geht um eine Neufüllung.

Ein kleines Plädoyer für die »Ruhe«: Von der Bibel her haftet ihr der Erdgeruch noch an (Erbteil). Nicht luftige Spekulation mit »ewiger Seligkeit« wie eher griechisch gedacht, die ist gar nicht leibgebunden, sondern nur in »Lüften«; typisches Beispiel: Barocke Deckenmalerei.

Da der »Ruhe« das Erben anhaftet, bedeutet diese Bitte auch: Lass die Toten einen Ort finden in der Abfolge von Lehrern und Schülern, denn wir stehen auf den Schultern Großer und sind verpflichtet, das Ererbte treu weiterzugeben, wenn es denn gut war. Augustinus sagt es in dem Satz über das unruhige Herz, das Ruhe in Gott als Zielhafen ansteuert *(inquietum ... donec requiescat in te)*. Nach Hld 3,1f. ist sie, ohne dass das Wort »Ruhe« fällt, für Bräutigam und Braut nach Verlorengehen und Wiederfinden das gemeinsam erstrebte Ziel.

Das Besondere an dem *silentium* der mittelalterlichen Himmelsbeschreibungen ist, dass dieses Wort zumeist genügt und nur selten mit näheren Angaben ausgestattet ist:

So in 4Esr 7, 95 (von den Gerechten): »Die dritte Ordnung, dass sie die Ruhe begreifen, in der sie nun, in ihren Kammern versammelt, ausruhen werden unter großem Schweigen, von Engeln bewahrt, und ihre Herrlichkeit, die in der letzten (Zeit) bleibt.« – *Kommentar:* Nicht nur das Schweigen muss generell »bewahrt« werden, also behütet und geschützt, sondern indem Engel dieses Bewahren vollziehen, gilt es auch zugunsten der Gerechten.

Wenn es dennoch Ausmalungen gibt, sind sie schriftgelehrt, so z. B. mit Hilfe von Apk 21,5 im *Rituale Armenorum* (S. 121f.): »himmlischer Ruheort … ruhen am Ort des Lebens, an einem Ort des Lichts, und Ruhe ohne Schmerz und Kummer und Geschrei.«

Weniger Zurückhaltung in der Darstellung des Himmels zeigen die Illustrationen zur Beatus von Liébana-Apokalypse (10.–13. Jh.) und im Hohen Mittelalter die Tafelmalerei (Hubert und Jan van Eyck, Genter Altar, 1432).

Selbst die Hoffnung auf den Himmel hat schon Anteil an dessen Wesensart: Corpus Orationum 1090: *tranquilla spes resurrectionis* [die stille Hoffnung auf Auferstehung]. Denn »Ruhe«, »Stille« stehen für »göttlichen Ursprung«, »himmlischen Glanz« überhaupt.

Spätestens seit Apk 21,6b; 22,1f. gehört die Schilderung des himmlischen Gartens (vgl. auch Hubert und Jan van Eyck, Genter Altar) zur Darstellung der himmlischen Ruhe im *locus amoenus* bei Gottes Thron.

Johannes-Anaphora S. 121, V. 73: »Lass sie wachsen bei dem stillen Wasser im Garten des Paradieses bei den Schößen Abrahams, Isaaks und Jakobs.« – *Kommentar:* Das »stille Wasser« ist nicht ein Wasser, das kein Geräusch machte oder nicht zischte, sondern es ist still, weil es himmlisches Wasser ist. Denn alles in der Nähe von Gottes Thron ist »schweigend«. Ebenso: Athanasius-Anaphora, S. 211, V. 86: »am grünen Ort, wo Wasser der Ruhe ist im Garten der Seligkeit«. Da Wasser üblicherweise beweglich ist, kann Ruhe als Attribut des Wassers fast an ein Wunder grenzen.

Ruhe als Ausruhen von Mühen. Diese Texte lassen sich aus der Wirkungsgeschichte von Mt 11,28 begreifen (Ruhe für Mühselige und Beladene). Die Stelle hat über Jahrhunderte hin stets großes Echo gefunden, weil es hier um die Alltagsexistenz von Christen geht.

Ganz selbstverständlich kennen das auch gnostische Texte: Silvanus (NHC VII, 103, 15–17): »Gehe darin [sc. auf dem Weg Christi], dass ihr Ruhe empfangt von euren Mühen.« – Thomas Contender (NHC II, 145, 12–14): Nach Leiden und Passion Ruhe von Guten. *Requiescunt cum silentio multo* [sie ruhen unter großem Schweigen] (L. Brou, Le IVe livre d'Esdras dans la liturgie Hispanique, in: Sacris Erudiri 9 [1957]).

Dionysius Areopagita, De divinis nominibus 4. 22 M 3. 724 B; de mystica theologia 1. 1 M 3. 397: »Engel: der in sich aufleuchten lässt das Gute, das im Schweigen des Allerheiligsten verborgen ist.« – *Kommentar:* Das »Allerheiligste« bedeutet Unzugänglichkeit. Wenn das Schweigen in der Mitte des »Tempels« der Ort des Guten/des Gutes ist, dann ist es von allem Bösen abgeschirmt. Ebenso wie die oben zitierte Passage 4Esra 7, 95 und die folgende 4Esra 7, 85 wird ein Ort (!) größter Geborgenheit beschrieben:

4Esr 7, 85 (von den Ungerechten): »Sie sehen die Wohnstätten der anderen von den Engeln bewahrt unter großem Schweigen.« – *Kommentar:* »Unter Schweigen« wird etwas »bewahrt«, das hermetisch (!) verschlossen ist, so dass nichts Fremdes eindringen kann. Weder wird sein Ort verraten, noch dringt irgendetwas hierhin, das stören kann.

Fazit: Unter Schweigen bewahren ist wie verstecken und nicht verraten. Dann ist der so Bewahrte ganz sicher und ungefährdet. Zum Bewahren vgl. oben 2.4.

Theologische Bedeutung: Ausgangspunkt ist die de facto ungestörte Integrität des bestatteten Körpers im Grab, und zwar gegenüber Grabräubern, Sturmschäden und Fremdbelegungen. Man sieht den begrabenen Körper demnach als gefährdeten Gegenstand. Auch kann niemand unbegrenzte Zeit an einem gewöhnlichen Grab wachen. Das müssen schon Engel übernehmen. Diese heißen ja auch ganz allgemein »die Wächter«. Schweigen/Ruhe hat auch eine andere und tiefere Bedeutung. Im Alten Testament versteht man darunter das »Ruhen mit den Vätern« im Familiengrab, und Begrabenwerden bedeutet »zu den Vätern versammelt werden«. Das steht an der Stelle dessen, was bei uns »Familiengeschichte« genannt wird – eine sehr leibhaftige Erfahrung von Geschichte. Das gilt, auch wenn im hellenistischen Judentum diese »Väter« dann im »Himmel« sind (Frauen ruhen im Schoß der Mütter). Auch für dort wünscht man ihnen »ewige Ruhe«. Die gilt nun nicht gegenüber Grabräubern oder angesichts böser, Unruhe stiftender Engel. Gemeint ist Teilhabe an der Stabilität (»Ewigkeit«) göttlichen Lebens.

11. GEHEIMNISSE IN DEN HERZEN UND AUF DER ZUNGE

11.1 Geheimnis und Schweigen

Es bedarf einer kurzen Begründung, wenn in einem Buch über Schweigen das hinzugenommen wird, was das Neue Testament zu »Geheimnis« sagt. Aber Geheimnisse sind das Verschwiegene, ganz gleich ob mündlich oder schriftlich. Sie sind nicht zwingend auf ewig Verschwiegenes, doch die Zeit ihres Verschweigens bleibt stets zu beachten. Aber es gibt eine Zeit des Verschweigens und es gibt eine Zeit der Öffnung des Verschwiegenen.

In diesem Kapitel werden die Verbindungen von »Schweigen« oder »Verschweigen« mit »Geheimnissen« untersucht. Denn in jedem Fall »schützt« das Schweigen ein Geheimnis, und dabei spielen dann abwechselnd zwei Faktoren eine Rolle, entweder die »Zeit« oder besondere Personen bzw. Personengruppen. Zum Beispiel wird die Zeit wichtig, in der ein Geheimnis »von alters her« bestanden hat und »jetzt« enthüllt wird. Oder Personen werden wichtig, wenn Propheten schweigen müssen (wie die Jünger Jesu über den Menschensohn).

In der Geschichte Gottes mit den Menschen sind (verschwiegene) Geheimnisse Umwege oder »Umleitungen«, auf denen die Menschen für eine Weile in die falsche Richtung zu laufen scheinen, wenn zum Beispiel Gott selbst schweigt, wenn Märtyrer nicht bis zum Ende ihres Lebens die frohe Botschaft verkündigen, sondern in ihrer Passion trotzig schweigen, wenn Jesus nach dem Wirken eines Wunders verbietet, davon zu erzählen. Es wird etwas geschützt oder verzögert.

Es entsteht der Eindruck, dass der Umgang mit einem Geschehnis oder einer Personenwürde dadurch, dass sie zum Geheimnis erklärt werden, besonders geschützt werden sollen. Wenn etwa Jesu Rolle als Welterlöser oder Gottes- und Menschensohn durch Geheimhaltung verborgen bleibt, könnte es um den Schutz vor magischem Missbrauch seines Namens oder um den Schutz seiner Anhänger gehen.

Auf jeden Fall ist das Verschweigen von Fakten oder der Würde von Personen häufig ein Mittel, die Dramatik der Heilsgeschichte zu gestalten. Es wird dank des zu bewahrenden Geheimnisses möglich, einen Fokus oder Schatz oder Brennpunkt der Geschichte auszumachen, der eben seine Zeit hat.

Gebieten, Verbieten oder Reden im Auftrag: Wo immer so etwas geschieht, entpuppt sich Schweigen als ein messerscharfes Instrument gewaltloser Trennung. Immer dann, wenn Jesus selbst Schweigen gebietet, geht es darum, Menschen zu schützen. So schützt er sich selbst vor der vorzeitigen Ermordung (er muss seinen Auftrag von Gott erfüllen, daher das häufige »es ist notwendig« in den Evangelien), er schützt seine Jünger oder von ihm Geheilte (Lazarus soll nach seiner Auferweckung umgebracht werden, Johannes hat diesen archaischen Zug aus den Anfängen bewahrt, vgl. Joh 12,10). Wenn Jesus den Dämonen verbietet, seinen Hoheitstitel zu nennen, dann dient das dem Aufweis totaler Gegensätzlichkeit zwischen Situation und Personenwürde. Anders Isaak v. Stella ed. Buchmüller, S. 645: Die von Jesus zum Schweigen Verpflichteten sollen nicht loben, sondern Sünden bekennen.

Wenn nach Lk 19,40 die staatlichen Autoritäten das Reden verbieten und damit das Schweigen gebieten, ist das ein bekanntes Vorspiel zum Prophetenmord. Märtyrer schweigen von sich aus (so Jesus und andere) und zeigen damit, dass sie aus dem Schweigen ein Instrument endgültiger Ab- bzw. Ausgrenzung machen.

Die Kirche wird später die Verhüllung der Kreuze in der Passionszeit gebieten und setzt damit das Instrument »Messiasgeheimnis« fort. Denn am Karfreitag werden die Kreuze enthüllt, ähnlich wie es mit den Mysterien der Messe geschieht (vgl. unten 11.3).

Die durch Schweigen geadelten Geheimnisse der Botschaft Jesu waren entweder seit der Schöpfung der Welt bis jetzt verborgen oder sollen verborgen bleiben bis zur Auferstehung Jesu von den Toten oder sind mit sieben Siegeln verborgen oder müssen wegen der Nähe des Endes gar nicht versiegelt werden. Oft werden oder wurden sie gerade jetzt enthüllt und die Zeugen dieser Enthüllung damit zu Aposteln bestellt. Wenn Paulus (nach dem Revelationsschema, s. u. 11.3) oder der Seher Johannes (als Zeuge der Enthüllung der sieben Siegel) ihre Berufung so begreifen können, dann stellen sie nicht weniger als den universalhistorischen, die ganze Welt betreffenden Charakter ihrer Botschaft dar. In ihrem Auftreten und in ihrer Botschaft findet das Schweigen, das seit Anfang die Welt bestimmte, eine gloriose Auflösung.

11.2 Die Weisheit der Schweigenden und Verschwiegenen

Als Schweigender spricht Gott nur mit sich selbst. Daher ist auch die Gattung der Soliloquien im frühen Mönchtum (Augustinus) beliebt, weil die Mönche Gott nachahmen.

So werden auch nach der lateinischen Baruch-Apk (wohl 2./3. Jh. nC.) die weltflüchtigen Weisen beschrieben: *Veniet enim tempus et quaeretis me ... audire verbum sapientiae et intellectus et non invenietis ... Erit enim sapientia in paucis vigilantibus et taciturnis et quietis ... (sibimet ipsis confabulantes) in cordibus suis meditantes, quoniam quidem eos horrebunt et timebunt ut malos, alii autem nec credunt verbo legis altissimi; alii autem orestupentes non credent et credentibus erunt contrarii et inpedientes spiritum veritatis* [Denn es wird eine Zeit kommen, da sucht ihr mich, ihr wollt das Wort der Weisheit und des Verstandes hören, aber ihr werdet es nicht finden. Die Weisheit wird sein in den wenigen, die wachen, schweigen und still sind (und sich selbst etwas erzählen) in ihren Herzen und meditieren. Denn etliche werden vor ihnen zurückschrecken und sie fürchten, als wären sie böse, andere aber werden noch nicht einmal dem Wort des Gesetzes des Höchsten glauben. Wieder andere aber werden vor Schrecken sprachlos und glauben nicht und werden den Glaubenden Gegner sein und den Geist der Wahrheit behindern]. – *Kommentar:* Dieser besondere Text ist der einzige bekannte antike Text, der auch über die politische und gesellschaftliche Situation der schweigsamen Minderheit der Weisen spricht.

Die geistige und geistliche Verwirrung, von der dieser Text berichtet, ist auch Thema in frühen Zeugnissen ägyptischer Apokalyptik, vor allem bekannt aus der AsklepiusApk (griech., lat., kopt; zuletzt deutsch bei J. Assmann, Soziale Konstruktion, S. 83): » ... Finsternis wird man dem Licht vorziehen und Tod dem Leben. Niemand wird seine Augen zum Himmel erheben. Den Frommen wird man für verrückt halten, den Gottlosen für weise und den Bösen für gut ... Jede göttliche Stimme wird notwendig zum Schweigen kommen ... Das ist das Greisenalter der Welt: das Fehlen von Religion, Ordnung und Verständigung.« – Über das Geschick der Weisen, ihre und des Wortes Gottes Verachtung wird in der AsklepiusApk nicht gesprochen. So geht es hier »nur« darum, dass die Frommen für verrückt gehalten werden und die Gottlosen für weise, mithin sind Wertmaßstäbe umgekehrt worden. Aber eine regelrechte Verfolgung herrscht noch nicht. In zitierten BarApk(lat) heißt es dagegen schon: »den Glaubenden Gegner«, »die Wahrheit behindern«.

Der Text aus der BarApk(lat) verrät eine grundsätzliche Bekanntschaft mit dem oft beobachteten Phänomen, dass Schweigen, Stillsein, Nachtwachen und Selbstgespräche sowie das Erleiden sozialer Diskriminierung bei denselben Personen miteinander verknüpft sind. Es sind die Symptome der Einsamkeit. Diese werden immer die innerkirchlich verfolgte oder diskriminierte Minderheit kennzeichnen. Es ist je und je die Flucht in die Berge, Einöden und Höhlen, die die Verfolgten unternehmen müssen. Denn auch in der Kirche werden diese Weisen nie in der Mehrheit sein. Zu den übrigen Texten über Schweigen und Schweigende bietet daher dieser Text einmalig Ergänzungen und Konkretionen im Sinn einer Soziologie und Ekklesiologie des Schweigens. Mönchtum, Eremitentum und Verfolgung liegen hier greifbar nebeneinander.

Zu einzelnen Elementen dieses Textes:

(1) »Die Verknüpfung von »Wachen und Schweigen« dürfte auch in Mk 14,37–42 (Getsemani) gelten: *Wacht und betet, damit ihr nicht in Versuchung geratet.* Die Frage ist freilich grundsätzlich nicht zu entscheiden, ob bestimmte Worte und »Inhalte« gebetet wurden. Aus Mk 14,36 (Gebet Jesu) und dem Vaterunser (Mt 6,13ff.) ist zu erschließen, dass auch bei einem kürzeren Gebet die Gebetsanrede wichtig ist. Das gilt auch für die Gebete in Glockeninschriften. Folgt man der Gebete-Sammlung von Odo Casel OSB, so entsteht jedenfalls der Eindruck, dass das Gebet der Einzelnen aus Anrede plus wortloser Anbetung besteht, dass dagegen bei Gebeten einer Gemeinschaft (wie beim Kyrie der Messe) zumindest die Anrede öfter wiederholt wird, wenn nicht gar wie in dem alten Gemeindegebet in 1 Clem 59–61 oder Constitutiones apostolicae VII, 25 ein längerer Text geboten wird.

(2) »Suchen und nicht finden«. Ergebnislose Suche nach Wertvollem ist ein Topos des Katastrophen-Szenarios apokalyptischer Texte (vgl. dazu den Exkurs II in K. Berger: Die griechische Daniel-Diegese, 1976, S. 76–79: »Traditionsgeschichte der Sätze mit der Form/dem Inhalt *sie werden suchen, aber nicht finden*«). In Joh 7,34.36 *(Ihr werdet mich suchen, aber nicht finden)* liegt wohl bereits eine sekundäre Verwendung des auf die Weisheit (vgl. direkter Kontext in BarApk[lat]) bezogenen Originalsatzes vor. Denn auf die Weisheit beziehen sich Sätze dieser Tradition auch in Spr 1,28; 4Esr 5, 10 und wohl auch Mischna Sota 9, 15.

(3) Die Verbindung von Schweigen und Meditation findet sich später öfter in monastischer Verwendung, wenn Apk 8,1–4 auf die Meditation, teilweise sogar im Tageslauf (s. o. 4.4), bezogen wird. Im Ursprungstext der Apk war dies aber sicher nicht gemeint.

Fazit: Der Text beschreibt eine allgemeine Notlage christlicher Gruppen. In einzelnen Eremiten existiert das Christentum noch. Von einer Hierarchie ist nicht die Rede.

In seinem Prozess antwortet Jesus nicht, sondern schweigt (Mk 14,61; Mt 26,63), »wie der leidende Gerechte immer schweigt zu den Beschuldigungen seiner Gegner« (D. Lührmann, Mk-Kmtr., 1987, S. 249). Damit macht er sich dem leidenden Gerechten vergleichbar, der laut Jes 53,7 *vor seinem Scherer verstummt* (vgl. V. 12); in Ps 38,14–16 heißt es vom verfolgten Gerechten: *Ich bin wie ein Stummer, der den Mund nicht auftut, wie einer, der nicht mehr hören kann, aus dessen Mund keine Entgegnung kommt* (vgl. Ps 39,10). Ähnlich Justin, Dialogus 103, der auf Ps 21,15 hinweist (voller Schweigen, der keinem etwas antwortete, der alle eure Lehrer als unzulänglich erwies …).

Auch das Schweigen des Märtyrers ist hier als Verweigerung zu deuten, eine Art passiven Widerstands.

Mozarabische Liturgie (ed. M. Férotin, Le Liber ordinum, S. 311): *Jesus nihil persequentibus aut interrogantibus inimica respondens;sed humilitate piissima dum pro nostris laboraret iniquitatibus tacens.* [Jesus antwortete denen, die ihn verfolgten oder ihn fragten, nichts Feindseliges. Sondern in tiefster Demut schwieg er, da er für unser Unrecht litt]. – *Kommentar:* Das Schweigen des Märtyrers wird als Ausdruck seiner Friedfertigkeit und Demut betrachtet. Nicht das Leiden, die Schmerzen an sich sind hier das, was Christen aufrichtet, sondern das begleitende Schweigen als die Haltung im Hintergrund.

Das Schweigen von Apk 8,1 (s. o. 8.2) wird so ausgelegt, dass »im Himmel« gleichbedeutend ist mit »in der Kirche«. Außer in den Fällen, in denen Mönche die Stelle auslegen, bedeutet »Stille« hier Freiheit von äußeren Bedrohungen, wird also im Sinn von »Friedenszustand« gedeutet. Einzigartig ist die Deutung »wenn niemand in der Kirche predigen wird«; ebenso: » … wenn der Götzendienst aufhört«. Generell hat sich bei den Autoren, die hierzu überhaupt etwas zu bemerken wissen, die politische Deutung der Apk weitgehend durchgesetzt. Eine Autorität oder Macht, die diesen Frieden bringen soll, wird nicht genannt. Eher erstaunlich ist, dass der Bezug zu Henoch und Elija von Apk 11 auch hier erhalten bleibt: Stille tritt dann ein, wenn die von ihnen geweissagten Strafen und Schrecknisse aufhören.

Fazit: Apk 8,1 dient als weiterer Aufhänger für die Hoffnung auf eine zumindest kurze Friedenszeit vor dem Ende, obwohl nichts davon in Apk 8,1 steht.

Die Quellen im Einzelnen:
Theodulf (ed. R. Gryson: Commentaria Minora in Apocalypsin Johannis, 2003): *In caelo, in ecclesia requiescent, quando praedicabunt Helias et Enoch tribulationes* [Im Himmel, in der Kirche, werden die Drangsale schweigen, wenn Elija und Henoch Drangsale predigen]. – *Kommentar:* Eine kombinierte Auslegung aus Apk 8,1 und 11,4–11 (die beiden Zeugen sind traditionell Henoch und Elija).
Commemoratorium (ed. ebd.): *silentium in caelo: quia nemo praedicaturus est in ecclesia* [Schweigen im Himmel: Wenn niemand in der Kirche predigen wird]. So auch bei Jordanes von Quedlinburg, Apk-Kmtr. f. 226 B a (z. St.) *»factum in caelo« in sacra ecclesia pax et tranquillitas magna … media hora: quia cito veniet ad iudicium pax ultima.* – *Kommentar:* Die Deutung des Himmels auf die Kirche ist üblich, weil man die Kirche als das Reich Gottes versteht.

Anonymus von Cambridge (ed. R. Gryson: Incerti auctoris Glossa in Apocalypsin e codice Bibliothecae Universitatis Cantabrigensis: D. X.16, 2013): *factum est silentium ab adoratione idolorum, quando Christus pervenit in mundum ... aliter quando requiescit eclesia a persecutione ... aliter quando predicabunt Elias et Enoc ... quasi dimedia hora, id propter brevitatem temporis Helie et Enoc ... aliter, id requiescet eclesia a predicatione in tempore antichristi* [Schweigen trat ein, weil man aufhörte, die Götzen anzubeten, als Christus in die Welt kam ... anders: wenn die Kirche Ruhe haben wird vor Verfolgungen in der Zeit des Antichrist].

Enigm: *silentium ab adoratione idolorum silentium: requiescet ecclesia a tribulationibus in praedicatione Enoc et Elie quasi dimidium hore, propter brevitatem temporis Enoc et Eliae. septem tubae id est scriptura, in qua locutus spiritus septiformis* [Schweigen, wenn die Anbetung der Götzen aufhört. Schweigen: Die Kirche wird Ruhe haben vor den Drangsalen, die Henoch und Elija gepredigt haben. Ungefähr eine halbe Stunde: Wegen der Kürze der Zeit von Henoch und Elija. Sieben Posaunen: Die Schrift, in der der siebenfältige Heilige Geist redet].

Lambertus von Avignon, Apk-Kmtr., S. 148^{v}: *O quam vere beatus erit, qui videbit huius sigilli apertionem videbitque hoc sacratissimum silentium in caelo, non dubium quin Ecclesia Dei, quam figurari non raro diximus. Porro hoc silentium pax Christi est, de qua diximus cap I iuncta externae paci. Aperto nimirum hoc sigillo mox damnabitur misera babylon et bestia illa coccinea blasphemiae nominibus plena, Antichristus scilicet magnus ... Ego ex ordine et concordia visionum puto idem omnino hic per silentium mediae horae, quod per mille annorum pacem capit.* [Wahrhaft selig wird sein, wer die Öffnung dieses Siegels erlebt und dieses heiligste Schweigen im Himmel erfährt. Das bezieht sich auf die Kirche, von der wir nicht selten sagten, dass sie vorabgebildet werde. Ferner ist dieses Schweigen der Friede Jesu Christi, von dem wir in Kapitel 1 gesagt haben, dass er mit dem äußeren Frieden verknüpft sei. Denn natürlich wird nach der Öffnung dieses Siegels bald das arme Babylon verdammt werden und jenes purpurfarbene Tier, das übersät ist mit Attributen der Lästerung. Der große Antichrist ...ich glaube aufgrund der Ordnung und Übereinstimmung der Visionen, dass das hier mit dem Schweigen der halben Stunde gemeint ist, dem Frieden durch tausend Jahre.]

Fazit: Die Deutung der Stille auf eine letzte Zeit äußeren Friedens vor dem definitiven Ende der Welt schafft eine Brücke zum Tausendjährigen Reich, das gleichfalls als eine letzte Friedenszeit gedeutet wird.

11.3 Verschwiegene Geheimnisse – das Revelationsschema

In Röm 16,25 ist vom »verschwiegenen Geheimnis« die Rede. Der Gattung nach gehört Röm 16,25 zu den Kurztexten, die im Neuen Testament zu den Belegen für das sogenannte Revelationsschema gezählt werden. Nur in Röm 16,25 fällt das Attribut »verschwiegen«, aber auch in den übrigen Belegen ist – sachlich damit identisch – von etwas die Rede, das lange oder sehr lange Zeit geheim gehalten, nicht publiziert, unter dem Mantel des Schweigens bedeckt gehalten wurde. Wir fragen daher, welchen Stellenwert diese Texte im Rahmen einer Weltanschauung des Schweigens (wir sagten: Schweigereligion) besaßen.

Warum Geheimnisse? Wer über das Schweigen spricht, ist auch gehalten, über die Geheimnisse zu reden. Denn wenn überhaupt etwas verschwiegen wird, dann Geheimnisse – oder eben Dinge, die durch das Verschweigen zu Geheimnissen werden. Der besondere Reiz der urchristlichen Aussagen zu »Geheimnissen« besteht darin, dass sie nie für ewig bestehen, sondern dass sie eines Tages, oder, besser gesagt, jetzt, enthüllt werden, so dass sich die lange oder kürzere Zeit des Verschweigens »gelohnt« hat.

Wenn etwas, das lange verschwiegen war, erst nach langer Zeit offenbart wurde, dann ist diese Publikation bemerkenswert. Die Gründe für das eine wie das andere können nur in der Wichtigkeit und Bedeutsamkeit des geheim gehaltenen Inhalts liegen. Oder anders gesagt: Nichts weist so sehr auf die Bedeutung des Inhalts hin wie das Geschick dieser Botschaft. Besonders in den an bekehrte Heiden gerichteten Texten des frühen Christentums findet sich wiederholt der sachliche Zusammenhang von Geheimhaltung dessen, was in Stille oder Schweigen geschah und seiner letztlichen Offenlegung bzw. Offenbarung.

Außer für das Revelationsschema gilt das auch ähnlich für Ignatius von Antiochien, An die Epheser 19. In diesen beiden Texten ist ausdrücklich vom Schweigen die Rede, die verwandten Texte gebrauchen Synonyma (verhüllen vs. offenbaren).

Die Attribute des Verschwiegenseins adeln das jetzt Offenbarte durch Zusprechen der Anciennität, geben ihm die Würde des sprichwörtlichen »Geheimnisses des Königs«, zählen es zum »geheimen Menschheitswissen«. Der Gegensatz ist nicht nur das Alte Testament, sondern alles, was bisher als Wissen und Weisheit der Völker galt. Damit reicht dieses Evangelium über die Kontroverse jüdisch-christlich hinaus. Denn es handelt sich hier insgesamt um einen Versuch, den Ansatz »Schriftbeweis aus den Propheten«, der z. B. in den Reflexionszitaten bei Mt vorliegt, von Anfang an und grundsätzlich zu ersetzen durch einen anderen Ansatz, von der Forschung als Revelationsschema bezeichnet. Dieser Ansatz geht nicht von prophetischen Einzelsprüchen aus, sondern von der Behauptung, die »Weisheit« oder die Menschwerdung Gottes oder »der Christus« seien ein grundlegendes Geheimnis des Wissens aller Völker, das nun in der Heidenmission publiziert werde.

Für in gewisser Hinsicht vergleichbar halte ich die Verhüllungsriten der Liturgie in der Passionszeit und die Enthüllung der Kreuze bzw. Bilder dann am Karfreitag. Hier wird das sog. Revelationsschema in liturgische Dramatik umgesetzt. Auch im Ritus der Verhüllung und Enthüllung der eucharistischen Gaben in der Messe (s. o. in 4.1) fällt, wie in Röm 16,25, das Stichwort Geheimnis (*mysterion*). Damit wird ein für alle Mal sichtbar: in Bibel und Liturgie gehören zum Stichwort »verschweigen« auch Enthüllen und Mysterium.

11.3.1 Neutestamentliche und andere Zeugnisse (Übers. Berger/Nord)

Es geht um Gottes geheime Absicht, die seit unzähligen Zeitaltern und Geschlechtern verborgen gehalten, jetzt aber seinen Heiligen geoffenbart wurde. Ihnen wollte Gott dieses herrliche reiche Geheimnis enthüllen, das sich unter den Heiden verwirklicht: Die erhoffte Herrlichkeit ist da, Christus ist in eurer Mitte. Ihn verkündigen wir .... (Kol 1,26f.)

Früheren Menschengeschlechtern wurde dieser Plan nicht enthüllt, aber jetzt wurde er seinen heiligen Aposteln und Propheten durch den Heiligen Geist offenbart. Gott will nämlich, dass den Heiden das Evangelium verkündigt wird, damit sie durch die Vermittlung Jesu Christi teilhaben am Erbe, an seinem Leib und an der Verheißung. Kraft seiner Gnade hat Gott mir die Vollmacht erteilt, Treuhänder dieses Evangeliums zu sein. (Eph 3,5.9–11)

[...] seine Absicht war es schon vor ewigen Zeiten, uns ganz eng an Jesus Christus zu binden. Diese Gnade Gottes ist erst jetzt sichtbar geworden, da Jesus, der Messias, unser Befreier, erschienen ist ... Ich selbst, Paulus, bin der Herold, Apostel und Lehrer, der dieses Licht ausbreiten soll.« (2 Tim 1,9b–11)

Diese Hoffnung hat uns Gott, der nicht lügen kann, schon vor undenklichen Zeiten verheißen. Er hat aber jetzt, als er allein es wollte, sein Wort offenbar gemacht, und zwar in der Botschaft, die ich nach dem Auftrag unseres Retters und Gottes verkündigen soll. (Tit 1,2f.)

Und das ist die Botschaft von Jesus Christus. In dieser Botschaft ist das verborgene Ziel der Weltgeschichte enthüllt worden, das endlos lange Zeiten hindurch verschwiegen worden war, jetzt aber offengelegt wurde. Es wurde schon in den prophetischen Schriften beschrieben und wird jetzt durch den Auftrag des ewigen Gottes allen Völkern bekannt gemacht. Er ist der eine und einzige Gott, der Sitz der Weisheit. Er hat alles geoffenbart durch Jesus Christus .... (Röm 16,25b–27a)

Schon vor Erschaffung der Welt hatte Gott ihn (Jesus Christus) im Sinn, aber er hat ihn erst jetzt, gegen Ende der Zeiten, geoffenbart, weil sich nun die Botschaft euch, den Heiden zuwendet. (1 Petr 1,20)

Analecta Hymnica IV, 152 spricht von dem Geheimnis, »vor den Völkern verborgen«. – *Kommentar:* Denn die Völker waren wohl nicht die richtigen Adressaten, sind es aber jetzt geworden. Früher waren ja die Völker in der Mehrheit eine Bedrohung für Israel. Der Zweck des Revelationsschemas hier könnte demnach eine Auszeichnung der gegenwärtigen Generation sein, die das hören soll: Jetzt und ihr.

Corpus Orationum 1546: *Revelasti saeculis inaudita mysteria, ut quem caelorum excelsa non capiunt, parvus puellulae alvus includet.* [Du hast den Äonen nie gehörte Geheimnisse geoffenbart. So geschah es, dass den, den die hohen Himmel nicht fassen können, der kleine Leib eines Mädchens umschlossen hat.] – *Kommentar:* Diese schöne Formulierung steht innerhalb der Wirkungsgeschichte des Revelationsschemas. Die Geheimnisse hatte bisher keiner gehört, d. h. sie waren verschwiegen worden. Nach diesem Text waren die »himmlischen Höhen« wohl durch ihren Stolz daran gehindert, aber das kleine, demütige Mädchen begreift die Geheimnisse auf ganz andere und neue Weise: in ihrem Schoß.

11.3.2 Wovon spricht das Geheimnis?

Ein Geheimnis ist im Umkreis der Bibel ein verborgener Gegenstand oder eine verborgene Position. Die Zeit des Verborgenseins währt seit Ewigkeiten, d. h. von jeher oder auch seit Anbeginn der Schöpfung. Denn mit der Schöpfung zusammen wurden Geheimnisse, in die Schöpfung »eingewickelt«, in die Welt gesetzt. Sie können oder sollen im Laufe der Zeit freigelegt oder »ausgepackt« werden. Dahinter mag die Vorstellung stehen, dass die Schöpfung eine Art Buchrolle (später: *liber creationis*) ist, in der man Geheimnisse oder Erkenntnisse entdecken und entschlüsseln kann. Mit dem Erscheinen des Sohnes Gottes ist die Zeit der Enthüllung der Geheimnisse angebrochen. Das Geheimnis wurde »jetzt« auserwählten Trägern enthüllt, in erster Linie den Aposteln, die sich als Diener dieses Geheimnisses betrachten und es der Gemeinde mitteilen.

Analogie im Judentum: Hen(äth) 48, 6f.: (vom Menschensohn/Messias) »Zu diesem Zweck war er auserwählt und verborgen vor ihm (Gott), bevor die Welt geschaffen wurde, und er wird bis in Ewigkeit vor ihm sein. Die Weisheit des Herrn der Geister hat ihn den Heiligen und Gerechten geoffenbart, denn er bewahrt das Los der Gerechten.«

Hen(äth) 62, 7: »Denn der Menschensohn war vorher verborgen, und der Höchste hat ihn vor seiner Macht aufbewahrt und ihn den Auserwählten offenbart«. – *Kommentar:* In beiden Henoch-Texten heißt es, etwas sei »vor Gott« bzw. »vor seiner Macht« verborgen, das heißt nicht, dass Gott es nicht wahrnehmen oder sehen konnte, sondern: durch Gottes Macht beschützt, behütet, zugedeckt, unzugänglich wie der Bereich, der direkt »unter den Augen des Herrschers vor ihm liegt«. Denn den anderen wird der Messias/Menschensohn erst zum Gericht offenbart. In beiden Henoch-Texten geht es um die exklusive Offenbarung des seit Ewigkeit verborgenen Menschensohnes/Messias an die Gemeinde der Auserwählten, die de facto durch das Henochbuch selbst erfolgt. Das bedeutet: Henoch steht als Offenbarungsmittler an der Stelle, die Paulus mit seinem Evangelium einnimmt. Im Unterschied zu den neutestamentlichen Stellen, die Paulus oder andere Apostel hier nennen, ist nach beiden Henochtexten die »Stelle« des rezenten Übermittlers der Offenbarung zwar de facto vorhanden, wird aber nicht wörtlich expliziert. Dadurch hat Henochs Funktion keinen Namen (so wie der »Apostel« im Revelationsschema sonst).

Auch wenn das Neue Testament von der »Offenbarung Jesu Christi« redet, ist damit entweder die Enthüllung vor Auserwählten jetzt gemeint (Gal 1,12) oder, in der Mehrzahl der Fälle, die künftige Enthüllung (1 Kor 1,7; 1 Petr 1,7; 4,13) – jedenfalls ist vorausgesetzt, dass sie anderen entweder überhaupt oder bis dahin verborgen ist.

Fazit: Es geht nicht um die Offenbarung eines Geheimnisses im Allgemeinen, sondern um die Auszeichnung bestimmter Träger, die dadurch einen – angesichts des kommenden Endes – rettenden Erkenntnisvorsprung besitzen. In diesem Sinn ist innerhalb der synoptischen Tradition ein Analogon zum Revelationsschema in Mt 13,35 auf die Hörer der Gleichnisse Jesu bezogen, wenn der Evangelist Ps 78,2 zitiert: *Ich will Gleichnisse erzählen, will verkünden, was noch nie gehört wurde, da es seit Anbeginn der Welt verborgen war.* Wenn der oben genannte Vergleich mit dem Entdecken von Nachrichten in einer Buchrolle zutrifft, dann ist auch das Entdecken verborgener Geheimnisse in der Schöpfung eine Art Interpretation der Schöpfung und grundsätzlich der Schriftgelehrsamkeit vergleichbar, die ja im Mt in hohen Ehren steht (vgl. etwa Mt 13,52).

In Röm 16,25 ist das Revelationsschema auf die Erkenntnis des verborgenen, aber schon in der Schrift greifbaren Schriftsinns auf dieses Schema »angewandt«: Den Propheten wurde das Geheimnis offenbart, aber dann wurde es verschwiegen. Erst jetzt wird es enthüllt, und zwar im Dienst des Paulus. Die Mitteilung an die Propheten geschah sozusagen auf halbem Wege. Röm 16,24f. ist daher der erste Text, der so etwas wie eine gestufte Offenbarung kennt.

11.3.3 Die Geheimnisse in der Heilsgeschichte

Es gibt im Kontext der Grundlegung der Welt bestimmte Inhalte. Dabei kann es sich nur um Weisheit handeln. So nennt man grundlegendes Wissen über die Welt. Röm 16,25 spricht deshalb auch hier von Weisheit. Das ist auch das, was in Ps 78,2; 132,7 gemeint ist. Es ist also eine unzugängliche Weisheit, die Jesus nach Mt 13,35 in Gleichnissen enthüllt. In der Tat befassen sich Gleichnisse mit Schöpfung bzw. bestimmten Einsichten in sie.

Diese unzugänglichen Dinge waren sozusagen in die Schöpfung eingelagert oder eingemauert. Daher ist mit Weisheit auch seit alters der Begriff der Schatzhöhle verknüpft, vom Aufspüren der verborgenen Schätze ist die Rede. Was seit der Schöpfung mit der Weisheit geschieht, kommt einem Verbergen oder Verschweigen, einem Verstecken gleich. Mit Christus geht es jetzt, in den Zeiten der Kirche, um das Entdecken dieser Schätze.

Das bedeutet dreierlei: (1) Ein intensives Werben mit Hilfe des Neuheitseffektes. (2) Das Neue ist zugleich archaisch. (3) Diese Art von Schöpfungsweisheit spart Israel aus, da es zur Zeit der Schöpfung noch nicht existierte. Die Nennung der langen Zwischenräume betrifft auch die historischen Zeiten, in denen sich die Heilsgeschichte hauptsächlich um Israel dreht. Die Botschaft der Propheten partizipiert nicht an dieser Weisheit. Sie ist echtes Geheimnis und bisher verschwiegen. Wenn Röm 16,26 dennoch sagt, diese Botschaft werde nun durch die prophetischen Schriften offenbart, so werden diese nun hier gegen alle übrigen Belege des »Revelationsschemas« wieder mit hineingenommen, aber eben unentziffert, unausgelegt. Das ist nun nicht einfach »historisch falsch«, aber es setzt eine besondere Lesart der Propheten voraus. Denn diese werden so indirekt für die »Weisheit« vereinnahmt und gleichzeitig dazu verwendet, um den Neuheitscharakter der neuen Offenbarung weiter zu dezimieren (oder: ihren traditionellen Charakter weiter zu fundamentieren). Auch inhaltlich scheint sich gegenüber den anderen Belegen des Revelationsschemas einiges verschoben zu haben. Denn es geht zumindest nicht wie in Mt 13,35 um Weisheit für die Heiden (z. B. in Gleichnissen angelegte), sondern, wie die Einleitung in Röm 16,25 und der Schluss in 16,27 erkennen lassen, doch wohl um die dezidiert christologische Botschaft.

Fazit: Wo Israel in der im Revelationsschema skizzierten Heilsgeschichte nicht vorkommt, wächst die Wahrscheinlichkeit einer israelkritischen bzw. heidenchristlichen Hörerschaft (so Mt 13,35 und auch Eph 3,4–6; 1 Petr 1,18–20). Wo dagegen die »prophetischen Schriften« einbezogen werden (wie in Röm 16), liegt eine spätpaulinisch-harmonisierende, Israel und Heidenchristen im Sinne des Röm in einem friedlichen Miteinander begriffene Sicht vor.

Man kann demnach mit mindestens zwei Ausprägungen des Revelationsschemas rechnen, einer sehr streng weisheitlichen (Mt 13,35) und einer sehr streng christologischen (Röm 16,25). Das weisheitlich orientierte Modell zeigt folgende »Anatomie«: In der Schöpfung ist noch weit mehr Offenbarung enthalten, als das Buch Genesis etwa erkennen lässt. Ein Teil dieses Grundwissens der Menschheit ist jedoch in der Weisheit Adams, Seths und Henochs zugänglich. So erklärt es sich auch, weshalb die einzigen Parallelen zum Konzept der seit Anbeginn noch aufgesparten Menschheitsführer (Henoch) im Hen(äth) zu finden ist. Ausgelegte und gewissermaßen »offenbarte« Offenbarung dieser Art finden nach Mt 13 die Leser des Mt in den Gleichnissen Jesu.

In der Tat spielt in dieser apokryphen Literatur des Frühjudentums die (Heils-)Geschichte Israels kaum eine Rolle. Daher ist Platz für den Menschensohn, neben Henoch einer gerade in den Henochbüchern wichtigen Figur. Der Menschensohn stellt zwar, wenn man mit seiner Herkunft aus Dan 7 rechnet, Israel dar, er hat aber persönlich wenige typisch israelitische Züge.

Unter den alten Reflexionen über Weisheit finden sich immer wieder solche, die sich mit dem Thema »Weisheit und Zeit« befassen. Denn es ist Merkmal der Weisheit, den rechten Zeitpunkt für Reden und Schweigen zu erkennen. Nach Sir 20,5 *gibt es einen, der schweigt,* weil er den rechten Zeitpunkt erkannt hat. Laut Sir 20,7 *wird der Weise schweigen bis zur rechten Zeit.* Denn *das Großmaul und der Dumme werden die rechte Zeit außer Acht lassen.* Das Großmaul versteht also nichts vom rechten Zeitpunkt des Redens und des Schweigens. – Aus dieser Tradition über Reden und Schweigen zur rechten Zeit möchte ich nun das Revelationsschema verstehen. Denn diese »Theologie« betrachtet den gesamten Zeitraum der Heilsgeschichte. In dieser ist – dank der Weisheit Gottes – jetzt der Zeitpunkt gekommen, das Schweigen zu lüften. Diese These könnte die oben durch Zitate aus Hen(äth) belegbare Auffassung bestätigen, dass traditionellerweise die Weisheit – verstanden in sehr allgemeinem Sinne – der Ursprung der theologischen Beschäftigung mit dem Thema Schweigen ist. Das gilt daher für alle in diesem Buch erörterten Stellen.

Das Geheimnis kann nur publiziert werden, wenn es der ganzen Welt (allen Völkern) offenbart werden soll (denn es sind Schöpfungsgeheimnisse). Das ist erst jetzt der Fall. Die *Zeiten der Völker*, die schon Lk 21,24 kennt *(bis erfüllt würden die Zeiten der Völker)*, würden dann hier auf andere, neue Weise verstanden.

Mit der Mission an den Heiden hat die frühe Kirche wieder den Horizont der Schöpfung erreicht. Denn »alle Menschen, die geschaffen sind«, das sind Juden und Heiden. Damit aber kommen die im besten Sinne des Wortes vorsintflutlichen »Geheimnisse« oder Wahrheiten wieder in den Blick. Genau dieses Publikum der Heiden aber hatte man auch im Judentum im Blick, wenn man Wissen und »Traditionen«, die nicht spezifisch jüdisch aussahen, aber doch leicht im Judentum unterzubringen waren, etwa unter Henochs Namen, zur Erbauung der Menschen einbrachte.

Im Rahmen unserer Überlegungen zu Stille und Schweigen bedeuten diese Einsichten: Die Unvollkommenheit der bisherigen Heilsgeschichte beruht hauptsächlich darauf, dass den Menschen wesentliche Partien der Geheimnisse zwischen Gott und Welt verschwiegen waren. Und: Erst jetzt wird die ganze Welt durch die Botschaft von Gott erreicht. Diese stand aber als Schöpfung seit jeher im Blick Gottes. Im Evangelium für Juden- und Heidenchristen wird diese Wunde geheilt. Wer die Verschwiegenheit der Geheimnisse verursacht hat, steht nicht da. (War sie vom Schöpfer gewollt und ist er jetzt zur Zeit der Heidenmission nicht erst wieder im umfassenden Sinne als Schöpfer tätig?) Doch Gott hat diese Verschwiegenheit nun beseitigt. Erst jetzt liegen »alle Karten auf dem Tisch«.

Der in fast allen Belegen des Revelationsschemas vorgestellte Vorgang von Offenbarung ist folgender:

Gottes Geheimnis wird auf unbestimmte Zeit verhüllt, ein Apostel (Paulus) tritt auf, dieses alte Geheimnis zu enthüllen, und zwar den »Heiligen« (Betrachtungsweise ex post) oder den »Heiden« (Betrachtungsweise ex ante). Diesem Vorgang entspricht die Öffnung der Siegel in der Apk. Beides sind sekundäre Offenbarungsvorgänge (primär: als die Rollen entstanden bzw. die Geheimnisse mit der Schöpfung grundgelegt wurden). In sieben Buchrollen sind sieben versiegelte Botschaften verwahrt. Es kommt das Lamm, das würdig ist, die Inhalte den Heiligen, Gerechten, besonders auch den Heiden, zu offenbaren. Auch in Apk sind die versiegelten Rollen eine unbestimmte Zeit lang versiegelt.

Fazit: Der Monopol-Rolle des Lammes der Apk (als sekundären Offenbarers) entspricht im Revelationsschema die Rolle des Apostels Paulus (wiederum als sekundären Offenbarers). Und: An der Stelle der Versiegelung der Offenbarung nach den sieben Rollen steht in den Belegen des Revelationsschemas das Verbergen oder Verhüllen vor Zeiten.

Eine besondere Beziehung ergibt sich zu Röm 16: Die dort genannten prophetischen Schriften entsprechen inhaltlich den sieben versiegelten Rollen, denn auch der Prophet Johannes ist ein Prophet wie die Verfasser der in Röm 16 genannten Schriften. Beide Arten von Schriftlichkeit der Botschaft finden jetzt ihre Erfüllung. Beide, die paulinischen Briefe mit Revelationsschema und die sieben versiegelten Rollen der Apk, entsprechen einander formaltechnisch in folgenden Punkten:

Eine alte, vorzeitliche Offenbarung, gegeben von Gott, hat lange Zeiten überstanden, »auf ihren *Kairos* gewartet« und gerät jetzt in die Hände eines zweiten oder sekundären Offenbarers. Der kann die Schriften lesen und hat Propheten als Hilfen an der Hand. Er bringt die Botschaft an die Adressaten, wie es sein soll. Diese sind zumindest zum Teil Heiden.

Der Vergleich zwischen Apk und dem Revelationsschema zeigt:

- Apk: 7 Siegel verhüllen – Enthüllung durch das Lamm
- Revelationsschema: Verhüllte, verschwiegene Mysterien – Enthüllung durch Paulus

Den Siegeln entspricht also die Verhüllung der Mysterien. Beides bewirkt jeweils für lange, doch begrenzte Zeit die Unzugänglichkeit der Botschaft.

Für das Thema Schweigen/Verschweigen bedeutet das: Sowohl das Lamm als auch der Apostel beenden den im Ganzen heillosen Zustand der Welt, indem sie das (z.T. prophetische und) schriftliche

Schweigen beenden und reden. Als hätten die Völker der Welt (hauptsächlich sie) gebetet: Erlöse uns von dem Schweigen, lass nun alle Menschen die ganze Wahrheit und deine ganze Absicht erkennen.

Nach einer ganzen Gruppe von Texten soll das Schweigen über ein Geheimnis zu dem Zeitpunkt beginnen, da es formuliert, aufgestellt oder gegeben wird. Und dieses Schweigen (Verhülltsein, Unlesbarsein) soll begrenzt sein, das heißt: Es soll bis zu einem bestimmten Zeitpunkt dauern. Dann aber soll es aufhören, und das Geheimnis kann oder wird dann publik gemacht (werden). Das heißt: Die Zeit, in der der mitgeteilte Inhalt geheim ist und verschwiegen werden soll, ist begrenzt. Was ist der Sinn des temporären Verschweigens im Kontext theologischer oder eschatologischer Geheimnisse?

> *(4) Du, Daniel, halte die Worte geheim und versiegle das Buch bis zur Zeit des Endes! Viele werden nachforschen und die Erkenntnis wird groß sein. (5) Als ich, Daniel, aufblickte, standen noch zwei andere Männer da, der eine diesseits des Flussufers, der andere jenseits. (6) Einer fragte den Mann, der in Leinen gekleidet war und über dem Wasser des Flusses stand: Wie lange dauert es noch bis zum Ende der unbegreiflichen Geschehnisse? (7) … Es dauert noch eine Zeit, zwei Zeiten und eine halbe Zeit. Wenn der am Ende ist, der die Macht des heiligen Volkes zerschlägt, dann wird sich das alles vollenden. (8) Ich hörte es, verstand es aber nicht. Darum fragte ich: Mein Herr, was wird das letzte von alldem sein? (9) Er erwiderte: Geh, Daniel! Die Worte bleiben verschlossen und versiegelt bis zur Zeit des Endes.* (Dan 12,4–9)

In Dan 12,4–9 erhält Daniel den Auftrag, eine Nachricht über Auferstehung aufzuzeichnen, die Worte geheim zu halten und *bis zur Zeit des Endes* die Buchrolle zu versiegeln. In einer Vision wird ihm von drei Männern erklärt, bis zum Ende dauere es noch dreieinhalb Zeiten, dann werde sich das alles vollenden.

Ähnlich scheint es in Mk 9,9 zu sein: Die Jünger sollen die Verklärung Jesu, die sie gesehen haben, niemandem erzählen, *außer wenn der Menschensohn von den Toten auferstanden ist*, sagt ihnen Jesus. Seine Auferstehung kündigt Jesus selbst in Mk 8,31 an, und in 16,6 ist sie dann geschehen. Deshalb kann diese Geschichte von der Verklärung auch in Mk stehen (Mk 9,1–8).

Gleiches wird nach Apk 21,10 sachlich und thematisch vorausgesetzt. Die befristete Geheimhaltung durch Versiegelung findet aber nicht statt, da die Zeit bis zur Erfüllung der prophetischen Worte zu kurz ist.

In vorigen Abschnitt hatten wir anhand der sieben versiegelten Rollen der Apk und der Belege für das Revelationsschema einen ähnlichen Fall erörtert, in dem allerdings das befristet verhüllte Geheimnis nicht in der Zukunft, sondern in der unmittelbaren Gegenwart enthüllt würde. In der Apk wird zwischen Enthüllung (jetzt) und Ereignis (in Kürze) unterschieden.

Die hier besprochenen Quellen weisen unterschiedliche Zeiten der Verschwiegenheit bzw. des Verborgenseins der jeweiligen Botschaft auf:

(1) Revelationsschema: geheim/verborgen gehalten bis jetzt (= Abfassung des jeweiligen Briefes)

(2) Versiegelte Rollen der Apk: versiegelt bis jetzt (= Abfassung der Apk)

(3) Apk als Ganze: bis jetzt (= Abfassung der Apk) (nicht versiegelt); Ereignisse in Kürze

(4) Dan 12: versiegelt bis zur Zeit des Endes in dreieinhalb Zeiten »am Ende der Tage«. Doch der Text steht im Danielbuch; die Versiegelung ist also eine literarische Fiktion

(5) Mt 13,35: Von Anbeginn der Schöpfung bis Jesus

Alle fünf Texte (bzw. Textsorten) enthalten das entsiegelte bzw. entschlüsselte Geheimnis. Das bedeutet zugleich für alle, dass sie die Zeit vor ihrer Publikation als die Zeit des Noch-Verhülltseins der Geheimnisse ansehen. Es ist eine Art von Eigenwerbung, nach der alle diese Texte »neuestens enthüllt« sind. D. h. in der prophetischen Überlieferung Daniels, des Propheten Johannes, des prophetischen Apostels Paulus und auch des prophetischen Messias Jesus (nach Mt 13,35) herrschte bis jetzt Schweigen, Mutmaßung und Unklarheit. Ab sofort aber wird Klartext geredet. Dieses Bewusstsein (bzw. Verständnis der eigenen Situation in der Zeit) wird bei den Hörern erzeugt, indem »Zeit (Geschichte) und Text« jeweils »Verhüllung und Enthüllung« bzw. »Schweigen und Klartext« zugeordnet werden.

Neuartig in der Erforschung des Neuen Testaments ist bei diesen Ergebnissen: Bisher war nicht klar, dass das Schema Schweigen/Verschweigen und Offenlegen bestimmte Bereiche des Neuen Testaments betrifft (Paulus, Apk, Mt, angefangen mit Dan 12). Neben die schlichten Geschichtsbilder der Naherwartung oder der angeblichen Parusieverzögerung tritt also ein eigenes frühchristliches Geschichtsbild, das wir so wahrnehmen können. Dieses Geschichtsbild heißt: Verschwiegenheit und Offenlegung, Verhülltheit und Klarheit.

Theologische Auswertung: Die Verschwiegenheit, die Geheimhaltung, die wir im Revelationsschema finden, bedeutet die (von Gott selbst?) zurückgehaltene, retardierte Offenbarung. Schon diesen Ansatz können viele mit einem spät-volkskirchlichen Gottesbild unserer Zeit kaum vereinbaren: Denn dieses nähert sich auf Schritt und Tritt dem Deismus, wonach Gott der stets gleich vernünftige »liebe Gott« ist, also nicht ein Gott, der sich Umwege und Zeiten verminderter Offenheit leistet. Ein Gott, der absichtlich verschweigt, ist ja – ähnlich wie einer, der verstockt oder das Herz verhärtet – auf verdächtige Weise unkalkulierbar. So bringt eben das Schweigen Gottes Züge in Erinnerung, die bei uns bestenfalls noch in den Diskussionen über Theodizee auftauchen. Das sind auch Züge, die in die Diskussion mit dem Buddhismus hineingehören (s. o.). Temporäres Schweigen Gottes kennt dessen Philosophie gar nicht.

Wider Erwarten wird so das Schweigen Gottes ein Hinweis auf seine Personalität/Personhaftigkeit und, wie es sich im Revelationsschema bei der Nennung der Boten des enthüllten Geheimnisses andeutet (Jesus, Paulus), auf sein sehr kontingenzbezogenes Erwählen.

Verwandt mit dem bisher erörterten binnengeschichtlichen Geheimnis ist die Ausgestaltung der Rede vom verhüllten und geheim gehaltenen, nun aber offen verkündigten Geheimnis bei Ignatius von Antiochien (wie bereits unter 5.1 erwähnt).

(1) Geheim gehalten wurde vor dem Fürsten dieser Welt, dass Maria Jungfrau blieb, dass sie Jesus gebar, dass unser Herr starb. Diese drei Geheimnisse schreien umso lauter, als sie in der Stille von Gott selbst gewirkt wurden. (2) Wie wurden sie nun vor der Weltöffentlichkeit enthüllt? Ein Stern strahlte auf am Himmel, heller als alle Sterne, und sein Licht war unaussprechlich und seine Neuheit erregte Befremden ... (An die Epheser 19, 1.2a)

Der Unterschied zwischen den beiden Ausformungen dieses Grundmotivs liegt darin, dass es bei Ignatius der Teufel ist, vor dem das Evangelium verborgen bzw. geheim gehalten werden konnte, dass es in den übrigen, verwandten Stücken die »Generationen«, Mächte, Gewalten und Herrschaften sind, die das Geheimnis nicht erfahren. Bei Ignatius ist wohl vorausgesetzt, dass die Zeit, in der dem Teufel diese Geheimnisse verborgen waren, nunmehr abgelöst ist durch die Zeit, in der die Geheimnisse aufgelöst und aller Welt verkündigt werden, auch und gerade durch Ignatius. Diese Zeit beginnt mit Ostern und umfasst die gesamte apostolische und bischöfliche Verkündigung danach. Dem Teufel wurden die Geheimnisse verborgen, damit er sie nicht behindern oder stören könnte, denn sie dienten der Rettung der Menschen.

Dem Geheimnis sind üblicherweise Schweigen oder Verschwiegensein zugeordnet, nicht aber das Schreien. Der Ausdruck »Schreien« stammt hier eher aus der Psalmensprache. Der Beter schreit häufig zu Gott, etwa um Rache für geschehenes Unrecht. So schreit auch Abels Blut zu Gott, denn Blut hat eine Stimme, die erst durch ausgleichende Gerechtigkeit zum Schweigen zu bringen ist. Nach Hebr schreit Jesu Blut noch kräftiger um Rache (Hebr 11,4; 12,24). Hebr sieht schreiendes Blut/Unrecht so als Wunderzeichen an. Aber in Ignatius, Eph 19 kommt hinzu, dass es sich um schreiende *Geheimnisse* handelt. Sie schreien, weil sie es nicht verdient haben, Geheimnisse, d. h. verschwiegen, zu bleiben. Sie müssen vielmehr, wenn es in der Welt gerecht zugehen soll, laut und deutlich verkündigt werden.

Die Rede von den drei schreienden Geheimnissen bei Ignatius ist unverkennbar dort zuhause, wo Gott oder Menschen im Angesicht einer größeren interessierten Öffentlichkeit Strategien planen, die eben gerade nicht öffentlich bekannt werden sollen. Denn sonst würde ja der »Gegner« Bescheid wissen. Das heißt: Der Ursprung dieser Rede ist militärischer Art, denn es gibt Akteure und Feinde. Die Feinde vorher über die eigenen Pläne zu informieren, wäre töricht. Wenn Gottes Feinde über Gottes Pläne in Unkenntnis belassen werden, sind sie sozusagen doppelt gestraft: Einmal durch Gottes Handlung im Jetzt, zum anderen dadurch, dass sie sich nicht darauf vorbereiten konnten, überrumpelt zu werden. Vielmehr gehört hier zur Kriegsführung Gottes die zumindest indirekte Täuschung. So heißt es häufig, dass Gott im Verborgenen etwas getan hat, das dann in einem zweiten Schritt erst publik gemacht wurde. Diese Texte zeigen also, dass außer dem Handeln und Reden Gottes auch deren weitere Publikation hier bedacht und zum Thema gemacht wurde. Die Mission ist daher zu einem eigenen Thema geworden.

Gottes erstes neutestamentliches Handeln (vor dem zweiten, der Mission) geschieht mithin im Schutz von Schweigen und Stille, im Verborgenen. Diese Auffassung ist allerdings vom Wunder- und Gleichnisgeheimnis der Evangelien gründlich zu unterscheiden. Denn in den Evangelien (Mk und Parallelen) geschieht die Geheimhaltung aufgrund der Anordnung Jesu, und zwar nachdem das Wunder geschehen oder das Gleichnis erzählt ist. Wo Gott Vater dagegen im Verborgenen handelt, geschieht es von vornherein und sozusagen planmäßig, nicht aufgrund des Handelns, sondern wegen des Seins und seines Ortes.

Die politisch-militärische Herkunft dieses theologischen Ansatzes wird außer bei Ignatius (Täuschung des Feindes) auch in der Gestaltung der Magier-Erzählung in Mt 2 gut erkennbar: Die Geburt des Messias wird König Herodes durch persische Magier mitgeteilt, und die Adresse sowie der Name des Messias bleiben Herodes verborgen, da die Magier auf einem anderen Weg in die Heimat zurückkehren. Kurzum: das, was bei Ignatius dem Teufel verborgen bleibt, ist nach Mt Herodes verborgen. Ob freilich die Äonen, denen nach dem Revelationsschema Gottes Geheimnis verborgen bleibt, als gegnerische Mächte (wie sonst Mächte und Gewalten) angesehen werden oder als neutrale Adressaten, muss offen bleiben.

Im Rahmen der Bewertung politischer Machthaber, die in Kleinasien im 1. und 2. Jh. nC. herrschen, sowie der Anschauungen aus der zeitgenössischen Apokalyptik ist es zumindest wahrscheinlich, auch den Teufel bei Ignatius politisch zu verstehen, und zwar so, dass er durch die politischen Machthaber wirkt. Dann hätten die Ausführungen bei Ignatius nicht primär mythologischen Charakter, sondern eine direkte politische Bedeutung: Die Machthaber im Dienste Roms haben nicht bemerkt, was im Christentum geschehen, ist. So ist ja auch die Quellenlage. Schreiend werden die Geheimnisse durch die Mission.

Belege:

Apk 13,2.4: Der römische Kaiser und lokale Potentaten stehen im Dienste Satans.

Mt 2: Herodes wird hintergangen (wie der Teufel bei Ignatius).

Lk 4: Die Versuchung Jesu: Material bei K. Berger, Die Apokalypse des Johannes. Kommentar. Teilband 2, 2017, S. 977–979 (»Vergleichende Gegenüberstellung Teufel/erstes Tier«).

Warum Gott in der Stille und im Verborgenen handelt, lässt sich wie folgt begründen:

Es wird damit zurechtgerückt, dass diese in Wahrheit spektakulären Ereignisse zu der Zeit ihres Geschehens nur ganz wenigen bekannt waren; es wird damit erklärt, dass Gott überhaupt so handelt, er spricht mit leiser Stimme, erwählt sich ein kleines Volk. Sein Wirken ist unscheinbar und alles andere als großartig; das Abenteuer Jesus endet am Kreuz. Alles in allem: die ignatianische Variante der paulinischen Kreuzestheologie von 1 Kor 1. Weil Gott so groß ist, kann er es sich, ohne Schaden zu nehmen, leisten, klein und verachtet der Welt zu begegnen. In dieselbe Denkrichtung weist, dass das, was groß ist an Israels König, dass nämlich die Repräsentanten der Heidenvölker ihm dienen bzw. huldigen, hier nur in den Ausmaßen einer Kindheitsgeschichte zu haben ist. Alle Herrlichkeit ist und bleibt daher nur angedeutet.

Es fällt auf, dass sich die drei Geheimnisse auf Anfang und Ende des Erdenlebens Jesu konzentrieren. Die Phase des verschwiegenen Geheimnisses dauerte demnach von der Verkündigung an Maria bis zum Ostersonntag und hatte den Sinn, den feindlichen Gegner (Teufel) an jeglichem zerstörerischen Eindringen zu hindern. Denn offenbar war Gottes Handeln zerbrechlich und durch teuflische Wut gefährdet. Das Verschweigen hatte mithin defensiven Charakter, nämlich: Wer unter dem Schutz des Geheimnisses steht, ist wie von einer Wolke umgeben, die ihn unsichtbar macht und ihn dadurch der Gefährdung durch den Gegner entzieht. Das Geheimnis schützt daher und weist Böses ab, ist »apotropäisch«.

Der Anordnung des Königs Herodes, ihm den Fundort des Königs der Juden zu melden (Mt 2,8) umgehen die Magier im wörtlichen Sinn in Mt 2,12. Sie verschweigen Herodes daher den Geburtsort Betlehem. Bemerkenswert ist, dass Matthäus auch sonst, nicht nur in diesem Schweigemotiv, mit Ignatius verwandt ist. Gott sorgt dafür, dass seine Heilstaten vor den Mächtigen verschwiegen werden und Geheimnisse bleiben.

In der Erzählung über die Emmausjünger Lk 24 spielt das Geheimnis eine doppelte Rolle. Die Identität des Mitwandernden bleibt genauso verborgen wie der Sinn der Heiligen Schrift. Beides wird durch den Auferstandenen offenbar. Einmal bleibt den Emmausjüngern verborgen, dass ihr Begleiter Jesus ist (Lk 24,16: *denn ihre Augen waren gehalten, so dass sie ihn nicht erkannten*), sodann aber ist der christologische Sinn der Schrift ihnen ebenso verborgen. Das gemeinsame Mahl öffnet ihnen die Augen für beides (24,31f.). Beides sind österliche bzw. kurz-nachösterliche Ereignisse. Welche Rolle spielt dann also Ostern hier? In dieser Zeit wissen sich die Jünger durch Jesus geheimnisvoll und wunderbar begleitet, und sie können die Schrift jetzt im Sinne des Geschicks Jesu verstehen. Beides sind nicht-empirische und also mystische Erkenntnisakte. Später wird man häufiger den Heiligen Geist dafür verantwortlich machen und also Pfingsten bereits zu Ostern beginnen lassen.

In Lk 4,20–22 ist es ebenfalls Jesus, der den Anwesenden den Sinn der Schriftstelle Jes 61,1f. eröffnet. Lk 4,20b schildert das verlegene Schweigen kurz davor. An anderen Stellen wird das verlegene Schweigen zum Aufhänger für eine Schelte des Unglaubens (Mt 17,17); in Apk 5,4 ist es auch der Augenblick, in dem der Seher darüber weint, dass niemand die Buchrolle öffnen, d. h. das Versiegelte verstehen, kann.

11.4 Verordnetes Schweigen

11.4.1 Schweigegebote

Weil Schweigen ein kommunikatives Geschehen ist, entsteht oder vergeht es auch zumeist im Rahmen von Kommunikation, durch sprachliche Aufforderung (Sei still!) oder sprachliches Verhindern (Schweig nicht länger! Sprich endlich!). Nur Schreckliches bringt in der Regel direkt Verstummen der Zeugen zustande.

Auch eine Gottesbegegnung wie die Wandlung in der Messe oder der eucharistische Segen lässt Schweigen entstehen. Dann gibt es in der Sprache der liturgischen Zeichen als Wort-Ersatz im Schweigen die Inzensierung durch Weihrauch. Es gibt zwar einige lateinische Weihrauchgebete (*Per intercessionem beati Michaelis …*, *Incensum istud …*, *Dirigatur Domine, oratio mea …*, *Accendat Dominus …* [die drei ersten sind Auslegungen von Apk 8,1–3]), aber sie sind in der Regel für »vorher« gedacht, gehören daher eher zu den Rubriken als in den Haupttext der Messe und sind deshalb gedruckt. So ist das Spenden von Weihrauch eine Begleitung zum Schweigen. Daher ist Schweigen Signal für den absoluten Ausnahmezustand.

Wer Autorität besitzt, kann oder darf auch Schweigen gebieten. Daher gilt es als Symptom eines Verhältnisses der Abhängigkeit oder des Untertanseins, wenn jemand Schweigen gebieten kann. Jesus kann einem Dämon oder einer ganzen Schar von Dämonen Schweigen gebieten, weil er als Sohn Gottes Träger des Heiligen Geistes (Gottes) ist, der allen anderen Geistern in dem Maß überlegen ist, wie Gott den Dämonen überlegen ist. Denn da Engel und Dämonen militärisch geordnet gedacht werden (z. B. als Legion in Mk 5), gilt das Kommando des Ranghöheren.

Im Sturm auf dem See kann Jesus dem Sturmwind Schweigen befehlen (Mk 4,39: *Schweige, verstumme!*), und sogleich tritt Frieden und Stille ein. Der Sturmwind auf dem Meer ist mithin eine Variante anderer (böser) Geister, denen Jesus Schweigen und Gefolgschaft befehlen kann (und zwar mit Erfolg, so in Mk 1,25: *Da drohte Jesus dem Geist: Schweig und verlass ihn!*). Da Jesus den Heiligen Geist in sich trägt, kann er als »Herr der Geister« Wesen von derselben Art befehlen, denn Sturmwird und Dämonen sind in der Sicht der Zeitgenossen Jesu sozusagen genealogisch verwandt. So kann dann in Apk 8,1 »Schweigen« zum Bild universalen Friedens (vor allem in der mittelalterlichen Auslegung, s. o. 8.2) werden. Die Schweigegebote in Exorzismen wie Mk 2,(7–)12 sind verwandt, stehen aber an solchen Stellen mit dem Messiasgeheimnis in Verbindung.

Was in Mk 4,39 von Jesus erzählt wird, gilt nach zwei Qumran-Texten von Gott (4 Q 541 Frgm 7,3 »bringt zum Schweigen das große Meer vor ihm«).

Gerade auch im Gesamtrahmen eines pneumatologischen Dualismus gilt: Je klarer dieser in Geltung steht, umso unbedingter gelten die Befehle, umso schroffer sind auch die Resultate der Befehle in ihrer Gegensätzlichkeit. Letzteres gilt übrigens auch vom prophetischen Heiligen Geist (wenn Jesus die Nachfolge befiehlt, darf der Jünger nicht einmal zur Beerdigung seiner Eltern gehen: Lk 9,59).

Unter pneumatologischem Dualismus versteht man dieses: Es gibt gute Geister und böse Geister. Ein neutrales Drittes existiert nicht, ebenso wenig Kompromisse zwischen beiden. Weil alle Geister sich so dualistisch unterscheiden, gibt es auch keine Vergebung für die Sünde gegen den Heiligen Geist (vgl. dazu K. Berger, Heiliger Geist, 2017), da Vergebung nach Kompromiss aussehen könnte. Vielmehr ist die Trennung zwischen gutem und bösem Geist wie die zwischen Leben und Tod. Daher werden Dämonen oft als die Totengeister angesehen, während von Gott der Geist »des Lebens« ausgeht, der auch die Auferstehung Toter bewirken kann.

Dieser Dualismus erklärt auch, weshalb Redeverbote strikt einzuhalten sind. Denn die Rede eines Menschen kommt entweder vom guten oder vom bösen Geist. Auch Jesu Wort von den guten oder schlechten Früchten (Mt 7,16–20) ist auf dem Boden eines theologischen Dualismus gewachsen.

In seinem dem Heiligen Geist und dessen Wirken in der Gemeinde gewidmeten 14. Kapitel des 1 Kor spricht Paulus gleich drei Schweigegebote aus: in 14,28 für den Fall, dass kein Dolmetscher für die Zungenreden anwesend ist (offenbar um Chaos zu vermeiden, das entstehen kann, wenn keiner etwas versteht), in 14,30 um die gleichzeitige prophetische Rede mehrerer zu vermeiden, die konkurrieren, in 14,34 betrifft das Schweigegebot Frauen, aber nur während des Gottesdienstes.

Das Gebot, dass Frauen in der gottesdienstlichen Versammlung schweigen sollen, wird übrigens nicht ad hoc jeweils von den Ehemännern formuliert, sondern von Paulus. Dieses Gebot ist (zusammen mit 1 Tim) seit Jahren heftig umstritten und hat im Ganzen dazu geführt, Paulus kritisch zu beurteilen. Da Paulus in 1 Kor 14,34 keine Begründung gibt, ist eine solche möglicherweise in anderen Stellen desselben Briefes zu suchen, an denen sich Paulus zum Verhältnis Mann – Frau äußert. Hier ergibt sich aus dem Kontext (z. B. in 1 Kor 11) eine Begründung für die (freilich auch dort umstrittene) Auffassung, der Mann sei »das Haupt« der Frau. Da Gott Vater aber mit denselben Worten als »Haupt des Christus« bezeichnet wird, lässt sich daraus kaum eine Geringerschätzung dessen ablesen, dessen Haupt ein anderer ist. Auch Christus wird »Haupt des Mannes« genannt, was ebenfalls gewiss keine Geringerschätzung des Mannes bedeutet. Die vermeintliche Unterordnung der Frau unter den Mann an diesen Stellen hilft, so meine These, auch für die Mahnung des Paulus in 1 Kor 14 weiter, zu Hause sei der Mann zu befragen: Denn in 1 Kor 11 bedeutet die Haupt-Funktion etwas über den Weg der Offenbarung bzw. des Wortes Gottes: Es geht vom Vater aus, wird dann vom Sohn getragen, trifft auf den Mann im Medium der kirchlichen Öffentlichkeit, um dann zu den Ehefrauen als den Endadressaten zu gelangen. Dass die Frauen Endadressatinnen sind, macht sie nicht geringer (!), sondern zeichnet nur den Weg nach, den das Wort Gottes (unter damaligen Bedingungen) nimmt. Eine Endposition teilt mit den Ehefrauen im Übrigen auch der Apostel Paulus, der unmittelbar danach in 1 Kor 15 zwar chronologisch der Letzte ist, aber doch dem theologischen Zeugenwert nach dies überhaupt nicht sein kann. Die Endposition ist demnach für aktuelle Argumente unbrauchbar, die Paulus hier regelmäßig eine Abwertung der Frau und damit rundweg die Ungültigkeit seiner Argumente bescheinigen wollen.

Wenn man den Verlauf des Tradierungsprozesses der Botschaft vor Augen hat, kann man auch dieses bedenken: Die nähere Befragung des öffentlichen Lehrers in einer Folgeveranstaltung »im Haus« gehört schon ausweislich der Evangelien zum damaligen Lehrstil dazu. Die Jünger befragen Jesus demnach »im Haus«, gerade wie es nach 1 Kor 14 die Frauen tun sollen (z. B. Mk 10,10). Damit werden die Jünger, die fragen dürfen und sollen, nicht abgewertet. Die Gemeindeversammlung in 1 Kor 14 ist eine vergleichbare Art von Öffentlichkeit wie die, in der Jesus nach den Evangelien als öffentlicher Lehrer auftritt (Mk 10,1b).

Dieser »Unterrichtsstil« der Anfangszeit hat sich in zahlreichen apokryphen Schriften erhalten, z. B. in dem koptischen Buch der Einsetzung des Erzengels Gabriel (ed. C.D.G. Müller CSCO 226, Scriptores Coptici 32, Löwen 1962, S. 74–100, bes. 74–76).

»Als sie nun um den Heiland versammelt waren, sprach er zu ihnen: Meine Heiligen Apostel. Ich werde euch nichts verbergen, sondern alle Dinge, die ihr wollt, erfragt sie alle von mir wegen der Ordnung des Äons und der Einsetzung der Kirchen der gesamten Ökumene und der Ordnung meiner heiligen Auferstehung und des Heilsglaubens und wegen der Völker der Erde ... Fragt nun aber, und ich werde euch alle Dinge offenbaren, denn ihr seid die Bischöfe dieser 72 Länder ... Der Heiland antwortete ihnen: O meine Brüder und meine Heiligen Apostel, fragt mich nach allem, was ihr wollt ... und nichts wird sich vor dir und deinen apostolischen Brüdern verbergen (S. 76).

Im Vergleich mit den Texten des Neuen Testaments ist interessant, wie oft hier von verbergen/verschweigen die Rede ist. Das ist zweifellos ein Indiz dafür, dass hier das Thema Schweigen/Verschweigen fortgesetzt wird.

Vgl. N. Bonwetsch, Fragen des Bartholomäus, und F. Scheidweiler, in: HS I, 425–437, 427 Jesus/Jünger: Da fragten sie ihn und baten: Herr, offenbare uns die Geheimnisse des Himmels. Jesus aber erwiderte: Ehe ich diesen Fleischesleib abgelegt habe, kann ich euch nichts kundtun ... Kontrast dazu: »Keiner wagte ihn zu fragen ...«.

Ergibt sich hier irgendein theologischer Sinn? Oder geht es nur um eine reichlich zeitbedingte praktische Regel? Egal, wie die Antwort ausfällt, sie wäre als solche kein »unfehlbares« Präjudiz für eine Regel der Gegenwart, die vom bischöflichen Lehramt zu bestimmen wäre.

Es wird nicht gesagt, dass das Publikum im Haus weniger wertvoll sei als das in der Ekklesia. Es könnte ja auch durchaus umgekehrt sein: Dann wäre die Kerngemeinde nach wie vor und wie zu Lebzeiten Jesu im Haus anzunehmen und nicht in der Synagoge oder Ekklesia. Das Entscheidende geschieht dann in der Mitteilung der Botschaft zu Hause. Deshalb sind die Frauen dort anzutreffen. Merkwürdigerweise setzen alle neueren Kommentare voraus, das »Haus« als Ort versprachlichten Christenlehre sei weniger wert als die Ekklesia. Das ist reine Gewohnheitssache! Dass der Mann gefragt wird, wäre dann eine Folge davon, dass er in der inzwischen zum Forum gewordenen Ekklesia informiert wurde und diese Information weitergibt. An der Stelle des Ärgernisses bestünde dann in der Weisung des Paulus ein Rückgriff auf ältere, stärker familiäre Strukturen: Präferenz des Hauses. Paulus verspricht sich hier wohl von der älteren Form größeren Erfolg und stärkere Bindungskraft.

Rechnen wir aber auch mit dem *worst case,* dass es nämlich hinter diesen Schweigeregeln einen theologisch gegebenenfalls nachvollziehbaren Sinn gibt: Das sähe dann ähnlich aus wie oben (11.3) bereits als Konflikt mit dem neuzeitlichen Gottesbild angedeutet: Denn hier will man jede Eingrenzung als (zutiefst reaktionäre) Ausgrenzung verstehen, jede Lösung, die anders aussieht als die Forderung nach allgemeiner rationaler Transparenz (im Sinne der Aufklärung) als Verstoß gegen die Menschenrechte. Dazu gehört aber besonders bereits das in Mk 4,12 anzutreffende Phänomen (»Denen, die draußen stehen« aber wird alles nur in Gleichnissen gereicht, damit sie nichts verstehen). Dieses besteht darin, dass eben eine allgemeine rationale Transparenz der Botschaft nicht gegeben ist, dass vielmehr z. B. zwischen Draußenstehenden und Insidern beabsichtigte Erkenntnisdifferenzen angenommen werden, sodass die Draußenstehenden als benachteiligt erscheinen. In diesem Sinne redet man auch von Verstockung oder von beabsichtigtem Missverstehen. Der Sinn: Es kommt sehr darauf an, mit den Insidern zu leben und das Christentum nicht als eine im Grunde der Beliebigkeit anheimgegebene bloße Information anzusehen. Es gilt: Wer lebt, der versteht. Das »Haus« aber steht für die persönlichere, verbindliche und auch (wegen guter Chancen für einen Lehrdialog, der wirklich ankommt) am Ende effektivere ältere Form der Vermittlung der Botschaft. Ist nicht auch heute noch der persönliche Dialog ohne zeitliche Begrenzung weitaus sinnvoller als die Regelvorlesung für die vielen mit festgelegter Dauer?

Fazit: Das Schweigegebot in 1 Kor 14,34 soll niemanden ausgrenzen. Es setzt aber unterschiedlich große Kreise von Hörern der Botschaft voraus. Das hat bestimmte Folgen von Verständlichkeit und wohl auch persönlicher Verbindlichkeit, die keineswegs das Gottesbild beeinträchtigen.

11.4.2 Verbot der Weitergabe des Namens Jesu

Wir stoßen in den Evangelien und in der Apostelgeschichte auf eine besondere Form des Schweigegebots. Das ist im Rahmen einer auf Ausbreitung und Verkündigung gebauten Glaubensbotschaft zunächst verwunderlich. Das frühe Christentum ist wesentlich eine Religion des Namens, und zwar des Namens Jesu (vgl. K. Berger, Die Urchristen, 2001, S. 150–165). Dabei kommt es fast immer darauf an, dass dieser Name auch wörtlich und hörbar ausgesprochen wird (Hans von Campenhausen). Diese eigenartige Fixierung auf den Namen Jesu führt zu folgenden Besonderheiten:

- auf den (oder: im) Namen Jesu wird getauft (z. B. Apg 2,38)
- im Namen Jesu wird geheilt (z. B. Apg 3,6; 4,40)
- im Namen Jesu lehren die Jünger (Apg 4,18)
- ein Gebet an Gott, gesprochen im Namen Jesu, wird erhört (z. B. Joh 14,13f.)
- nur in Jesu Namen gibt es überhaupt Heil (z. B. 2 Tim 2,10)
- im Namen Jesu soll sich jedes Knie beugen (sc. vor Gott) (z. B. Phil 2,10)

Fazit: Der faktische Gebrauch des Namens Jesu ist mithin eine Art Codewort, ohne das jede liturgische, therapeutische oder für das Heil unabdingbare Aktion unwirksam und nichtig ist. Wenn somit im Christentum alles davon abhängt, das Heil an den Namen Jesu zu binden, dann ist erwartbar, dass es auch eine Nicht-Weitergabe des Namens Jesu gibt. Das ist dann die Kehrseite dieser missionarischen Religion, die sich in den Schweigegeboten Jesu äußert. Abgesehen von der besonderen Geschichte nach der Verklärung Jesu ist das in markinischen Heilungsberichten Mk 5,43; 7,36; 8,26 der Fall:

> Mk 5,43 (Heilung der Tabita): *Doch er schärfte ihnen ein, niemand dürfe etwas davon erfahren; dann sagte er, man solle dem Mädchen etwas zu essen geben.*
>
> Mk 7,24f. (Austreibung des Dämons der Syrophönizierin): *Jesus ging in ein Haus, wollte aber, dass niemand davon erfuhr; doch es konnte nicht verborgen bleiben.*

Mk 7,36 (*... und er konnte richtig reden*): *Jesus verbot ihnen, jemandem davon zu erzählen. Doch je mehr er es ihnen verbot, desto mehr verkündeten sie es. Sie staunten über alle Maßen und sagten: Er hat alles gut gemacht; er macht, dass die Tauben hören und die Stummen sprechen.*

Mk 8,26 (geheilter Blinder): *Jesus schickte ihn nach Hause und sagte: Geh aber nicht in das Dorf hinein!* (sc. um es den Menschen zu erzählen)

Mk 9,30f.: *Sie gingen von dort weg und zogen durch Galiläa. Er wollte aber nicht, dass jemand davon erfuhr; denn er belehrte seine Jünger und sagte ihnen: Der Menschensohn wird ... auferstehen.*

Wenn das Wunder geschehen war, hatte es (wie sich bei anderen Wundertätern leicht studieren lässt) nicht viel anders sein können. Interessant war doch nur derjenige, der das Wunder gewirkt hatte. Und wenn die ganze Geschichte »unterdrückt« wird, dann so oder so auch sein Name. Warum sollte man jedoch den Namen eines erfolgreichen Heilers nicht weitergeben dürfen? In Apg 3,6 heißt es z. B. *Im Namen Jesu geh los!* Der Name Jesus konnte mithin leicht isoliert als magische Formel gebraucht werden. Bei den Pseudo-Jesusanhängern nach Lk 21,8 *(... viele werden unter meinem Namen auftreten und sagen: Ich bin es!)* könnte es sich sogar um solche (auch als Wundertäter auftretende) Magier gehandelt haben (vgl. besonders Mk 13,22).

Andere Deutungen der Schweigegebote und Geheimniskonzeptionen: Es geht in diesen Geschichten nicht um die »politische Missdeutbarkeit« des prophetisch-messianischen Bekenntnisses und damit des dieses Bekenntnis tragenden Selbstanspruchs Jesu (R. Pesch, Kmtr. II 33f.). Im Übrigen herrscht eine gewisse Unklarheit darüber, welche Art von Christologie mit welchen Verboten des Weitersagens verbunden sein soll. Man kann an diesen Hypothesen leicht erkennen, wo in den letzten Jahrzehnten die Schwerpunkte in der Entstehung der Christologie(n) gesehen wurden.

Die klassische Position von Wilhelm Wrede krankt daran, dass dieser sich von folgender Hypothese leiten ließ: Erst nach Ostern habe die diffuse historische Erfahrung begriffliche, philosophische und dogmatische Klarheit gewonnen. Vor Ostern habe es keine

Christologie gegeben. Die Vorverlagerung ins Evangelium sei ein literarischer Trick, ähnlich wie bei den ex eventu-Sprüchen über die Zerstörung Jerusalems. – *Kommentar:* Ein dogmenfreies vorösterliches Evangelium ist ein teils romantisches, teils bereits dogmenkritisches Postulat.

Nach Gerd Theißen (Wundergeschichten, 1974) geht es um eine Übernahme aus den Geheimhaltungsverpflichtungen heidnischer Zauberpapyri, die aus merkantilen Interessen eine bloße Übernahme der Rezepte zu blockieren hätten.

Man kann für Schweigegebote und Geheimniskonzeptionen in den Evangelien wohl folgende vier Ansätze unterscheiden:

- Messias- und Wundergeheimnis;
- Schutz der Adressaten (weil sich aus missionarischen Kontakten Vorwürfe der Gotteslästerung ergeben können);
- apologetische Strategien: die Auferstehung Jesu führt zu einem zutreffenden Gesamtverständnis einzelnen Zeichen (vgl. Mk 9,9);
- Auszeichnung der Leser: wer ein Geheimnis weiß, darf sich als dessen würdig betrachten; denn diese Vorzugsposition wird nicht jedem zuteil.

Interessant ist nun, dass gerade dort, wo Jesu Schweigegebote übertreten werden, immer die Heidenmission zur Debatte steht. Demnach gilt Israel wohl als eine Art Höhle mit Vertraulichkeit, die Heidenwelt als das Draußen, das man nicht leicht überschauen kann.

Bei den Rede- bzw. Bekenntnisverboten gegenüber Besessenen oder den sie besetzt haltenden unreinen Geistern kann man an eine titulare Erweiterung des Jesusnamens denken (Jesus, Christus, Sohn Gottes), bei der dann sowohl »Christos« (Geistgesalbter) als auch »Sohn Gottes« (man wird nur durch den Heiligen Geist Sohn Gottes) charismatisch-pneumatologischen Ursprungs wären. Hier kommt es dann darauf an, wer ein solches Bekenntnis formulieren bzw. unter das Volk bringen wollte. Wenn das unreine Geister sind, geht es letztlich um deren Machtzuwachs und Reich. Aber auf diese Kreaturen sollte man eben nicht hören, das würde ihnen nur unverdiente Anerkennung verschaffen. Denn das sind mögliche Konsequenzen, wenn man wie Jesus in einem Zeitalter des Dualismus wirkt, und wenn dieses Wirken sich gerade an der Schaltstelle Heiliger Geist/Dämonen vollzieht.

Mk 1,34: *Und er verbot den Dämonen zu sagen, dass sie wussten, wer er war*

Mk 3,11f. (Besessene): *Du bist der Sohn Gottes. Er aber gebot ihnen, dass sie ihn nicht bekannt machen sollten.*

11.4.3 Prophetengeheimnis

Ein besonderer Typus von Geheimnis ergibt sich daraus, dass viele Wunder bzw. Offenbarungen Jesu innerhalb der vier Wände eines Hauses geschehen. Das bedeutet eine bestimmte Art von Beschränkung des Kreises der Zuhörer und Augenzeugen.

Wenn es ein biblisches (alt- und neutestamentliches) Prophetengeheimnis gibt, dann ist dieses je und je an ein Haus als prophetische Wirkungsstätte gebunden. Die Mauern eines Hauses geben stets die Grenzen für seinen Wirkungsradius vor. Außerhalb der Mauern bleibt das prophetische Wirken geheim.

Folgende Texte können das illustrieren (über Elischa, den Schüler des Elija):

(10) Wir wollen ein kleines, gemauertes Obergemach herrichten und dort ein Bett, einen Tisch, einen Stuhl und einen Leuchter für ihn [sc. Elischa] *bereitstellen. Wenn er dann zu uns kommt, kann er sich dorthin zurückziehen ... (21) Sie stieg nun in das obere Gemach hinauf, legte das Kind auf das Bett des Gottesmannes und schloss die Tür hinter ihm ab ... (34) Dann trat er an das Bett und warf sich über das Kind ... (35) Dann stand er auf, ging im Haus einmal hin und her, trat wieder an das Bett und warf sich über das Kind ...* (2 Kön 4,10.21.34f.)

Und Jesus ließ keinen mitkommen außer Petrus, Jakobus und Johannes, den Bruder des Jakobus. Sie gingen zum Haus des Synagogenvorstehers. Als Jesus den Tumult sah ..., trat er ein ... Er aber warf alle hinaus und nahm den Vater des Kindes und die Mutter und die, die mit ihm waren, und ging in den Raum, in dem das Kind lag ... Doch er schärfte ihnen ein, niemand dürfe etwas davon erfahren. (Mk 5,37–43)

In beiden Fällen wird die Anzahl der Zeugen der prophetischen Tat radikal begrenzt, in Mk 5 auf die Eltern und drei Jünger Jesu. Zur Erklärung folgende Thesen:

- Das Schweigegebot nach Wundern (Wundergeheimnis) entwickelt sich aus der Elija/Elischa-Tradition (und in ihrer Fortsetzung in den Vitae prophetarum, ed. M. Schwemer).
- In dieser Prophetentradition ist der klassische Wirkungsort des Propheten weder Straße noch Markt noch der Tempel, sondern das Haus.
- Damit ist die klassische Personen-Konstellation gegeben: Vater, Mutter, Kind(er), gastweise Prophet(en) und einige wenige Schüler/Jünger.
- Daher rührt auch eine gewisse konstante Bindung dieser Tradition an das Mahl (nur im Haus möglich).
- Auch für Jesu Wunder ist das Haus immer typischer geworden und wird zum Anziehungspunkt (vgl. Mk 2). Das entspricht seiner besonderen Jüngerbelehrung im Haus, die die öffentliche Belehrung schon immer ergänzt und mit dem Übergang in paganes Milieu mehr und mehr ersetzt (z. B. in Korinth ist Zentrum jeweils *das Haus des/der ...)*.
- Hervorzuheben: Das frühe Christentum folgt keinem Tempel-Vorbild, weder dem jüdischen, noch heidnischen.
- Zum Haus gehört auch die maßgebliche Bilderwelt der Lehre (besonders der Gleichnisse) Jesu; daher die Rolle des Vaters, des Sohnes (Christologie), der Brüder und Schwestern, Sklaven (vgl. auch Haustafeln).
- Das Christentum ist eine Familienreligion, d. h. im Anschluss an die bestehende *(Ließ sich taufen mit seinem ganzen Haus)* oder neue Familie (Mk 10,30).
- Früh wird der Synagogalgottesdienst abgelöst durch das Haus als Versammlungsort der Gemeinde (Korinth), und das gilt ohnehin dort, wo es keinen Tempel gab (außerhalb Jerusalems). Dieser Übergang in das Haus markiert besonders die Entstehung der frühchristlichen Gemeinden im Unterschied dann auch zum Judentum.
- Das eucharistische Mahl ist an das Haus gebunden. Bei den Massenspeisungen (»Brotvermehrungen«) im Freien gibt es keinen Wein, diese Mengenwunder sind eben auch kein Abendmahl.
- Wenn Jesus sagt: *Im Haus meines Vaters sind viele Wohnungen* (Joh 14,2), so weitet er das Bild des Hauses im Blick auf die Gesamtheit der Christen aus.
- Durch die Begrenzungen der Häuser verändert sich die Gesamtstruktur dieser Religion. Die Schweigegebote orientieren sich an geringer Zeugenzahl und kleinen »Gemeinden« familiärer Struktur. Dank der Schweigegebote

wird de facto die Anzahl der zu Berichten Befähigten auf wenige Zeugen begrenzt, die das, was sie berichten, auch wirklich gesehen haben. Letzteres schützt vor bloßen Mitläufern und vor Pseudo-Augenzeugen. Eben diese Funktion hat auch die wiederholte Zeugenschaft von Petrus, Johannes, Jakobus, dann auch Andreas, also der namentlich genannten (!) Jünger Jesu bei wichtigen Ereignissen. Die Arkandisziplin bezieht sich daher ausdrücklich auf die Bedingungen frühester Christenversammlungen.

Lässt sich damit in irgendeinem Sinn heute etwas anfangen? Die Frage liegt nahe, weil es sicher gut für die Kirche wäre, wenn ihre »Sprecher« oder »Zeugen« authentisch von Selbst-Erlebtem berichten könnten. Zumindest deshalb also wären kleine Gemeinden bzw. Gemeinschaften wertvoll wegen der Authentizität des Berichteten; dabei geht es nicht um die Anzahl, sondern um die Intensität. Das, was man früher Schweigegebote nannte, hieße jetzt: Das gemeinsam Erlebte ist für uns heilig, ein Schatz, den uns niemand nehmen kann, an den wir spürbar immer wieder gebunden sind, und zwar wir gemeinsam als kleine oder große Gruppe.

Die verschiedenen Geheimnis-Konzeptionen der Evangelien (bis hin zu Ignatius, Eph 19) konvergieren in mindestens folgenden Punkten:

(1) Sie beziehen sich je auf ein Ereignis, das Macht, Größe und Herrlichkeit Jesu offenbart.

(2) Sie gebieten Schweigen, und zwar entweder überhaupt oder gegenüber Dritten.

(3) Sie zeigen damit, wie sich Jesus bzw. die verantwortlichen Evangelisten Mission, d. h. im Wesentlichen verbale Verarbeitung/ Weitergabe des Geschehenen, nicht vorstellen.

(4) Sie denken vor allem nicht an bloße Gerüchte, sondern legen Wert auf solide Faktenbasis des Berichteten.

(5) Sie achten auf die Personen der Tradenten. Jesus und die Evangelisten fragen: Wer ist es denn, der für uns verkündigt? Daraus könnte man sonst nämlich die falschen Schlüsse ziehen. In deren Hintergrund geistert dann so etwas wie der Beelzebub-Vorwurf in Neuauflage. Der Beelzebub-Vorwurf lautete: Jesus kann Dämo-

nen besiegen, weil er mit dem Meister im Bunde steht. Ebenso wären nämlich auch christologische Bekenntnisse zu beurteilen, die Leute in die Welt setzen, die gestern noch auf der Seite der Dämonen standen und aus denen die Dämonen sprachen. Diese Äußerungen hätten zwar Gestalt von Bekenntnissen, wären aber aufgrund ihres dämonischen Ursprungs nichts weiter als vergiftete Bekenntnisse. Sie könnten auch Menschen nur geistlich vergiften.

(6) Jesus bzw. die Evangelisten wollen keine lautstarke, auch keine politische Propaganda. Die Art des Berichtens über Jesu herrliche Taten fügt sich vielmehr in die leise Nachhaltigkeit der Verkündigung Jesu, in der darauf geachtet wird, dass ein Einzelereignis zu den anderen passt, z. B. einheitliche Zurückführung wahrer und nachhaltiger Vollmacht auf den Gott Israels allein.

(7) Gerade aus dem Prophetengeheimnis lässt sich einiges entnehmen über den Stil der frühen Mission. Jesus scheut die Anonymität von Massenaufläufen. Daher haben an den wichtigen Stationen drei bis vier namentlich genannte (und daher haftbar zu machende) Jünger Anteil.

Den Kontrast zwischen Schreien und Geheimnis kennt das frühe Christentum noch an einer weiteren Stelle. In Lk 19,40 sagt Jesus der Volksmenge: *Ich kann euch nur sagen: Wenn meine Jünger schweigen müssen, werden die Steine (bei der Zerstörung Jerusalems) [vor Schmerz] umso lauter schreien.* Unmittelbar zuvor hatten Pharisäer aus der Volksmenge Jesus aufgefordert, den Jüngern Schweigen zu gebieten.

Ein schreiendes Geheimnis kommt – ähnlich wie auch noch in unserem Sprachgebrauch – einem »schreienden Unrecht« gleich, ganz wie in der Bibel *Blut, das zum Himmel schreit.* Doch eines Tages, das weiß ein Prophet als Prophet, wird aus dieser Stille, aus diesem übersehenen und verkannten Sachverhalt, eine »große Sache«. Was die Bibel mit Metaphern der Akustik (schweigen – schreien) äußert, wird gelegentlich auch mit optischer Metaphorik wiedergegeben (verborgen, »unter der Decke gehalten« – offenbar machen, ans Licht bringen). Dabei haben die akustischen Metaphern den unabweisbaren Vorteil: Sie drängen sich auf, so wie man einen Schreienden nicht überhören kann. Daher gibt es ja sehr viel mehr Nachbarschaftsklagen »wegen Lärm mit zu schrillen Tönen« als wegen »falscher Bilder mit zu schrillen Farben«.

Jesus verarbeitet eine historische Erfahrung seines Volkes und auch seiner eigenen Zeit: Drei Säulen gehören in dieses Geschichtsbild:

(1) Es gab und gibt die Propheten mit ihrer Kritik. Zu den Propheten muss man hier auch die Jünger Jesu rechnen. Sie richten sich gegen den Ungehorsam des Volkes und besonders seiner Führung. Sie warnen vor dem Unheil, das sonst droht.

(2) Israel macht seit langer Zeit die Erfahrung, dass prophetische Kritik unterbunden wird, nicht zuletzt von den kritisierten Mächtigen und Führern des Volkes selbst. Die Ermordung Johannes' des Täufers wegen seiner Kritik an König Herodes war das jüngste Beispiel. Dass Pharisäer Jesus dazu auffordern, er möge seinen Jüngern die kritische Rede verbieten, reiht Jesu Botschaft ein in diese Unterdrückungen prophetischer Wahrheit.

(3) Die Folge solcher Unterdrückung kritischer Stimmen ist, dass dann die Katastrophe kommt, die die Propheten angekündigt haben. Die Abfolge von prophetischer Unheilsbotschaft – Unterdrückung – Katastrophe entspricht dem »deuteronomistischen Geschichtsbild« im Alten Testament. Die Stadt ist zerstört, die Bewohner sind vertrieben, etwa in die Diaspora zerstreut. In einer Zeit der Monarchien sind die Machthaber mit den durch die Botschaft Angesprochenen und auch mit den Prophetenmördern mehr oder weniger identisch. Weil die meisten Menschen nicht von sich aus nachdenken, sondern nachdenklich gemacht werden müssen, ist es die notwendige Sensibilität gegenüber der Unterdrückung von Propheten durch Schweigegebote, die zum Weltkulturerbe der Bibel gehört. In Israel bedeutete das Auftreten von Propheten so etwas wie die Chance, Abflusskanäle zu schaffen für böse Pläne und Gedanken. Wo solche Predigt verboten wurde, hatten die interessierten Machthaber die scheinbar intakte Oberfläche bis hin zur glatten Lüge so bearbeitet, dass alles makellos und in bester Ordnung zu

sein schien. Bei Jesus sind es die Feinde Israels, die den Tempel zerstören werden (was man übrigens durchaus schon zur Zeit Jesu ahnen konnte). Der Sieg der Römer bei der Zerstörung Jerusalems im Jahre 70 ist nun allerdings sicher nicht direkt die Folge unterdrückter Prophetie, aber es besteht ein Zusammenhang zwischen kontinuierlichem flächengreifendem Ungehorsam und schwach werdendem Widerstand (geschwächte Identität). Wer die schlichte allsabbatliche Wahrheit nicht hören bzw. verhindern wollte, musste alsbald eine ganz andere, laut kreischende (wie beim Einsturz von Häusern) Wahrheit vernehmen

Erneut zeigt sich, dass das Thema Schweigen mit der Dimension der Zeit in Zusammenhang steht. Wenn die Klage über geschehenes Unrecht verboten und von der eigenen Führungsschicht nicht anerkannt wird, dann wächst das Unheilspotential bis zum Zerplatzen. Jerusalem ist nicht oder nicht zuerst deshalb zerstört worden, weil man Jesu Gottessohnschaft abgelehnt hat. Der Zusammenhang ist größer. Die Ablehnung der Propheten ist ein sich durchziehendes Phänomen der Geschichte Israels. Die ungehorsame Selbstüberschätzung Israels gehört zur wiederkehrenden Thematik schon in den Geschichtsdeutungen des Alten Testaments. Das Redeverbot gegen Propheten, auch gegen Jesus und seine Jünger, sind Symptome drohenden Identitätsverlustes, der in der verführerischen hellenistischen Welt von außen und von innen her tödlich sein konnte.

Fazit: Wer die prophetische Warnung nicht nur überhört, sondern sogar verbietet, der wird durch die dann unausweichliche Strafe bzw. Katastrophe umso vollständiger erschreckt, bestraft, zu Boden geworfen. Zwei sehr unterschiedliche Instanzen sind hier beteiligt: Jünger und Steine. Wer den Jüngern das Schreien verbietet, muss sich das Schreien der Steine anhören (Lk 19,40). In beiden Fällen geht es um das Hören nicht alltäglicher Laute. Wenn man die ersten abstellt, werden die anderen umso lauter. Zuerst sind die Laute noch menschlich, die neuen, anderen gehen von »brutalen« Steinbrocken aus. Und der einstürzende Tempel zerreißt die politische Totenstille, die Folge des Prophetenmordens war. Eine derartige

Totenstille ist ein Extremzustand, der ein gleichfalls extremes Signal in der Tempelzerstörung zur Folge hat. Beides aber hat mit Gott zu tun. Die Jünger waren von Gott gesandt, und so ist es auch die Bestrafung. Das Jesuswort Lk 19,40 provoziert, weil dieser schrille Gegensatz (kein Wort/Geräusch einstürzenden Tempels) noch dazu als kausale Abfolge gedacht wurde. Der Gegensatz zwischen Schweigen und Geschrei ist so konträr und aufdringlich wie kein anderer. Es ist ein im wahrsten Sinne des Wortes schriller Gegensatz, der die Umstände betrifft, unter denen das Evangelium in der Welt ist.

12. AUSBLICK

Sprache des Schweigens, nicht der Worte

Schweigen ist eine Art von Kommunikation. Nur bedarf es einiger Erfahrung, um diese Kommunikation richtig zu deuten. Denn da der Deutende intensiv mitspielt, ist die Gefahr eines dualistischen Zweifels bald zur Stelle (schweigt der Partner in Einverständnis und Liebe – oder ist das Schweigen Teil der Ablehnung? Gilt gar beides ineinander verschlungen wie in Catulls Gedicht Nr. 85: *Odi et amo*/Ich hasse und liebe zugleich?).

Jede Art antiker (Lebens-)Weisheit orientalischen Ursprungs (im Gegensatz zu Cicero) im Umfeld der Bibel stimmt darin überein, dass Schweigen wertvoller ist als Reden. Denn die Qualität des Redens ist offenbar abhängig vom Maß und von der Art des vorangehenden Schweigens. Die vorangehenden und alles entscheidenden Emotionen werden durch das Schweigen geprägt, bevor sie das Reden in seinem Verlauf begleiten. Daher rührt die Einsicht, die Sprache des Herzens sei das Schweigen, nicht das Reden. Denn hier ist das Feld dessen, was man Unbewusstes nennt. Hier ist die Quelle der Phantasie und das Reich der Zwischentöne jenseits der Eindeutigkeit des Wortschatzes. Hier wird verstanden und gesendet, was man das »zwischen den Zeilen« Gesagte nennt (Hinweis K. Döring).

Dem Unfassbaren Rechnung tragen

Nicht zuletzt die von Odo Casel OSB gesammelten Beispiele aus Mönchtum und Neuplatonismus zeigen, dass im Schweigen das Unfassbare und Unsagbare zur Geltung kommt und zugleich lebendig in die Kommunikation eingeht. Denn so »widerfährt ihm Gerechtigkeit«, und zugleich darf oder kann es seine Rolle in der Kommunikation spielen. So gilt, dass Inkommunikabilität, welche Folgen sie für psychische Systeme auch immer haben mag, Kommunikation nicht daran hindert zu kommunizieren (Alois Hahn, in A. und J. Assmann, Schweigen, S. 39).

Schweigen im liturgischen Drama

Angesichts der anerkannt hohen Bedeutung des Schweigens bzw. der Stille in der Kultur des Westens und noch mehr des Ostens für die Kommunikation wird es verstärkt darauf ankommen, in den Regieanweisungen für jedes dramatische »Spiel« auf die Zeiten des Schweigens sorgsam zu achten. So hat man z. B. schon vor längerer Zeit die Phasen der Stille/des Schweigens im traditionellen Messritus zu erfassen und zu deuten versucht. Nach der hier vertretenen Deutung ist die *elevatio* von Hostie und Kelch Mitte und Enthüllung des verborgenen Mysteriums. Konsequent ist es, die *elevatio* mit der Spende von Weihrauch zu verbinden. Denn Weihrauch begleitet oft das schweigende Gebet, zum Beispiel Apk 8,3f.

Praktikabilität

Nochmals sei hier auf Meister Eckhart und Johannes Tauler verwiesen, die eine Distanz zu Bildern für wichtig halten und damit eine Freiheit von festgefahrenen Formulierungen meinen. Denn in der Tat hindern Bilder und alle vergleichbaren Formen, Formeln und Verfestigungen oft genug an einer schlichten und elementaren Begegnung mit dem unfassbaren Gott und seiner unbegreiflichen Liebe. Jeder, der sich mehr oder weniger ausschließlich auf vorformulierte kirchliche Gebete stützt, wird (unabhängig davon, dass diese ihren großen Wert besitzen) einmal merken, dass direkte, authentische Rede ihre Stunde hat.

Drei Schluss-Abschnitte

Die folgenden drei Schluss-Abschnitte spiegeln in ihrem Nacheinander drei gegensätzliche Stufen: Schweigen, Wort und den Mut, den ein Herz aufbringt zur persönlichen Anrede, so dass am Ende Schweigen und Wort nicht in einem ewigen Gegenüber stehen bleiben. Mit Bedacht sind diese drei Stufen hier trinitarisch angeordnet.

(1) Gott ist das Schweigen (Vater)

Diese These, von H. Chadwick um 1950 noch als »semi-gnostic« bezeichnet und Ignatius von Antiochien zugeschrieben, ist hier im Pro und Contra zu diskutieren. Was das Pro betrifft, so sind dieser Meinung maßgebliche Vertreter kirchlicher *theologia negativa*, von Ignatius bis zu Johannes Tauler. Anderer Meinung sind wohl dezidiert der Johannes-Prolog (Joh 1) und die große Anzahl der orthodoxen Wort-Theologen.

Gott ist dort, wo alles Begreifen-Können, wo alle menschliche Sprache und alles Reden längst zu Ende sind, wo man diese Werkzeuge wie auf einem Weg durch die Wüste längst hinter sich gelassen hat.

Gott ist das Schweigen, weil jedes Wort ihn dingfest machen würde. Er aber ist der schlechthin Lebendige, unfassbar, nicht festzunageln. Der Theologe kann bestenfalls wie ein Wassermaler sein, der seine Sätze und Darstellungen in fließendes Wasser malt, wo sie alsbald fortgeschwemmt und aufgelöst werden. Aber wenn er seinen Beruf liebt, wird er nicht aufhören zu malen, solange er lebt. Gott ist Schweigen, weil er Leben ist. Er ist Schweigen, weil er alles andere, was sich verfestigt, in sich und durch sich wieder auflöst. Er ist die sprudelnde Quelle, in deren Vitalität jedes Wort versinkt. Denn im Wasser der Quelle löst sich jede Setzung auf (»Quelle« spielt in speziell in der deutschen Mystik, etwa bei Johannes Tauler, eine entscheidende Rolle).

(2) Gott ist das Wort (Sohn)

Genauer: Gott ist wie ein Vater, wie eine Mutter, und von ihm kommt das Wort (so sehen es fast alle alten Texte). Das Wort gibt uns Halt und Gewissheit. Immer wieder steht in den Briefen des Neuen Testaments *vertrauenswürdig (getreu) ist das Wort.* Von diesem Wort wird gesagt, dass es Himmel und Erde überdauert. Wir können uns daran festhalten. Es ist der Anker, der uns überhaupt Halt gibt, jenen Rückhalt, von dem aus wir lieben können, Rückschläge aushalten, so dass wir nicht einfach zerfließen (so das Weihnachtslied: »Der Anker haft auf Erden, da ist das Schiff an Land; das Wort will Fleisch uns werden«).

(3) Das »Du« wagen (Heiliger Geist)
Eine Szene aus meinem Leben: »Lass uns Du sagen!« – Antwort: »Ja, sehr gerne!« Diese drei Worte haben mich für immer verändert.

Auf theologischer Ebene entspricht dem das Gebet. Zum Beispiel das *Te Deum laudamus* (Großer Gott, wir loben dich) oder *Adoro te devote, latens deitas* (Demütig bete ich dich, verborgene Gottheit, an). Weil das Gebet am ehesten in die Domäne des Heiligen Geistes gehört, steht dieser Absatz hier.

Das schweigende Geheimnis, den am Kreuz verhüllten und verborgenen Gott anzureden mit dem vertrautesten Wort »Du«, das ist eine ganze Geschichte. »Ungewissheit und Wagnis« war der Titel des ersten theologischen Buches des Philosophen Peter Wust (gest. 1940), das ich im ersten Semester las. Zwischen diesen beiden Polen verlief alles, zwischen tastender Suche und dem mutigen Ja. Immer unter der Voraussetzung des anfänglichen Schweigens. Denn Gott ist als das umgreifende Schweigen auch dort, wo noch kein Reden angefangen hat.

Persönliche Nachbemerkung: Das Herz meines Glaubens ist die kleine, tausendjährige, in Sandstein gehauene romanische Marienkapelle im Klusfelsen bei St. Peter vor den Toren von Goslar (s. Abbildung auf dem Einband). Mittlerweile umgibt sie dichter Laubwald. Wo die Sandsteinwände das flackernde Kerzenlicht zurückwerfen, kann ich am leichtesten wahrnehmen, was Anbetung und Stille sind. Und schweigen muss ich schon selber.

LITERATUR

Assmann, Jan: Die soziale Konstruktion des Schweigens am Beispiel altägyptischer Texte, in: Assmann, Aleida/Assmann, Jan (Hg.): Schweigen, 2013, 69–86.

Berger, Klaus/Nord, Christiane: Das Neue Testament und frühchristliche Schriften, [3]2005.

Bieder, Werner: Zur Deutung des Schweigens bei Ignatius von Antiochien, in: ThZ 12 (1956) 28–43.

Bonnet, Hans: Lexikon der ägyptischen Religionsgeschichte, 2005.

Casel, Odo OSB: De philosophorum graecorum silentio mystico, 1919.

–: Vom heiligen Schweigen, in: Benediktinische Monatsschrift 3 (1921) 427ff.

Chadwick, Henry: The Silence of Bischops in Ignatius, in: HThR 13 (1950) 165–172.

Gänswein, Georg: Das Schweigen brechen, um die Stille zu preisen, in: Vatican-Magazin 6–7 (2017) 28ff.

Green, Julien: Aufbruch vor Tag, 1969.

Guillerand, Augustin: Im Angesicht Gottes. Gebetserfahrungen eines Kartäusermönchs, 1989.

Johannes Chrysostomus: Werke, XII, 2: Homilie über Schweigen und Geheimnis.

Johannes vom Kreuz: Des heiligen Johannes vom Kreuz Geistlicher Gesang, 1925.

–: Das Lied der Liebe, übertragen von Irene Behn, [4]1992.

Johannes Tauler: Predigten, hg. von Julius Hamberger: Johann Taulers Predigten, [2]1872.

Junker, Hermann: Koptische Poesie des 10. Jahrhunderts, 1911.

Koch, Hugo: Pseudo-Dionysius Areopagita in seinen Beziehungen zum Neuplatonismus und Mysterienwesen, 1900.

Lockhart, Robin: Botschaft des Schweigens, 1992.

Lüdemann, Gerd/Janßen, Martina: Bibel der Häretiker. Die gnostischen Schriften aus Nag Hammadi, 1997.
Meinhold, Peter: Schweigende Bischöfe. Studien zu Ignatius von Antiochien, 1979.
Meister Eckhart: Schriften, hg. von Franz Pfeiffer, 1857.
Mensching, Gustav: Das heilige Schweigen, 1926.
Merton, Thomas OCSO: Die Notwendigkeit der Stille, in: ders.: Das Zeichen des Jonas, 1954.
Polotsky, Hans Jakob: Manichäische Homilien, 1934.
Porion, Jean-Baptiste OCart: Amour et silence, 2010.
Sarah, Robert/Diat, Nicolas: Kraft der Stille. Gegen eine Diktatur des Lärms, 2017.
Striet, Magnus: Gottes Schweigen. Auferstehungssehnsucht – und Skepsis, 2015.
–: Offenbares Geheimnis. Zur Kritik der negativen Theologie, 2001.
Wilhelm von St. Thierry: Gott schauen. Gott lieben, 1961.

BIBELSTELLENREGISTER

ALTES TESTAMENT

NEUES TESTAMENT

Klaus Berger (1940–2020)
in memoriam

Foto: © Stefan Weigand

Nachruf auf Klaus Berger

Im Gedenken an Professor Dr. Klaus Berger, der am 8. Juni 2020 im Alter von 79 Jahren verstorben ist.

Klaus Berger, am 25. November 1940 in Hildesheim geboren, verbrachte seine Kindheit in Goslar und studierte von 1960 bis 1965 in München, Berlin und Hamburg katholische Theologie, Philosophie und Orientalistik. Er wurde 1967 in München promoviert, 1974 habilitierte er sich in Hamburg und lehrte von 1970 bis 1974 in Leiden und von 1974 bis zu seiner Emeritierung 2006 in Heidelberg Neues Testament.

Als Alterswerk Klaus Bergers dürfte der zweibändige, gut anderthalbtausend Seiten zählende Apokalypsekommentar von 2017 anzusprechen sein. Er ist in jahrzehntelanger Forschungsarbeit vorbereitet und entstanden, Wegmarken hierzu sind, neben der Habilitationsschrift zu Apk 11 (Die Auferstehung des Propheten und die Erhöhung des Menschensohnes, 1976), auch die Edition der griechischen Danieldiegese (1976), die Synopse von 4 Esra und syrischer Baruchapokalypse (1992) und zahllose Einzelveröffentlichungen, darunter auch sehr grundlegende wie der Artikel »Henoch« im »Reallexikon für Antike und Christentum« (Band 14, 1988).

Gerade bei der Lektüre dieses Apokalypsekommentars wird deutlich, wie sehr Klaus Berger aus dem Vollen schöpfen konnte: die vielfältigen Bezüge zur orientalischen, griechischen und lateinisch-westlichen Theologie, Liturgie und Spiritualität erschließen eine Textwelt, die für die Exegese in vielen Fällen Neuland war und noch stets ist. Hierfür hat er zahlreiche, zum Teil sehr abständige Texte ins Deutsche übersetzt, und diese Tätigkeit des »Übersetzens« ist in mehrfacher Weise für sein Lebenswerk charakteristisch:

Einmal in philologischer Hinsicht, und hierzu hatte er durch seine humanistische Ausbildung und sein Orientalistikstudium die besten Voraussetzungen. Man kann sich, um nur zwei Beispiele zu nennen, bei der Lektüre seiner Übersetzung des Jubiläenbuches in den »Jüdischen Schriften aus hellenistisch-römischer Zeit« (1981) oder der Erstedition und Übersetzung der Weisheitsschrift aus der Kairoer Geniza (1989) von seiner Übersetzungsleistung überzeugen. Den tiefsten Einblick hiervon gewinnt man allerdings, wenn man seine im Jahr 1999 mit seiner Frau, der Übersetzungswissenschaftlerin Professor Dr. Christiane Nord, in Zusammenarbeit entstandene Übersetzung des Neuen Testaments und der frühen christlichen Schriften, die »auch hätten im Kanon stehen können« (so schreibt er im Vorwort) zur Hand nimmt.

Gerade bei deren Lektüre wird deutlich, dass »Übersetzen« für Klaus Berger mehr war als rein philologisches Handwerk. Er hatte dies in seiner »Hermeneutik des Neuen Testaments« (1988) beschrieben: es ging ihm dabei um die Brücke von der Exegese zum Verständnis und weiter zur Verkündigung. Diese konstruierte er methodisch reflektiert, wie seine Arbeiten zur exegetischen Methodik zeigen, seine Formgeschichte des Neuen Testaments (1984), seine Exegese des Neuen Testaments (1984) und auch sein mit Carsten Colpe gemeinsam verfasstes »Religionsgeschichtliches Textbuch zum Neuen Testament« (1987). Konkret ausgeführt hatte er dies in seinen zahlreichen »Fragezeichen-Büchern« ab Mitte der 1990er Jahre, etwa »Wer war Jesus wirklich?« (1995), oder »Ist mit dem Tod alles aus?« (1997), um nur zwei zu nennen. In diesen war es sein Anliegen, genau diese Brücke zwischen philologischer Exegese und Verkündigung zu schlagen. Hier war er Grenzgänger und Brückenbauer.

Klaus Berger wird uns sicher als Autor eines äußerst vielfältigen und reichhaltigen Œuvres in Erinnerung bleiben, doch ein großer Teil seiner Übersetzungsleistung geschah nicht in schriftlicher, sondern in mündlicher Form, bei seinen zahlreichen Vorträgen und vor allem in seiner Eigenschaft als akademischer Lehrer. Hier konnte man ihn als unermüdlichen Brückenbauer zwischen Text und Applikation erleben. Er war bei den Studierenden hoch geschätzt, und er schätzte auch seine Studierenden; nicht selten kam es vor, dass er in den Zeiten der Massenuniversität ein Hauptseminar einfach teilte und in mehreren Schichten mehrere Stunden am Stück unterrichtete, um seinen Studierenden trotz des großen Andrangs einen Seminarcharakter bieten zu können, in dem Fragen und lebendiger Austausch möglich waren. Legendär waren seine humorvollen Nikolausvorlesungen am 6. Dezember, die er selbst mit einem Anflug von Stolz die »größte regelmäßig stattfindende Veranstaltung der Universität Heidelberg« nannte. Tatsächlich war die »neue Aula« der Universität am Nikolaustag regelmäßig bestens gefüllt, die Begeisterung des Auditoriums war weithin vernehmbar.

Gern wird man sich auch an seine Handpuppen erinnern, die in seinen Veranstaltungen ab und an als sein *alter ego* ihren Auftritt hatten; insbesondere »Löwe Peter« war beim Doktorandenkolloquium, in dem Klaus Bergers Schülerschaft sich montags abends in seiner Privatwohnung dicht gedrängt über apokryphe Texte beugte, regelmäßiger Gast und sprach dabei fließend Lateinisch.

Diese eben erwähnte Schülerschaft lernte von ihm eine Menge, nicht nur rein Fachliches, sondern auch an Haltung; insbesondere die grundlegende exegetische Neugier (»Da müssen wir genau nachsehen!«) und das kritische Hinterfragen von Paradigmen (»Ist das auch wirklich so?«) konnten prägend wirken. Klaus Berger scheute sich nicht, Außenseiterpositionen zu vertreten – wie es beispielsweise seine Arbeiten zum Johannesevangelium (Im Anfang war Johannes, 1997) und darin insbesondere die Frühdatierung des Evangeliums zeigen. Vielleicht ist gerade sein genereller Hang zur Frühdatierung der neutestamentlichen Schriften ein Spiegel seiner eigenen überbordenden Kreativität – er konnte es sich nicht vorstellen, dass die Produktion von theologischen Gedanken und deren Verschriftlichung so lange dauern konnten, sondern das musste doch schnell, explosiv, wie ein Feuerwerk entstehen. So, analog zur hohen Output-Geschwindigkeit seiner eigenen Schriften, stellte er sich die Entstehung der urchristlichen Theologie vor, nachzulesen am besten in seiner 1994 in Erstauflage erschienenen »Theologiegeschichte des Urchristentums«.

Schlägt man Klaus Bergers Alterswerk auf, den oben erwähnten Apokalypsekommentar, so sieht man auf der ersten dem Inhalt gewidmeten Seite eine Zeichnung des um 1820 zerstörten Goslarer Doms. Dies führt in Klaus Bergers Kindheit zurück, in die prägenden Jahre am humanistischen Ratsgymnasium, und an den Schulweg, der den früheren Standort des ehemaligen Doms passierte.

Diese Kirche existiert seit 200 Jahren nicht mehr, wird aber von Klaus Berger lebenslang imaginiert. In seinem letzten grundlegenden Werk, dem Apokalypsekommentar, ist diese Imagination dann weiter bereichert durch die Vielzahl der Zeugnisse christlicher Spiritualität und Liturgie; hier sind dann auch die Arbeiten seiner späteren Lebens- und Arbeitsphase in den letzten zwanzig Jahren eingeflossen, die Beschäftigung mit Wilhelm von Saint Thierry, Joachim von Fiore und Nikolaus von Kues. So hatte dann Klaus Berger ein inneres Bild seiner Kirche, die im Licht des himmlischen Jerusalems aus der Offenbarung des Johannes leuchtet. Es ist eine mystische, schöne, bilder- und sprachgewaltige Kirche, in der die Gegensätze miteinander versöhnt sind.

Dieses Bild war ausgeprägt in ihm, und er musste an mehreren Stationen seines Lebens erfahren, dass es mit der Situation der realen christlichen Kirchen in Deutschland in Spannung stand. Er musste sich Anfragen gefallen lassen, beispielsweise etwa ein Jahr vor seiner Emeritierung an seine Konfessionszugehörigkeit. Es ist bezeichnend für Klaus Berger, dass er diese Anfragen nicht ausgesessen hat, sondern auch beantwortete, in seiner Art und aus seiner Sicht, ausführlicher etwa im Buch »Theologie als Abenteuer« (2014).

Ob seine Antworten alle Fragenden zufriedengestellt haben, sei dahingestellt. Klaus Berger bleibt uns in Erinnerung als hochkreativer, humorvoller und streitbarer Theologe mit ansteckender Gelehrsamkeit.

Er hat nun sein versöhntes Himmlisches Jerusalem betreten, das er ein Leben lang imaginierte. *Requiescat in pace.*

10. Juni 2020 *Peter Busch*

Peter Busch, geb. 1965, studierte evangelische Theologie und allgemeine Sprachwissenschaft in Tübingen und Heidelberg. Nach dem M.A. 1990 (Linguistik) in Heidelberg, der Promotion 1995 bei Klaus Berger und der Habilitation 2004 (Neues Testament) in Heidelberg lehrt er als außerplanmäßiger Professor an der Universität Heidelberg.